الأساس

في تعليم العربيّة للنّاطقين بغيرها

Al-Asas

for Teaching Arabic for Non-Native Speakers

فوزية أحمد بدر

Fawzieh A. Bader

الطَّبعة الثّانية 2010 م

(مُنَقَّحة ومَزِيدَة)

2nd Edition 2010

(Revised and expanded)

3

الجزء الثّالث (المستوى المتوسِّط)

Part 3 (Intermediate Level)

Project Manager: Ammar Saadeh
Editorial Assistant: Bayan Al-Ghoul
Manuscript Editors:

       Sandy Abu-Saif Ph.D.
       Saad Hajajneh M.Sc.
       Kamal Gnaim

CD Voices:
  Abdallah Abu-Hilaleh
  Ahmad Na'oum
  Eman Al-Naimi
  Mustafa Shamali
  Wafa'a Abu-Hilaleh

Graphic Designer: Reem Al-Khateeb

First Printing: September 2006
Second Printing (Revised): July 2010
Third Printing: September 2011
Fourth Printing: June 2014

Published and distributed by:
  Noorart Inc,
  Tel: (888) 442-5687 or +1 (972) 234-9108
  Fax: (888) 442-5688 or +1 (972) 534-1442
  E-mail: info@noorart.com
  www.noorart.com

Printed in USA
ISBN 978-1-933269-11-5

إهـــداء

إهداء

إلى روح والديَّ الطّاهرة رحمهما اللّه...

إلى زوجي وأولادي الأحبّاء...

إلى زملائي وطلبتي الأعزّاء...

فوزية

شُكْر وَتَقْدير

أَتقدَّم بالشُّكر والتَّقدير لكلِّ من أعانني على إِخراج هذا الكتاب -بالصّورة الَّتي تمنّيتها- إِلى حيِّز الوجود.

وأَخصُّ بالشُّكر زوجي الحبيب؛ لأَنَّه تحمَّل بسَعَةِ صَدْرٍ، انشغالي لفترةٍ غير قصيرةٍ بالتأليف، مبدياً دائماً دعمه وتشجيعه لي، وحاملاً في قلبه الكبير، أَمل نجاحي في هذا المشروع، الَّذي بدأت العمل عليه منذ سنوات.

كما أَشكر أَبنائي الأَعزّاء: لانا وعلي وأَحمد؛ لاعتزازهم الدائم بهذا الإِنجاز. أَما الغالية لانا، فلها تقديرٌ إِضافيٌّ؛ لأَنها تحملت عبء التَّرجمة إِلى اللُّغة الإِنجليزيَّة: ابتداءً بالمقدمة وانتهاءً بالقواميس.

وأَخيراً أَتقدَّم بالشكر الجزيل لطلبتي الأَعزّاء؛ الَّذين قاموا بترجمة (قاموس مفردات الكتاب) إِلى لغاتهم الأُم وهم:

- AYAKO OCHI
- CHEN SZU HSING
- DANA GRABER
- KIM SUN-JUNG
- LAURE VEYRADIER
- SOLTIKHANOV ISLAM LEMAEVICH

المؤلِّفة

المحتويات

المحتويات

محتويات القرص المدمج

يحتوي القرص المدمج المرفق على:

1. تسجيلِ نصوص الدُّروس الرئيسية بشكلٍ واضحٍ.

2. تسجيلٍ لنصوص الاستماع المرافقة لكل درس.

CD Contents

The enclosed Audio CD contains:

1. A clear recording of the texts of the main lessons.

2. Recording of the listening texts accompanying each main lesson.

Table of Icons

Meaning	المعنى	الأيقونة / Icon
Body parts	إهداء	
Acknowledgements	شكر وتقدير	
Contents	المحتويات	
Introduction	المقدمة	
Notice	تنويه	
Lessons	الدروس	
Listening	استماع	
Writing exercise	نشاط كتابي	
Read and pay attention	اقرأ وانتبه	
Exercise	تدريب	
Read	اقرأ	

Meaning	المعنى	الأيقونة / Icon
Listen	استمع	
Questions	الأسئلة	
Conversation	محادثة	
Grammar	قواعد	
Types of Letters	أنواع الرسائل	
Spelling Errors	أخطاء إملائية	

المفاهيم النّحويّة والصّرفيّة

المفاهيم النَّحْوِيَّة والصَّرْفيَّة

بسم الله الرَّحمن الرَّحيم

مقدِّمة

هذه هي الطَّبعة الثّانية للجزء الثّالث من سلسلة كتاب (الأَساس في تعليم العربيّة للنّاطقين بغيرها) وهو ينتقل بالدّارس إِلى المستوى المتوسِّط. يحتوي هذا الجزء على ثلاثةٍ وعشرين درساً. وقد حاولت قدر الإِمكان أَن تلبيَّ موضوعات هذه الدروس حاجات الدّارس. ولهذا فقد تم اختيار الموضوعات التي تركِّز على أَكثر المجالات أَهميةً في العالم العربيِّ، وفي مقدِّمتها موقعه الجغرافيُّ الهام، وأَثر ذلك في السِّياسَّة العالميَّة المعاصرة. وما يتمتع به العالم العربيُّ من ثرواتٍ طبيعيةٍ هائلةٍ؛ ممّا جعله موضع اهتمام دول العالم لا سيَّما الدّول الكبرى، وما فيها من شركاتٍ استثماريَّةٍ عملاقةٍ.

وقد أَدّى ذلك بالتّالي إِلى ازدياد الإِقبال على دراسة العربيَّة؛ طمعاً في الحصول على فرص عملٍ في البلاد العربيَّة، وخاصَّةً في دول الخليج والعراق. كما اشتمل الكتاب على موضوعاتٍ تَعكِسُ الثَّقافة العربيَّة، وعاداتِ المجتمعِ العربيِّ وتقاليدَهُ، ووَضْعِ المرأَةِ العربيَّة، وبعض الأَمثال العربيَّة، واختيار بعض المدن القديمة؛ للتعريف بها كالقدس، وعمّان وصنعاء وغزة، والإِشارة إِلى ما فيها من حضارةٍ وآثارٍ. والتفتُّ إِلى من يدرسُ العربيَّة من فئة الأَطبّاء، وحاجة الطّلبة الأَجانب إِلى مراجعة المستشفيات خلال إِقامتهم في بلاد العرب، فكان درس "زيارةٌ إِلى مستشفى الجامعة" وضمَّنته أَهمَّ المصطلحات التي يحتاجها المريض والطبيب.

راعيت في اختيار النُّصوص أَن تكون قصيرةً، تتدرج مستوياتها من الأَبسط إِلى الأَعمق، بشكلٍ يتناسب مع حاجات الدّارس وثروته اللُّغوية.

أمّا معالجة النُّصوص فكانت بعرض النَّصّ أولاً، فأَسئلة الاستيعاب والفهم، تلا ذلك التَّدريبات اللُّغوية، تبعها عرض بعض المفاهيم النَّحوية والصَّرفية بشكلٍ وظيفيّ ومتوازنٍ مع النُّصوص. ثُمَّ نصُّ الاستماع، وأَخيراً النشاط الكتابيُّ، وقد اختير بحيث يكون على علاقةٍ وثيقةٍ بموضوع النَّصّ الأَساسيّ. وبهذا يكون النَّصُّ قد تناول المهارات الأَربعة، وتمَّ تدريب الدّارس عليها باستخدام مخزونه اللُّغويّ من النَّصّ نفسه.

ونظراً لأَهميَّة وصعوبة تدريس مهارة الاستماع، وحرصاً مني على مساعدة المدرِّس والدّارس في آنٍ واحدٍ؛ وجدت من الأَهميَّة بمكان، تناول هذه المهارة بشيءٍ من التَّفصيل؛ لأَنَّ الهدف من نصوص الاستماع، هو تنمية قدرة الدّارس تدريجياً على فهم المسموع باللُّغة العربيَّة. ومن هنا تمَّ اختيار نصوص الاستماع بحيث تكون ذات صلةٍ بالنَّصّ الأَصليّ. ومع ذلك لا يفترض في الدّارس أَن يعرف، أَو يفهم كل مفردات النَّص المسموع، بل الأَهمُّ -في هذه المرحلة- هو أَن يكون قادراً على فهم الفكرة بشكلٍ عامٍّ.

ويستطيع أَن يفهم المعنى أَكثر من خلال الإجابة الشفويَّة عن الأَسئلة، والتدريبات الموجودة في الكتاب، ويكون هذا بمساعدة المدرِّس.

من أَسهل الطرق لتدريس الاستماع: أَن يكلِّف المدرِّس تلاميذه بالاستماع في البيت، ولا يكون هذا من باب الواجب، وإِنَّما من باب تدريب الأُذن على العربيَّة من ناحيةٍ، وترك الحريَّة لهم في عدد مرات الاستماع من ناحيةٍ أُخرى؛ كوْنَ هذه النُّصوص مسجلةً على قرصٍ مدمجٍ (CD) مرفقٍ مع الكتاب.

يتّم تدريس الاستماع في مختبر اللُّغة، حيث يستمع الطَّلبة إِلى النَّصّ مرتين. ثم يطلب المدرِّس تحديد الفكرة الرئيسة. ويكون ذلك بإِعطاء الفرصة لأَكثر من طالبٍ. ثمَّ يكتب هو أَو يطلب من أَحدِ الطَّلبة كتابة هذه الفكرة على السَّبّورة.

ثمَّ يكلِّف طلبته بقراءةٍ صامتةٍ وسريعةٍ لأَسئلة وتدريبات الاستماع الموجودة في الكتاب. بعد ذلك يستمعون مرةً أُخرى إِلى النَّصّ. يتبعها إِجابة الأَسئلة شفوياً من قبل الطَّلبة.

ثم يستمعون مرةً أُخرى، ويطلب منهم المدرِّس تحديد الكلمات والعبارات

الصَّعبة، يكتب المعلِّم هذة المفردات، ويوضِّح معناها. بعد ذلك يقترح المدرِّس أَن يبدأ طالبٌ بجملةٍ أَو جملتين على الأَكثر، على أَن يكمل الطَّلبة وبالترتيب أَفكار النَّصِّ المسموع.

(يتجنَّب المدرِّس إِحراج الطَّلبة الذين لا يقوون على التذكر، ويمر عنهم بطريقةٍ لَبِقَةٍ، كأَنْ يطلب من جاره أَن يساعده مثلاً). وإِذا كان المسموع قصةً، يقوم المدرِّس بتوزيع الأَدوار على الطَّلبة، الذين يقومون بتمثيلها.

ومن الممكن أَيضاً استخدام النَّصِّ المسموع لاختبار قدرة الطَّلبة الإِملائيَّة؛ فيطلب منهم كتابة أَول ثلاث جملٍ ممّا يسمعون. ثمَّ يبدِّل الأَوراق، وتكتب الجمل بشكلٍ صحيحٍ على السَّبّورة، ويقوم الطَّلبة بتصحيح الأوراق، ووضع الدرجة المستحقَّة. وهو ما يُسمّى "بالاختبار التعليميِّ". وقد يكلِّفهم المدرِّس بكتابة كل النَّصِّ المسموع في البيت.

وبالتَّدريج يبدأ تدريب الطَّلبة على سماع الأَخبار في البيت، ومحاولة تلخيصها. قد يبدو هذا صعباً في البداية. لكن لا بدَّ من تشجيع الطَّلبة على الاستمرار في المحاولة.

أَمّا بالنسبة للتَّدريبات، فكانت كثيرةً ومتنوعةً؛ بهدف زيادة الثَّروة اللُّغوية للدّارس، وإِبعاد الشُّعور بالملل عنه قدر الإِمكان.

وقد عرضت المفاهيم النَّحوية والصَّرفية بشكلٍ مختصرٍ وسريعٍ ، وكان ذلك بالتذكير بالقاعدة، والتَّركيز على التَّدريبات، والتي قصدت أَن تكون كثيرةً ومتنوعةً. واستطعت بذلك أَن أَبتعد وأُبْعِدَ الدّارس عن الملل الذي يسببه العرض التقليديُّ لمادة النَّحو العربيِّ. كما دعمت بعض المفاهيم الصَّعبة بجداول تساعد الدّارس على الفهم بشكلٍ أَفضل وأَسرع. وقد حرصت على تنشيط ذاكرة الدّارس عن طريق "التدريبات على ما سبقت دراسته" بعد الدَّرس الثّالث عشر، ومراجعةٌ عامةٌ بعد الدَّرس الأَخير بعنوان "اختبر معلوماتك". وقد تركزت التَّدريبات فيها على مراجعة أَهم المفاهيم النَّحوية والصَّرفية واللُّغوية، التي لا بدَّ للدّارس من معرفتها في نهاية هذا المستوى.

وختمت الكتاب بأَربعة ملاحق:

الملحق الأَول: قاموسٌ عربيّ / إنجليزيّ، للمفردات الجديدة مرتَّبةً حسب الدروس، لا حسب التَّرتيب الأَلفبائيّ؛ بهدف التَّسهيل على الدّارس، وتوفير وقته.

الملحق الثّاني: قاموسٌ عربيّ / عربيّ، والهدف منه أَن يصبح لدى الدّارس قاموسه الخاص؛ ليعينه في دراسته من ناحيةٍ، ويزيد ثروته من المفردات من ناحيةٍ أُخرى.

الملحق الثّالث: اشتمل على معظم الأَفعال -الَّتي وردت في الدروس- ومصادرها، وقد رتَّبتها في جداول تسهيلاً للفهم .

الملحق الرّابع: اشتمل على الأَسماء المفردة وجمعها، وجاء هذا الملحق بناءً على الاهتمام الشَّديد من معظم الدّارسين بهذا الموضوع .

الملحق الخامس: اشتمل على مفرداتٍ (مختارةٍ من النصوص) وعكسها في المعنى.

الملحق السّادس: مُفرَدات النَّحو ومرادفاتها باللغة الإنجليزية.

وأَخيراً أَرجو أَن أَكون قد أَسهمت بمجهودي المتواضع هذا في خدمة الدّارسين والقائمين على تدريس العربيَّة للنّاطقين بغيرها .

المؤلِّفة

Introduction

In the name of God
most Gracious, most Merciful

Introduction

Introduction This is the second (amended and expanded) edition of part three of the series "Al-Asas in Teaching Arabic as a Foreign Language." While the first part of the series helps students at the beginner level, this second part is meant for students at an intermediary Arabic language level. The book contains 23 lessons that have been selected to meet the needs of students from different backgrounds. The topics selected cover the main aspects of the Arab World, including its important geographic location and its impact on contemporary world politics. The lessons also focus on the Arab World's great natural resources, which have made it the focus of international attention, especially by major powers and global investment companies, and the resulting increase in the flow of people desiring to learn Arabic in the hope of finding career opportunities in the Arab world, especially in the Arabian Gulf region and Iraq.

The book also includes topics that reflect Arab culture, Arab social customs and traditions, the status of Arab women, and some Arab proverbs. Some lessons discuss old Arab cities, such as Jerusalem, Amman, Sanaa, and Gaza. The cities are introduced and their civilizations and artifacts discussed.

This book also takes into consideration the different backgrounds of students, such as medical doctors and foreign students' need to visit hospitals during their stay in an Arab country. A lesson entitled "A Visit to the University Hospital" was thus added and includes the main terminology a patient and doctor might need.

The texts are short and graduate from simple to more complex in a manner that is in line with the needs of students and their linguistic abilities.

In every lesson, a text is first introduced, followed by a question and answer comprehension section. This is followed by linguistic exercises and a demonstration of some grammatical and conjugational concepts that are employed within the context of the topic. A listening text that is related to the lesson topic is included, and finally, a writing exercise that is also related to the topic of the lesson. Every lesson thus handles the four language skills and trains students on them using the linguistic content of the main text.

Because of the complex and difficult nature of teaching listening skills and the need to assist teachers and students in this important undertaking, I felt it necessary to pay detailed attention to listening skills. The purpose of listening texts is to gradually develop students' ability to comprehend spoken Arabic. The listening texts selected are thus relevant to the original text; yet, students are not expected to know or understand all the terms that occur in the listening text. What is important at this stage is for students to be able to understand the gist of the text.

Students can conduct an oral question and answer exercise with the assistance of the instructor using the questions and exercises in the book to further their comprehension of the listening text.

One of the easiest ways to teach listening skills is for the instructor to task his / her students with listening to the text at home – not as a homework assignment; rather, so as to train their ears on listening Arabic while giving them the freedom to listen to the text as often as they wish since these texts are recorded on the enclosed CD.

Listening skills should be taught in a language lab. Students are asked to listen to the text twice, and then the instructor asks them to determine the main idea of the text. After surveying the students' responses, the instructor writes down the answer on the board, or asks a student to do so.

Introduction

The instructor then asks his / her students to quickly and silently go over the lesson's questions and exercises in the book. The listening text is played again and students' are then asked to respond to the questions orally. The text is played one more time and students are asked to identify difficult words and expressions, which the instructor writes down on the board and explains.

The instructor asks students – one at a time and using no more than two sentences – to start relating the ideas of the listening text in order. The instructor can avoid embarrassing students who cannot remember the order of ideas in the text by asking the person sitting next to them to help, for example. If the text is a story, the instructor can distribute the roles of the story's characters among the students, who can then act it out.

It is also possible to use the listening text to test the students' spelling skills. The instructor can – for example – ask students to write down the first three sentences they hear. Students then exchange papers, the sentences are written in their correct form on the board, and the students are asked to mark the papers. This exercise is known as a "learning test." The instructor may also ask students to write down the listening text at home.

Gradually, students can be trained to listen to an Arabic newscast at home and try to summarize it. This exercise might seem difficult at the outset, but it is important to encourage students to keep trying.

Grammatical and conjugational concepts are introduced in a brief manner by outlining the rule and then focusing on exercises, which are numerous and varied and avoid the tediousness of the traditional way of teaching Arabic grammar. Difficult concepts are backed with tables that help students better understand and grasp them.

Exercises to review past lessons and refresh students' memory are

available in Lesson 13. In addition, the final lesson contains a general revision under the title "Test Your Knowledge," which is comprised of exercises that review the main rules of syntax, conjugation, and linguistics that students must grasp upon completing this level.

The book has six appendixes:

1. Appendix 1: Arabic-English Dictionary: New terms are arranged by lesson not by alphabetical order for ease of reference.

2. Appendix 2: Arabic-Arabic Dictionary: It provides students with their own dictionaries to help them in their studies and develop their vocabulary.

3. Appendix 3: Contains a list of most verbs used in the lessons and their sources.

4. Appendix 4: Contains a list of nouns in their singular and plural forms. This appendix was introduced upon observing the great interest given to nouns and their forms by most students.

5. Appendix 5: Contains a list of words selected from the texts and their antonyms.

6. Appendix 6: List Arabic grammar Vocabularies along with English translation.

In closing, I hope this book is a contribution to students of Arabic and to the efforts of those who teach it as a foreign language.

Fawzieh Bader

تنويه

تنويه من النّاشر

1. تمّ وضع التّنوين على الحرف الأَخير من الكلمة كما في الطريقة المتداولة بشكلٍ شائعٍ ومنتشرٍ عوضاً عن وضعه على الحرف قبل الأَخير وهي الطريقة الأَصح، مثال: بيتًا أصبحت بيتاً.

2. تمّ إزالة تشكيل الشدَّة (الحركات التي على الشدَّة) من بعضِ المواضعِ لغاياتٍ دراسيةٍ بحتة مثال: الرَّابع أصبحت الرّابع.

3. تمّ استخدام الأَرقام العربيّة الأَصليّة (1، 2، 3...) في سلسلة الأَساس في تعليم العربيّة للنّاطقين. بغيرها بأجزائها الأَربعة عوضاً عن استخدام الأَرقام العربيّة المتداولة وهي ذاتُ أصلٍ هنديٍّ (١،٢،٣...)

4. تمّ وضع الإجابات الصّحيحةِ لملحق اختبر معلوماتك على الموقع الإلكتروني الخاص بالناشر وهو:
www.noorart.com/test_ur_knowledge_3.doc

Publisher's Remarks

1. Instead of placing the tanween on the letter before the last, which is actually the more correct form, tanween is placed on the last letter of words, which is the customary and widespread form, example: بيتًا becomes بيتاً
2. Certain occurrences of the Tashkeel of Shaddah (Shaddah is diacritical mark indicating a double consonant; it signals emphasis in pronunciation) have been removed for educational purposes, example: الرَّابع becomes الرّابع
3. Original Arabic numerals (1, 2, 3 ...) are used in the entire four volume series of Al-Asas for Teaching Arabic for Non-Native Speakers instead of the more commonly used numerals (١،٢،٣), which are of Indian origin.
4. The correct answers for the "Knowledge Test" section are available on the publisher's website: www.noorart.com/test_ur_knowledge_3.doc

الدرس الأول

في مركز اللُّغـات

Track - 01

حضر مارك من بلده في الصَّيف. اِلتحَقَ ببرنامج العربيَّة للنّاطقين بغيرها، وسجَّل في الدَّورة الصَّيفية المكثَّفة لدراسة العربيَّة. في صباح اليوم التّالي، ذهب مارك إِلى المركز، وهناك قابل إِحدى الطّالبات:

مارك: صباح الخير. اسمي مارك، مَنْ حضرتُكِ؟

فاطمة: اسمي فاطمة.

مارك: أَهلاً وسهلاً تشرَّفنا.

فاطمة: أهلاً بكَ. أَنا أَيضاً تشرفتُ بِمَعْرِفَتِكَ.

مارك: أَنا من الولايات المتَّحدة الأَمريكيَّة. وأَنتِ؟

فاطمة: أَنا أَمريكيَّةٌ أَيضاً. لماذا تدرسُ اللُّغة العربيَّة؟

مارك: أَدرسها لأَنيِّ أُحبُّ العمل الإِنسانيّ، وأُريد أَن أَعملَ في إِحدى المنظَّمات الإِنسانيَّة في الشَّرق الأَوسط. هذه المنظَّمات غيرحكوميةٍ. وأَنتِ لماذا تدرسين العربيَّة؟

فاطمة: أَدرسها لأنيِّ مسلمةٌ، وأُريد أَن أَقرأ القرآن الكريم وأَفهم معناه. كما أُريد أَن أَفهم أُمور الدِّين الإِسلاميّ.

مارك: على فكرةٍ، هل تعرفين كم يوماً سندرس في الأُسبوع؟

فاطمة: سندرس خمسة أَيامٍ في الأُسبوع (الأَحد، الاثنين، الثُّلاثاء، الأَربعاء والخميس).

مارك: كم ساعةً سوف ندرس كلَّ يومٍ؟

فاطمة: سوف ندرس أَربع ساعاتٍ يومياً. أَنا سأسجِّل في الدَّورة المُسائيَّة، من السّاعة الرّابعة حتّى السّاعة الثّامنة مساءً.

مارك: لماذا لا تسجِّلين معي في الدَّورة الصَّباحيَّة من السّاعة التّاسعة صباحاً وحتّى الواحدة ظهراً؟

فاطمة: هذا غير ممكن؛ لأَنّني أَعمَل في الصَّباح.

مارك: ماذا تعملين؟

فاطمة: أَعمل متطوِّعةً في مركزٍ للمُعاقِيْنَ جسدياً. أُدرِّسهم اللُّغة الإِنجليزية، وفي

الاستراحة أَتكلَّم معهم بالعربيَّة.

مارك: هل درستِ العربيَّة في أَمريكا؟

فاطمة: لا، لكنّي أَتكلَّم قليلاً؛ لأَن أَبي عربيٌّ. وأَنت هل درستَ العربيَّة من قبل؟ أَعني في بلدك؟

مارك: نعم درستها لمدَّة عامٍ في جامعة جورج تاون.

فاطمة: عفواً، يجب أَن أَذهب. أَراك قريباً... إِلى اللِّقاء.

مارك: مع السَّلامة.

الأسئلة

أَولاً: ضع دائرةً حول رمز التَّكملة الصَّحيحة:

1. مارك وفاطمة من

أ. اليونان.

ب. سويسرا.

ج. الولايات المتَّحدة الأَمريكيَّة.

2. يدرس مارك العربيَّة لأَنه

أ. يريد أَن يعمل في منظمةٍ إِنسانيَّةٍ.

ب. مسلمٌ.

ج. يريد أَن يعمل في السِّلك الدِّبلوماسيِّ.

3. تدرس فاطمة العربيَّة لأَنَّها

أ. تعمل في سُفارُة بلدها في الأُردنِّ.

ب. مسلمة.

ج. تريد أَن تقرأ القرآن الكريم فقط.

4. فاطمة تعمل

أ. متطوِّعة.

ب. مُدرِّسة.

ج. محاسبة.

5. سجَّل مارك للدِّراسة في

أ. الدَّورة الصَّباحيَّة.

ب. الدَّورة المسائيَّة.

6. درس مارك العربيَّة في بلده في

أ. جامعة أُوستن في ولاية تكساس.

ب. جامعة جورج تاون في واشنطن.

ج. جامعة هارفرد في بوسطن.

7. فاطمة تعمل

أ. طوال النَّهار.

ب. في الصَّباح فقط.

ج. في المساء.

8. فاطمة تُدرِّس

أ. اللُّغة الإِنجليزية في مدرسةٍ اِبتدائيَّةٍ.

ب. اللُّغة الإِنجليزية في مركز للمعاقين جسدِياً.

ج. الرِّياضيّات في مدرسةٍ ثانويَّةٍ.

ثانياً: رَتِّبِ الْكَلِماتِ الآتِيَةَ لِتُكَوِّنَ جُملاً مُفيدَةً:

1. دَوْرَةً - الْعَرَبِيَّةِ - تدْرُس - لِ - فاطِمَةُ - مُكَثَّفَةً - اللُّغَةِ - اللُّغاتِ - مَرْكَزِ - في.

فاطمةُ تدرس اللُّغةِ العربيّةِ في مركز اللّغات لدورة مكثفة

2. الْجَريدَةِ - مَعْرِفَةِ - قِراءَةُ - ضَروريّةٌ - لِ - الْعالَمِيّةِ - الأَخْبارِ - الْمَحَلِّيّةِ - وَ.

قراءة الجريدة ضروريّةٌ لمعرفة الأخبار العالمية و المحلّيّة

3. الْعَرَبِيَّةُ - الْعَرَبُ - اللُّغَةُ - الْمُسْلِمينَ - وَ - هِيَ - لُغَةُ.

اللُّغةُ العربيّةُ هي لُغةُ العرب والمسلمين

4. أَتَعَلَّمَ - أَنْ - بِسُرْعَةٍ - أَتمنّى - العربيّة - اللُّغة.

أتمنّى أن أتعلّم اللّغة العربيّة بسرعة

5. أَتَمَنّى - في - أَنْ - سفيراً - أُصْبحَ - لِ - الْمُسْتَقْبَلِ - بَلَدي.

أتمنّى أن أصبح سفيراً لبلدي في المستقبل

6. اِخْتِلافِ - عَلى - يَدْرُسُ - الْعَرَبِيَّةَ - الطَّلَبَةُ - جِنْسِيّاتهم - اللُّغَةَ.

يَدرُسُ الطّلبةُ اللّغةَ العربيّةَ على اختلافِ جنسياتهم

7. فاطِمَة - الْعَرَبِيّة - فَقَطْ - لا - وَ - تَتَكَلَّمُ - تَكْتُبُها.

فاطمة تتكلّم العربيّة فقط ولا تكتبها

ثالثاً: صِلْ كُلَّ كَلِمَةٍ بِعَكْسِها في المَعْنَى:

• دَخَلَ	• مَساء
• صَباح	• طَويل
• نَهار	• خَرَجَ
• مُتَطَوِّع	• صَغير
• فَقير	• لَيْل
• قَصير	• قَليل
• أَسْوَد	• مُوَظَّف
• كَبير	• أَبْيَض
• كَثير	• بارِد
• فَوْقَ	• قَديم
• حارٌّ	• سَكَتَ
• سِرْ	• تَحْتَ
• جَديد	• أَمامَ
• داخِل	• قِفْ
• قَريب	• حَزين
• وَراءَ	• غَنِيٌّ
• سَعيد	• خارِج
• تَكَلَّمَ	• بَعيد

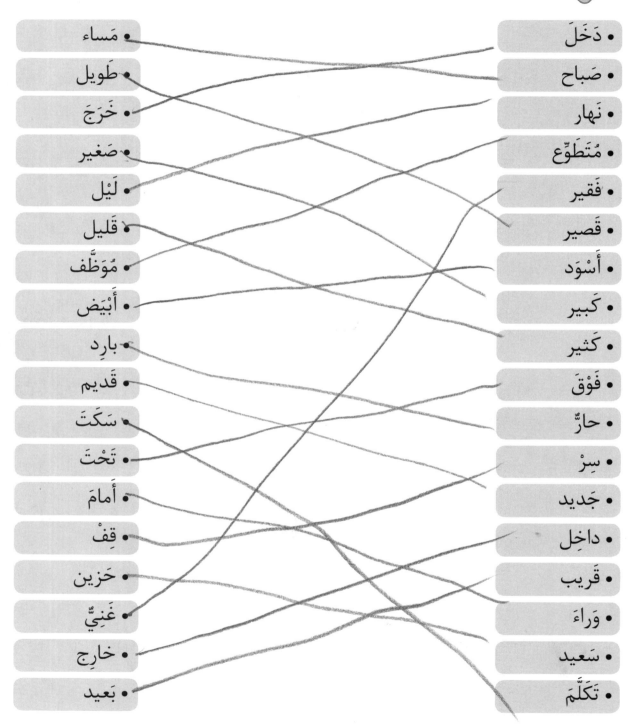

رابعاً: ضَعْ خطاً تَحْتَ الكَلِمَةِ المُشابِهَة في المعْنَى:

1. حُجْرَة (غُرْفَة - بَيْت - مَكْتَب)
2. دَفْتَر (سَرير - كُرّاسة - كُرْسيّ)
3. مُدَرِّس (مُعَلِّم - مُهَنْدِس - تِلْميذ)
4. طَريق (شارِع - مَدْخَل - سُلَّم)
5. مَنْزِل (غُرْفَة - دَوْر - بَيْت)
6. تِلْميذ (مَدْرَسَة - طالِب - طالِبَة)
7. مَقْعَد (سَرير - كُرّاسة - كُرْسيّ)
8. قَريب (خَلْف - أَمام - جَنْب)
9. يَتَناوَل (يَفْحَص - يَأْخُذ - يَصْعَد)
10. والِدَة (أُمّ - مُعَلِّمَة - مُمَرِّضَة)
11. أَب (والِد - وَلَد - عَمّ)
12. سِرْ (قِفْ - اِمْشِ - اِنْزِل)

خامساً: اُكْتُبِ الْجُمَلَ الْآتِيَةَ مَعَ الضَّمائِرِ الَّتي تَليها:

1. أَنا أَدْرُسُ اللُّغَةَ العربيَّة وَصَديقي يُساعِدُني.

أَنتِ _____

هو _____

نحن _____

هم _____

أَنتما _____

هنَّ _____

2. هُوَ يَعْمَلُ في وِزارَةِ الْخارِجِيَّةِ.

أَنا _____ هنَّ _____

أَنتِ _____ هما _____

هم _____

3. أَراكَ قَريباً إِنْ شاءَ اللَّهُ.

أَنتِ _____ أَنتما _____

أَنتُمْ _____ أَنتُنَّ _____

4. فاطِمَةُ تَقولُ: أُحِبُّ عَمَلي كَثيراً.

هم ______________________

هما ______________________

أَنتُمْ ______________________

محمد وأَحمد ______________________

5. أَنْتَ ضَعِ الْكَلِمَةَ الْمُناسِبَةَ.

أَنتِ ______________ أَنتُما ______________

أَنتُمْ ______________ أَنْتُنَّ ______________

6. أَنتَ أَجِبْ عَنِ الأَسْئِلَةِ.

أَنتِ ______________ أَنتُنَّ ______________

أَنتُما ______________ أَنتُمْ ______________

7. أَنتَ هاتْ مُرادِفَ وَعَكْسَ الْكَلِماتِ الآتِيَةِ.

أَنتِ ______________________

أَنتُمْ ______________________

8. أَنتَ اِشْرَبِ الْقَهْوَةَ مِنْ فَضْلِكَ.

أَنتِ ________________ أَنتُنَّ ________________
أَنتُما ________________ أَنتُمْ ________________

9. أَنتَ قُلْ ما تَعْتَقِدُ أَنَّهُ صَحيحٌ.

أَنتِ ________________ أَنتُنَّ ________________
أَنتُما ________________ أَنتُمْ ________________

10. أَنتَ كُنْ قوياً.

أَنتِ ________________ أَنتُنَّ ________________
أَنتُما ________________ أَنتُمْ ________________

سادساً: اكتب الفعل الذي بين القوسين بشكلٍ صحيحٍ:

1. الأَوْلادُ ________ إلى الْمَدْرَسَةِ. (ذَهَبَ)
2. سارَةُ ________ مَلابِسَها دائِماً. (غَسَلَ)
3. عليٌّ وأَحمد ________ الشّاي. (شَرِبَ)
4. الْبَناتُ ________ لِلْامْتِحانِ. (دَرَسَ)
5. أَنتِ ________ على السَّبّورة. (يكتُبُ)
6. نحن ________ المُتْحَفَ. (زارَ)
7. هم ________ إلى المدرسة كلَّ صباحٍ. (يمشي)
8. الطُّلّاب ________ للرِّحْلةِ. (اِسْتعدَّ)
9. المدرِّسانِ ________ الِامْتِحانَ. (أَعَدَّ)
10. الشَّبابُ ________ مَنْ يَحْتَرِمُهُمْ. (يُقدِّر)

سابعاً:

(1) اِقْرأ الفقرة الآتية:

خَرَجَ السِّندباد من ذلك المكان ومشى في الجزيرة حتّى بَعُدَ عن المغارة. ورأى رجلاً راعياً جالساً على شيءٍ مرتفعٍ. وَلَمّا اقْتَرَبَ السِّنْدِبادُ منه قالَ له الرَّجُل: "اِرجِعْ إِلى خلفك وَامْشِ في الطَّريق الذي على يمينك" رَجَعَ السِّندباد إِلى خلفه، ومشى حتّى غابَتِ الشَّمْسُ. وَلَمْ يَأْتِهِ في تِلْكَ اللَّيْلَةِ نَوْمٌ مِنْ شِدَّةِ الْخَوْفِ، لكِنَّهُ تَقَلَّبَ في فراشِهِ حَتّى الصَّباح.

(2) أَعِدْ كِتابة الفقرة السّابقة:

أ. بصيغة الفعل المضارع.

يخرُجُ ————————————————————————————

————————————————————————————————————

————————————————————————————————————

————————————————————————————————————

————————————————————————————————————

————————————————————————————————————

————————————————————————————————————

ب. بصيغة المتكلِّم المفرد وغيِّرْ ما يلزم.

أَخرُجُ ————————————————————————————

————————————————————————————————————

————————————————————————————————————

————————————————————————————————————

————————————————————————————————————

————————————————————————————————————

————————————————————————————————————

ثامناً: رُدَّ أَفعال الأَمر إِلى أَفعالٍ مُضارِعَةٍ ثمَّ إِلى ماضِيَةٍ:

أمر	مضارع	ماضٍ
اُنْظُر		
كُلْ		
قِفْ		
قُلْ		
اِمْشِ		
اِنْتَبِهْ		
كُنْ		

تاسعاً:

(أ) اِقْرَأ ما يلي:

ماذا تفْعَلُ (تفْعَلينَ) كُلَّ يومٍ؟

أَصْحو مِنْ نَوْمي في السّاعة السّابعة صَباحاً. أَدْخُلُ إِلى الْحَمّام، أَسْتَحِمُّ وَأُنَظِّفُ أَسْناني بِالْفُرْشاةِ وَالْمَعْجونِ، ثُمَّ أَدْخُلُ إِلى الْمَطْبَخِ، وَأُحَضِّرُ الْقَهْوَةَ وَأَشْرَبُها، ثُمَّ أَتناوَلُ فُطوري، وَأَلْبَسُ مَلابِسي وَأَحْمِلُ حَقيبَتي. أَرْكَبُ سَيّارتي، وَأذْهَبُ إِلى مَكْتبي.

أَعْمَلُ مِنَ السّاعة الثّامنة وَالنِّصْفِ صَباحاً، وَحَتّى السّاعة الْخامِسَةِ مَساءً. أَرْكَبُ سَيّارتي، وَأَعودُ إلى بَيْتي. أَسْتريحُ قليلاً، ثُمَّ أَتناوَلُ عَشائي. أَجْلِسُ في غُرْفَةِ الْجُلوسِ، وَأُشاهِدُ بَرامِجَ التِّلْفازِ، ثُمَّ أَسْتَمِعُ إلى الأَخْبارِ. في السّاعة الْعاشِرَةِ أَذْهَبُ إلى غُرْفَةِ نَوْمي وَأَنامُ في سَريري.

(ب): أَعِدْ كِتابَةَ الفِقْرَتيْنِ السابقتيْنِ بصيغةِ جمعِ المذكرِ هكذا..

يَصْحونَ مِنْ نَوْمِهِمْ ______________________________

____

____

____

____

____

____

____

____

____

____

____

____

____

____

____

(ج): أَعدْ كتابةَ الفقرةِ الثّانية بصيغةِ المثنّى المُخاطب (أَنتُما)

تَعْمَلَانِ مِنَ السّاعة ____________________

عاشراً: اِمْلأ البِطاقة التّالية:

الاسم: ________________

الجِنْس: ________________

الجنسِيَّة: ________________

تاريخ الميلاد: ________________

مكان الميلاد: ________________

المِهْنَة: ________________

الْحالة الاِجْتِماعِيَّة: ________________

رقم هاتف المنزل: ________________

رقم هاتف العمل: ________________

رقم الهاتف النقّال (الخليوي): ________________

الاستماع

Track - 02

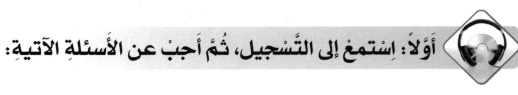

أوَّلاً: اِسْتمِعْ إلى التَّسْجيل، ثُمَّ أَجبْ عن الأَسئلةِ الآتيةِ:

1. أَين يقع معهد بورقيبة للُّغات الحيَّةِ؟

____

2. هل هو مؤسَّسةٌ حكوميَّةٌ أَو خاصَّةٌ؟

____

3. لماذا يفضِّلُ الطَّلبة دراسةَ العربيَّة في هذا المعهد؟

____

4. ماذا يلبس بعض الطلّاب هناك؟

____

5. ماذا فعلتِ الجامعات الأَمريكيَّة والأُوروبيَّة بعد أَحداث الحادي عشر من أَيلول؟

____

6. هل يدرس الطَّلبة اللُّغة العربيَّة فقط في هذا المعهد؟

____

ثانياً: استمع إِلى التَّسجيل مرَّةً ثانيةً، ثمَّ صل كلَّ كلمةٍ بِمَعْناها:

• طَوال السَّنَة	• الإِقامَة
• اِرْتَفَعَ	• يَلْبَسُ
• السَّكَن	• مَدار السَّنة
• يَرْتَدي	• اِزداد
• الاِنْخِراط في	• رُسوم
• الأَماكِن	• مَلابِس تَقْليدِيَّة
• أَقْساط	• مُناقَشَة
• مَلابِس شَعْبِيَّة	• الاِنْدِماج في
• حِوار	• المَعالِم

ثالثاً: صِلْ كلَّ كلمةٍ بِعكسها في المعنى:

• طويلة	• حُكوميَّة
• الميِّتة	• كَثُرَ
• خاصَّة	• قصيرة
• قَلَّ	• أَجنبيٌّ
• مُواطِن	• الحيَّة
• الابْتِعاد عنه	• سوء الفهم
• نهاية	• بداية
• حُسْن الفَهْم	• الاقتراب منه

اقرأ هذا الحوار، ثمّ اِجْرِ حواراتٍ أُخرى مع زملائك.

حِوار مَعَ مُوَظَّفَة الاسْتِقْبال

الموظَّفة: صَباح الْخير.

جيرمي: صَباح النّور.

الموظَّفة: هَلْ تُريدُ بَريدَ اليوم؟

جيرمي: طَبْعاً. هَلْ مِنْ جَديد؟

الموظَّفة: نَعَمْ، عِنْدَكَ دَعْوَةٌ مِنَ المعهد الأرْدُنِيِّ الدِّبْلوماسِيِّ لِلْمُشارَكَةِ في دَوْرَةٍ مُكَثَّفةٍ عَنِ الْقانونِ الإِنْسانِيِّ لِمُدَّةِ أُسْبوعٍ.

جيرمي: أَيْنَ سَتُعْقَدُ هذه الدَّورة؟

الموظَّفة: سَتُعْقدُ في مَقرِّ الْمَعْهَد. هُوَ خَلْفُ فُنْدُق دانا بلازا في عمّان (عاصمة الأُردنِّ) و هو قريب جداً مِنَ الْمَكْتَبِ.

جيرمي: أَيُّ يومٍ؟ أَيُّ ساعَةٍ؟

الموظَّفة: سَتَبْدَأ يوم الأَحَد الْقادِم (2009/2/22م) في السّاعة الثّامنة والنِّصْف صَباحاً.

جيرمي: مَنْ سَيُشارِكُ فيها؟

الموظَّفة: عَرَبٌ وَأَجانِبُ. همْ من جنسيّات مختلفة.

جيرمي: مِنْ فَضْلِكِ، أَرْسِلي لَهُمْ رِسالَةَ شُكْرٍ، وَأَخْبِريهِمْ أَنّي قَبِلْتُ دَعْوَتَهُمْ. وَسَأَكونُ هُناكَ في الْمَوْعِد تماماً. عَلى فِكْرَة أَبْلِغي زُمَلاءَنا أَنّي لَنْ أَكونَ مَوْجوداً في مَكْتَبي خِلال الأُسبوع الْقادِم مِنَ السّاعة الثّامنة والنِّصف صَباحاً، وَحَتّى الْخامِسَة مَساءً، ولا تَنْسي أَنْ تُلْغي مَواعيد الأُسبوع القادِم.

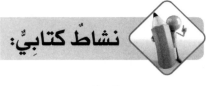

نشاطٌ كتابِيٌّ:

اكتبْ فقرةً أَو أَكثر عن إِحدى الجامعات في بلدك.

_____

_____

_____

_____

_____

_____

_____

_____

_____

_____

_____

_____

_____

_____

_____

_____

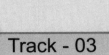

الدرس الثاني

اللُّغة العربيَّة

Track - 03

كان السَّيِّد أوليفر يفكِّر في العمل في بلدٍ عربيٍّ، لذلك درس اللُّغة العربيَّة في أَلمانيا لمدَّة عامٍ، ثمَّ حضر إِلى الأُردنِّ، ودرس العربيَّة في الجامعة الأُردنيَّة في الفصل الأَول من العام الماضي.

وصل أوليفر إِلى أَبوظبي للعمل في مستشفى الشَّيخ خليفة بن زايد.

لم يجدْ صعوبةً في كتابة تأشيرة الدُّخول باللُّغة العربيَّة في مطار أَبوظبي، وكذلك في قراءة أَسماء الشَّوارع والفنادق، وقوائم الأَسعار في المطاعم والفنادق، كما أَنه لم يجدْ صعوبةً في كتابة عقد إيجار الشقة المفروشة التي سيسكن فيها مع زوجته. يضاف إِلى ذلك قراءة الجرائد العربيّة؛ لأَنَّه يعرف كيف يستخدم القاموس العربيَّ.

وفي مكتب العلاقات العامَّة في المستشفى، كتب أُوليفر بيانات عقد العمل باللُّغة العربيَّة. أمّا مدير المستشفى فقد كان سعيداً عندما عرف أَنَّ الممرِّض الأَجنبيَّ يعرف اللُّغة العربيَّة؛ لأَنَّ هذا يجعل العمل أَسهل؛ فمعظم المرضى يتكلَّمون ويفهمون العربيَّة فقط.

تحدَّث أوليفر مع زملائه من الأَطبّاء والممرِّضين، وطلب منهم أَن يتكلّموا معه باللُّغة العربيَّة فقط؛ لأَنَّه لا يريد أَن ينسى ما تعلَّمه في الجامعة. كما كان يشتري الجريدة كل يومٍ، ويقرأ العناوين المهمَّة، ويسأل أَحد زملائه العرب عن أَيِّ كلمةٍ لا يفهم معناها. كما كان يشاهد نشرة الأَخبار المسائيَّة على شاشة التِّلفاز، ويحاول أَن يفهم الأَخبار بشكلٍ عامٍّ؛ فهو لا يستطيع أَن يفهم كلَّ شيءٍ؛ لأَنَّ المذيع يقرأ الأَخبار بسرعةٍ.

الأسئلة

أوَلاً: أَجبْ عن الأَسئلة الآتية:

1. لماذا درس أوليفر اللُّغة العربيَّة؟

2. ماذا كتب أوليفر عند وصوله إِلى مطار أَبوظبي؟

3. ماذا كتب أوليفر عند وصوله إِلى المستشفى؟

4. هل كان مدير المستشفى سعيداً؟ لماذا؟

5. ماذا طلب أوليفر من زملائه؟

6. ماذا كان يشتري أوليفر كلَّ يومٍ؟ لماذا؟

7. هل كان أوليفر يفهم كلَّ الأَخبار؟ لماذا؟

ثانياً: اكتب معنى كلَّ كلمةٍ ممّا يلي باللُّغة العربيَّة (من النَّصِّ):

فَتْرَة

سَنَة

وَظيفَة

ثَمَن

جاءَ

مَعْلومات

---

٧ يَسْتَعْمِلُ

---

٨ يُقيمُ مَعَ

ثالثاً: رتِّبِ الْكَلِمَاتِ الْآتِيَةَ لِتُكوِّنَ جُمَلاً مُفيدَةً:

1. يُفَكِّر - في - بَلَدٍ - الْعَمَلِ - عَرَبِيٍّ - في - أوليفر - كانَ.

____

2. بَلَدِهِ - لِمُدَّةِ - دَرَسَ - عامٍ - الْعَرَبِيَّةَ - في - أوليفر - اللُّغَةَ.

____

3. صُعوبَةً - يَجِدْ - قِراءَةِ - في - الشَّوارِعِ - أَسْماءِ - لَمْ - أُوليفر.

____

4. الْمَرْضى - يَفْهَمون - فقط - العربيَّة - يتكلَّمون - و.

____

5. يَنْسى - أوليفَر - تَعَلَّمها - يُريدُ - أَنْ - لا - الَّتي - الْعَرَبِيَّةَ.

____

6. مَلَأَ - بَياناتِ - الْعَمَلِ - الْعَرَبِيَّةِ - بِ - أوليفَر - عَقْدِ - اللُّغَةِ.

____

رابعاً: صلْ بين الكلمة وعكسها في المعنى فيما يلي:

• حَزين	• كَثيراً
• نَهار	• سَعيد
• قَليلاً	• لَيْل
• غالٍ	• يُعْطي
• باعَ	• خَرَجَ
• ضَحِكَ	• رَخيص
• دَخَلَ	• اشْتَرَى
• يَأْخُذُ	• بَكى
• يَنْسى	* • نَحيف
• صَحيح	• أَكيد
* • سَمين	• يَتَذَكَّرُ
• رُبَّما	• خَطَأ
• سُؤال	• نَزَلَ
* • عالَمِيَّة	• جَواب
• رَكِبَ	* local • مَحَلِّيَّة
• خارِجِيَّة	• داخِلِيَّة
• صُعوبَة	• ذَهَبَ
• حَضَرَ	• مُغادَرَة
• وُصول	• سُهولَة

خامساً: أَكمل الحوار الآتي:

1. ـ_____ ؟

في المستوى المتوسِّط ثلاثةَ عشرَ طالباً.

2. هل عندك سيَّارة؟

نعم ـ_____ .

لا ـ_____ .

3. هل لَكَ إِخوةٌ؟

نعم ـ_____ .

لا ـ_____ .

4. ـ_____ ؟

سافرتُ صباحاً.

5. ـ_____ ؟

أَعمل طبيباً.

6. كَمِ السَّاعة الآن؟

ـ_____ .

سادساً: أَكمل الجمل الآتية باستخدام الكلمات المناسبة:

(العرب - يفكِّر - أَفهم - النَّوم - الجلوس - المفتاح)

1. هل ______ معك؟
2. اللُّغة العربيَّة هي لغة ______ والمسلمين.
3. أوليفر______ في العمل في بلد عربيٍّ.
4. أَنا الآن ______ اللُّغة العربيَّة والحمد لِلّه.
5. في غرفة ______ سريرٌ مزدوجٌ.
6. الكنبة في غرفة ______.

سابعاً: املأ بيانات عَقد الإِيجار الآتي:

المؤجِّر: ______________________

المستأجِر: ______________________

عنوان المستأجَر: ______________________

اسم الشّارع: ______________________

اسم المدينة: ______________________

قيمة الإِيجار الشَّهري: ______________________

تاريخ بداية الإِيجار: ______________________

تاريخ نهاية الإِيجار: ______________________

مدَّة الإِيجار: ______________________

عدد الغرف: ______________________

شروطٌ إِضافيَّةٌ: ______________________

____

تَوقيع المؤجِّر: ______________________

تَوقيع المستأجِر: ______________________

ثامناً: أَعدْ كتابة الجمل الآتية مع الضَّمائر:

1. أوليفر طَلَبَ مِنْ زُمَلائِهِ أَنْ يَتَكَلَّموا مَعَهُ بِاللُّغَةِ الْعَرَبِيَّةِ.

هي ________________

أَنتَ ________________

هم ________________

أَنا ________________

نحن ________________

2. هُوَ يَسْتَخْدِمُ الْقاموسَ لِيَعْرِفَ مَعاني الْكَلِماتِ الصَّعْبَةِ.

هنَّ ________________

أَنتُنَّ ________________

أَنا ________________

أَنتُما ________________

3. أُوليفر سافر إِلى أَبوظبي ليعملَ في المستشفى.

هما ________________

أَنتُما ________________

هم ________________

أَنتُمْ ________________

أَنا ________________

تاسعاً: اكتبْ مفرد الجموع الآتية:

- قُدَماء: ______ • مَرْضى: ______
- أطِبّاء: ______ • شُرْطَة: ______
- بِلاد: ______ • دُوَل: ______
- مَطاعِم: ______ • أَجانِب: ______
- مَطارات: ______ • مُسْتَشْفَيات: ______
- قَوائِم: ______ • عَناوين: ______
- جرائد: ______ • فَنادِق: ______
- أُمَّهات: ______ • آباء: ______
- نِساء: ______ • فِيَلَة: ______
- أَسِرَّة: ______ • جُدُد: ______
- غُرَف: ______ • أَقْمار: ______

عاشراً: اكتبْ مُؤَنَّث الكلمات الآتية:

- ديك: ______ • حِصان: ______
- حِمار: ______ • خَروف: ______
- ثَوْر: ______ • جَمَل: ______
- كَلْب: ______ • أَسَد: ______
- قِطٌّ: ______ • غَزال: ______
- رَجُل: ______ • وَلَد: ______

أحد عَشر: اقرأ الجمل الآتية، وانتبه للأفعال:

- **حَضَرْتُ** إلى مَكْتَبي، وَ**أحْضَرْتُ** مَعي التَّقْرير الَّذي **حَضَّرْتُهُ** قبْلَ ثَلاثَة أَيامٍ.
- **قابَلْتُ** صَديقي وَ**قَبِلْتُ** دَعْوَتَهُ للْعَشاءِ، لكِنَّ زَوْجَتي **رَفَضَتِ** الدَّعْوة.
- **أَعْتَقِدُ** أَنَّها كانتْ عَلى حَقٍّ؛ لأَنَّ الطعامَ لمْ **يَكُنْ** لَذيذاً.
- **أَفْطرُ** في الْبيت مَعَ زَوْجَتي و**أَتغَدّى** في مَكْتَبي.
- **نَتعَشّى** أَحْياناً في الْمَطْعَمِ.
- **دَعَوْتُ** أَصْدِقائي إلى الْحَفْلَةِ.
- **أَسْتَخْدِمُ** عَقْلي دائِماً. لا **أَسْتَعْمِلُ** يَديَّ عِنْدَ الْمَشاكِلِ؛ لِأَنّي لا **أُحِبُّ** الْعُنْفَ.
- **أَسْتَخْدِمُ** الْإِنْتَرْنِتْ في عَمَلي دائِماً.
- **أَظُنُّ** أَنَّ الْخَبَرَ صَحيحٌ.
- **أَعْتَقِدُ** أَنَّك عَلى حَقٍّ.
- **أُوافِقُ** على ما تقولُ لكنّي **أَرْفُضُ** التَّوْقيعَ قَبْلَ أَنْ أَقْرَأَ.
- لا **أُحِبُّ** الكلام كثيراً.
- **ناقَشْنا** قَضايا كَثيرَةً في الاجْتِماع، وخاصَّةً الْأَزْمَة الاقْتِصادِيَّة الْعالَمِيَّة.

اقرأ ما يلي ولاحظ الفرق:

(١)	(٢)
• الطلّاب حاضِرونَ.	• الكُتُبُ مَفْتوحَةٌ.
• الْمُدَرِّسونَ غائِبونَ.	• الْمَدارِسُ كَثيرَةٌ.
• هؤُلاءِ مُوَظَّفونَ.	• هذِهِ كَراسِيُّ.

الجمع:

الجمع نوعان: عاقل كما في المجموعة (١).
غير عاقل كما في المجموعة (٢).
وجمع غير العاقل مثله مثل المفرد المؤنّث.

تدريب: ضع علامة (✓) أَو (×) أَمام كلّ جملة ممّا يلي:

1. هؤلاءِ أَشجارٌ عاليةٌ. (✗)
2. هذهِ كتبٌ جديدةٌ. (✓)
3. الأَقلامُ التي اشتريتُها من المكتبةِ ملوَّنةٌ. (✓)
4. هؤلاءِ طلّاب يُريدونَ أَن يتعلَّموا العربيَّةَ. (✓)
5. الجامعاتُ كثيراتٌ في أَمريكا. (✗)
6. الأَبوابُ مفتوحاتٌ. (✗)
7. الكراسيُّ جديدةٌ. (✓)
8. الأَسدُ والفهدُ والنَّمِرُ حَيواناتٌ مفترسةٌ. (✓)
9. الامتحاناتُ النِّهائيَّةُ صعبةٌ أَحياناً. (✓)
10. هؤلاءِ صديقاتي اللَّواتي دَرَسْنا معي في المدرسةِ. (✓)

Track - 04

الاســـــتماع

أولاً: استمع إِلى التَّسجيل ثمَّ أَجب عن الأَسئلة الآتية:

1. ما أَهميَّة اللُّغة العربيَّة؟

2. متى أَصبحت العربيَّة لغةً رسميةً في الأُمم المتَّحدة؟

3. اذكر اللُّغات الرَّسميَّة.

4. لماذا يدرس المسلِمُ الأَجنبيُّ العربيَّةَ؟

5. لماذا تدرس بعضُ الأَجنبيّات العربيَّةَ؟

6. لماذا تدرس (أَنت) العربيَّة؟

ثانياً: املأ الفراغ بالكلمة المناسبة ممّا يلي:

(أُمور - رسميَّة - المسلم - الدبلوماسيّ - زوجها)

1. أَصبحت اللُّغة العربيَّة لغةً __________ عام 1974 م.
2. يدرس الأَجنبيُّ __________ العربيَّة ليفهم __________ الدِّين الإِسلاميَّ.
3. يدرس بعض الأَجانب العربيَّة لأَنَّهم يحبون العمل في السِّلك __________.
4. تدرس سارةُ العربيَّةَ لأَنَّ __________ أُردنيٌّ.

ثالثاً: استخدم المفردات الآتية لتكوِّن فقرةً.

عالَمِيَّة - السِّياحَة - الاِسْتِثْمار - الْعَمَل - شَرِكَة - العربيَّة - وِزارَة الْخارِجِيَّة.

____

____

____

____

____

____

____

____

____

____

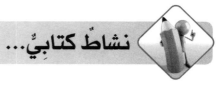

نشاطٌ كتابِيٌّ...

اكتب فقرةً أَو أَكثر عن سبب دراستك للُّغة العربيَّة...

الدرس الثالث

كيف أتعَلَّمُ العربيَّة بِسُرْعَةٍ؟

Track - 05

مايْكِل طالِبٌ أَجْنَبِيٌّ. حَضَرَ مِنْ بَلَدِهِ لِدِراسَةِ اللُّغَةِ الْعَرَبِيَّة في الْجامِعَةِ الأُرْدُنِيَّةِ. وفي أَحَدِ الأَيّام دارَ حِوارٌ بَيْنَهُ وَبَيْنَ أُسْتاذِهِ:

مايكل: قُلْ لي يا أُستاذُ مِنْ فَضْلِكَ كَيْفَ أَتَعَلَّمُ الْعَرَبِيَّةَ بِسُرْعَةٍ؟

الأُستاذ: إِذا أَرَدْتَ أَنْ تَتَعَلَّمَ الْعَرَبِيَّةَ بِسُرْعَةٍ، حاوِلْ أَن تفعل ما يَلي:

1. أَنْ يَكونَ لَكَ أَصْدِقاءٌ عَرَبٌ، حَتّى تَتَكَلَّم العربيَّة.

2. تَكَلَّمْ بِالعربيَّة في كُلِّ مَكانٍ: في الْجامِعَة، في الْمَطْعَم، في الْبَيْت، في السّوق... إلخ (إِلى آخِره).

3. لا تَجْلِسْ كَثيراً مَعَ الطلبة الأَجانِب مِثْلك؛ لأَنَّني أَسْمَعُكُمْ دائِماً تَتَكَلَّمونَ بِلُغاتِكُمْ وَلَيْسَ بِالْعَرَبِيَّة.

مايكل: هذا صَحيحٌ يا أُستاذ، لِكنّي أَشْعُرُ أَنّي غَريبٌ هُنا، وَأُحِبُّ أَنْ أَتَكَلَّمَ مَعَ الطُّلّاب مِنْ بَلَدي.

الأُستاذ: لَمْ أَطْلُبْ مِنْكَ عَدَم الْكَلام مع أَبْناءِ بَلَدكَ. لكِنْ لَيْسَ مُعْظَم الْوَقْت؛ لأَنَّ اللُّغَة العربيَّة كَغَيْرِها مِنَ اللُّغاتِ تَحْتاجُ إِلى مُمارَسَةِ الدّارس، وَالْكِتاب وَحْدَهُ لا يَكْفي.

مايكل: النّاس هُنا في الأُرْدُنِّ يَعْرِفونَ أَنّي أَجْنَبِيٌّ، وَيَتَكَلَّمونَ مَعي بِالإِنْجليزِيَّة.

الأُستاذ: قُلْ لَهُمْ إِنَّكَ طالبٌ تَدْرُسُ اللُّغة العربيَّة. وَاطْلُبْ منهم أَنْ يُساعدوك. ولا تَخْجَل إِذا أَخْطَأْتَ، بَلْ اطْلُبْ منهم أَن يُصَحِّحوا لك الأَخطاء.

4. حاول أَن تتكلَّم عن الأَخبار السِّياسيَّة: العربيَّة والعالميَّة؛ لأَنَّ العرب يهتمّون كثيراً بسماع الأَخبار، خاصةً في الشَّرق الأَوسط، فكلُّ يومٍ تحدث أَشياء جديدةٌ. والعربيُّ مُثَقَّفٌ وهو يحبُّ أَن يَعرفَ الأَخبار دائماً.

5. اسْتَمِعْ إلى نَشْرةِ الأَخبار العربيَّة من الرّاديو. وشاهِدْ نشرة الأَخبار الْمُصَوَّرَة على شاشَةِ التِّلفاز. وَتابِعْ بعض البَرامج العربيَّة.

6. اقرأ الجريدةَ العربيَّةَ؛ لأَنَّ قراءتها تساعدك على فهم المجتمع العربيِّ، وَتَعَلُّمِ العربيَّة.

مايكل: شكراً جزيلاً يا أُستاذ؛ لأَنَّ كلَّ ما ذكرته سيساعدني على تعلُّم العربيَّة بسرعةٍ.

الأسئلة

أولاً: أجِبْ عَنِ الأَسْئِلَةِ الآتِيَة:

1. لِماذا حَضَرَ مايْكِل إِلى الأُرْدنِّ؟

____

2. ماذا قالَ مايكل لِلأُسْتاذِ؟

____

3. ماذا طَلَبَ الأُسْتاذُ مِنْ مايْكِل أَنْ يَفْعَلَ حتّى يَتَعلَّمَ الْعَرَبِيَّة بِسُرْعَةٍ؟

أ. ______________________________

ب. ______________________________

ج. ______________________________

4. ماذا تَفْعَلُ أَنْتَ لِتَتَعلَّمَ العَرَبِيَّة بِسُرْعَةٍ؟

____

____

5. لِماذا يَسْتَمِعُ النّاس في الشَّرْقِ الأَوْسَطِ إِلى الأَخبارِ دائِماً؟

____

____

6. هَلِ اللُّغَةُ العَرَبِيَّةُ سَهْلَةٌ؟ لِماذا؟

____

____

ثانياً: هاتْ مُرادِفَ الْكَلماتِ الآتِيَةِ مِنَ النَّصِّ:

- جاءَ: ____________
- أَتَعَلَّمُ: ____________
- كَلام: ____________
- خاصَّةً: ____________
- أَدْرُسُ: ____________
- مُمارَسَة: ____________
- لا سِيَّما: ____________
- حَضَرَ: ____________
- تَدْريب: ____________
- حِوار: ____________
- أُحِسُّ: ____________
- الأَخْبار: ____________
- الدَّوْلِيَّة: ____________
- قَليلاً: ____________
- الأَنْباء: ____________
- الْعالَمِيَّة: ____________
- كَثيراً: ____________
- أَشْعُرُ: ____________

ثالثاً: صِلْ كُلَّ كَلِمَةٍ بِضِدِّها (بِعَكْسِها):

• جَديد	• مُنْخَفِض
• حارٌّ	• ذَهَبَ
• مُرْتَفِع	• بارِد
• حَضَرَ	• قَديم
• بِدايَة	• وَقَفَ
• جَلَسَ	• نِهايَة
• تابَعَ	• نَحيف
• سَمين	• أَخْطَأَ
• خاصَّة	• بِسُرْعَة
• صَحَّح	• توَقَّفَ
• يَعْرِفونَ	• أَصْدِقاء
• أَبَداً	• دائِماً
• بِبُطْء	• عامَّة
• مُعْظَمُ	• يَجْهَلونَ
• أَعْداء	• بَعْض

رابعاً: املأ الفراغ بالكلمة المناسبة:

(مُنْذُ - قَبْلَ - بَعْدَ - عِنْدَ - عِنْدَما)

1. سَأُسافِرُ إِلى بَلَدي ________ شَهْرَيْنِ.
2. أَدْرُسُ اللُّغَةَ الْعَرَبِيَّةَ ________ سَنَةٍ تَقْريباً.
3. سَأَقْرَأُ الدَّرْسَ الْجَديدَ ________ أَعودُ إِلى الْبَيْتِ.
4. أَغْسِلُ يَدَيَّ ________ الأَكْلِ وَ ________.
5. سَأَنْتَظِرُكَ ________ بَوّابة الْجامِعَةِ الرَّئيسة.
6. ________ أَنْتَهي مِنْ كِتابَةِ التَّقرير، سَأَذْهَبُ ________ أَخي.

خامساً: اِسْتَخْدِمِ الْكَلِماتِ الْآتِيَةَ في جُمَلٍ تُوَضِّحُ مَعْناها:

أَرادَ:

____

يَحْمِلُ:

____

ثَقافَة:

____

بَرْنامَج:

____

سادساً: أَكْمِلِ الْحِوارَ الآتي:

1. ______________________________ ؟

سِعْرُ هذا الكتابِ خَمْسَةُ دَنانيرَ.

2. كَمْ يوماً في الأُْسْبوعِ؟

______________________________ .

3. ______________________________ ؟

لَيْسَ عِنْدي أَصْدِقاءٌ عربٌ.

4. ______________________________ ؟

يَصومُ الْمُسْلِمونَ في شَهْرِ رَمَضانَ المُبارَكِ.

5. ______________________________ ؟

في حَقيبَتي كُتُبٌ و قِصَصٌ وَأَقْلامٌ مُلَوَّنَةٌ.

سابعاً: غيِّرْ ما يلزم في كلِّ فعلٍ ثمَّ املأ به الفراغ:

يَلْعَبُ	أَنْتُما	________ بِالْكُرَةِ.
سَيَفوز	أَنْتَ وَأَحْمَد	________ في سِباقِ السَّيّارات.
يَنْجَحُ	أَحمد وعليٌّ ولانا	________ في الاِمْتِحانِ.
تَنامُ	هِنْد وَلَيْلى	________ باكِراً.
تَمْشي	هُنَّ	________ على الرَّصيف.
تَشْرَبُ	أَحمد ومايكل	________ عَصيرَ الْبُرْتُقالِ.
يَحْتَفِلُ	الْمُسْلِمونَ	________ بِعيدِ الْفِطْرِ.
يُوَدِّع	أَحمد وعليّ	________ أُخْتَهُما الْمُسافِرَةَ.
يَبْحَثُ	أَنْتُم	________ عَنِ الْحَقيقَةِ دائِماً.
يُناقِشُ	النُّوّاب	________ الْأَزْمَةَ الْمالِيَّةَ.

ثامناً: اقرأ:

هُمَا يَكْتُبانِ   أَنْتُما تَكْتُبانِ

هُمْ يَكْتُبونَ   أَنْتُمْ تَكْتُبونَ   أَنْتِ تَكْتُبينَ

الأَفعال الخمسة:

هِيَ كُلُّ فِعْلٍ مضارعٍ اتَّصلت به أَلِف الاْثنين أَو واو الْجَماعَة أَو ياء الْمُخاطَبَة.

تدريب (1): اكتب الأَفعال الخمسة من الفعل (يَمْشي)

_______ _______ _______

_______ _______

تدريب (2): أعد كتابة الجمل الآتية مع الضَّمائر التّالية:

1. (أَنا) أَسْتَمِعُ كُلَّ يَوْمٍ إِلى نَشْرَةِ الأَخْبارِ الصَّباحِيَّةِ.

أَنتُما _______

هُمْ _______

أَنتِ _______

2. هُوَ يَتَكَلَّمُ الْعَرَبِيَّةَ دائِماً.

أَنتُم _______

هُمَا _______

أَنتَ _______

نَحْنُ _______

3. قُلِ الْحَقَّ وَلَوْ عَلى نَفْسِكَ.

أَنتُم _______

نَحنُ _______

أنتِ _______

تاسعاً: أَسْماءُ الإِشارَة:

أَسماءُ الإِشارة **للقريب** هي: **هذا، هذانِ، هؤلاءِ، هذِهِ، هاتانِ.**

أَسماءُ الإِشارة **للبعيد** هي: **ذلكَ، تِلْكَ، أُولئكَ.**

نقول: هؤُلاءِ أَوْلادٌ	هذِهِ جامِعاتٌ
هؤُلاءِ مُدَرِّسونَ	هذِهِ مَدارِسُ
هؤُلاءِ طُلابٌ	هذه كُتُبٌ

عاشراً: الأسماء الموصولة هي:

الَّذي، الَّتي، اللَّذان، اللَّتان، الَّذينَ، اللَّواتي، اللاّتي، اللاّئي. (مَنْ، ما).

اقرأ:

- حَضَرَ الطّالب الَّذي غابَ أَمْسِ.
- حَضَرَ الطّالبان اللَّذانِ غابا أَمْسِ.
- حَضَرَ الطّلاب الَّذينَ غابوا أَمْسِ.
- حَضَرَتِ الطّالبة الَّتي غابَتْ أَمْسِ.
- حَضَرتِ الطّالبتان اللَّتانِ غابَتا أَمْسِ.
- حَضَرَتِ الطّالبات اللَّواتي غِبْنَ أَمْسِ.

تدريب: صحِّح الأخطاء في الجمل الآتية:

1. أُريدُ الْقَهْوَةَ الَّذي أُحِبُّها. ____________________

2. قَرَأْتُ مَنْ في الْكِتاب. ____________________

3. القِصَّةُ الَّذي قَرَأْتُها مُمْتِعَةٌ. ____________________

4. هذِهِ الْبَنَاتُ ذَكِيَّاتٌ. ____________________

5. أُولائِكَ الْأَطبّاء ماهِرونَ. ____________________

6. تِلْكَ خَبَرٌ سارٌّ. ____________________

7. الطّالبات الَّذينَ نَجَحْنَ مُجْتَهِدُونَ.

____

8. هؤُلاءِ التَّلاميذُ اللَّذَيْنِ يَدْرُسونَ الْعَرَبِيَّةَ أَجانِبٌ.

____

9. أَجابَ صَديقي عَنْ هؤُلاءِ الْأَسْئِلَةِ.

____

10. الأُمَّهاتُ هُنَّ اللَّواتي تُرَبّي الْأَجْيالَ.

____

الاســتماع

Track - 06

أولاً: استمع إِلى التَّسجيل، ثمَّ أَجب عن الأَسئلة الآتية:

1. ما جنسية مارتن؟

____

2. أَين يدرس مارتن؟ وماذا يدرس؟

____

3. ما مشكلة مارتن في دراسة العربيَّة؟

____

4. أَين تَعارَفَ مارتن وأَحمد؟

____

5. عَلامَ اتَّفَقَ مارتن وأَحمد؟

____

6. ما رَأْيُكَ بِهذا الاتِّفاق؟

____

ثانياً: ضع دائرةً حول رمز الإجابة الصحيحة:

1. أَحمد مِنْ

أ. مصر　　ب. فِلسطين　　ج. سوريا

2. مارتن من

أ. فرنسا　　ب. بريطانيا　　ج. أَلمانيا

3. يدرس مارتن اللُّغة العربيَّة في جامعة

أ. لندن　　ب. طوكيو　　ج. السّوربون

4. يسكن مارتن في

أ. فندق　　ب. سكن الطلّاب　　ج. شقَّةٍ مفروشةٍ

5. سيتكلم أَحمد ومارتن باللُّغة

أ. الأَلمانية　　ب. الإِنجليزية　　ج. العربيَّة

6. سيدفع أَحمد

أ. ثلث الإِيجار　　ب. ربع الإِيجار　　ج. نصف الإِيجار

7. يدرس أَحمد في جامعة لندن

أ. الحقوق　　ب. الصَّحافة والإِعلام　　ج. الأَدب العربيّ

ثالثاً: استخدم الكلمات الآتية في جملٍ توضِّح معناها:

الْمُحادَثَة:

الْقِراءَة:

صَحافَة:

اِسْتِقْبَال:

حَفْلَة تَعارُف:

أَقَامَتْ:

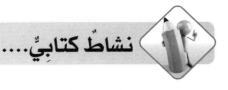

نشاطٌ كتابِيٌّ.....

كيف تتعلَّم (أَنت) اللُّغة العربيَّة بسرعةٍ؟

_____

_____

_____

_____

_____

_____

_____

_____

_____

_____

_____

_____

_____

_____

_____

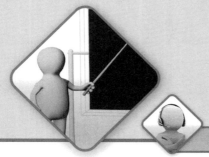

الدرس الرابع

الصُّعوبات التي تواجه الدّارس الأجنبيَّ

Track - 07

يعاني الدّارس الأَجنبيُّ للُّغة العربيَّة من بعض الصُّعوبات والمشاكل. من أَهمِّ هذه الصُّعوبات:

1. ازدواجيَّة اللُّغة:

في الدّول العربيَّة لغتان بينهما اختلافٌ كبيرٌ: الأُولى لغة الحديث، وهذه لغةٌ

يتحدَّث بها العرب ولا يكتبونها، وتسمّى اللهجات العاميَّة. وهي تختلف من بلدٍ لآخر... العاميَّة المصريَّة تختلف عن العاميَّة المغربيَّة. وأَقرب اللهجات العاميَّة إِلى الفُصحى (الفَصيحة) هي عاميَّة بلاد الشام (الأُردنُّ - فلسطين - لبنان - سوريا).

أَمّا اللُّغة الثّانية فهي العربيَّة الفصحى (الفَصيحة) وهي لغةٌ مشتركةٌ بين كلِّ العرب. ولكنَّها تقتَصر على الكتابة بكلِّ أَنواعها، وقراءة نشرات الأَخبار. وهي لغةٌ تُكتَب، ولا يتحدث بها العرب في حياتِهم اليوميَّة، بل إِنَّ كثيراً من العرب لا يتقنون الفصحى. وهنا تظهرالمشكلة للأَجنبيِّ! إِذ يجب عليه أَن يدرس الفصحى، وفي الوقت نفسه أَن يدرس عامِيَّة البلد العربيِّ الذي يتعلَّم فيه؛ حتى يستطيع أَن يتفاهم مع الناس في أُمور حياته اليوميَّة. وهذا بالطَّبع يُشكِّلُ مشكلةً كبيرةً؛ لأَنَّ الأَجنبيَّ ينظر إِلى الفصحى والعاميَّة على أَنَّهما لغتان مختلفتان تماماً.

2. الكتابة:

أ. الحروف: للحرف العربيِّ أَكثر من شكلٍ في الكتابة: في أَوَّل الكلمة وفي وسطها وفي آخرها (إِمّا أَنْ يكون متصلاً أَو منفصلاً).

ب. الحركات: الطّالب أَحياناً لا يُميِّز بين الحركات القصيرة والطويلة. وحلُّ هذه المشكلة يكون بِالتَّدريب المُسْتمرِّ على أَصوات الحروف في مختبر اللُّغة.

(ومشاكل الكتابة غير ذلك كثيرةٌ).

3. المنهاج أَو الكتاب التعليميُّ:

في أَحيانٍ كثيرةٍ لا يكون هذا المنهاج كافياً لتعليم اللُّغة بمهاراتها المختلفة (قراءة، كتابة، استماع، محادثة). يُضاف إِلى ذلك عدم عَرْض قواعد النَّحو بطريقةٍ وظيفيَّةٍ سهلةٍ قدْرَ الإِمكان.

4. المعلِّم:

ولعلَّ هذه أَهمُّ المشاكل؛ لِأَنَّ معظم القائمين على الجامعات والمعاهد العربيَّة يظنون أَنَّ كلَّ مَن دَرَسَ اللُّغة العربيَّة، يصلح أَنْ يكون مُدَرِّساً ناجحاً في تدريسها للأَجانب!! وهذا خطأٌ كبيرٌ جداً؛ فلا بُدَّ لِمَنْ يُدَرِّس العربيَّة لغير أَهلها أَنْ يكون على اتصالٍ بثقافات الشعوب المختلفة، وأَنْ يُتقن لغةً أَجنبيَّةً على الأَقلِّ (كالإِنجليزية مثلاً).

وأَنْ يكون مثقفاً ثقافةً عاليةً في التاريخ والجغرافيا والأَديان، وأَنْ يُتابِعَ الأَحْداث والتّطوّرات السِياسيَّة في العالَمِ. وبديهيٌّ أَنْ يكون متخصصاً في دراسة العربيَّة.

الأسئلة

أولاً: أجب عن الأسئلة الآتية في جملٍ تامَّةٍ:

1. ما معنى ازدواجيَّة اللُّغة؟

عندما يكون لإستعمال اللغة طريقتان للإستعمال

2. ما أَهَمُّ الصُّعوبات الَّتي تُواجِهُ المُتَعَلِّمَ الأَجنبيَّ في الكتابة؟

الصعوبتان الاثنتان تواجهان المتعلم في الكتابة هما الحروف والحركات

3. هل الكتابُ وَحْدَهُ يَكْفي؟ لماذا؟

كلا لأن معظم العرب يستعملون لغة العامية أمور حياته اليومية.

4. ما أهمُّ صِفات مُدرِّس العربيَّة النّاجح؟

5. هل تُواجِهُكَ (أَنت) صُعوباتٌ أُخْرى في دراسة العربيَّة (غير المذكورة في النَّصِّ)؟

نعم يوجد الصعوبة لتحويل الكلمات من اللغة العامية اللغة الفصحى.

ثانياً: أَجِبْ بِـ (نَعَمْ أَوْ لا):

1. لا توجَدُ صُعوبات في دراسة العربيَّة. (   )
2. لا فَرْقَ بَيْنَ العاميَّة والفصحى في اللُّغة العربيَّة. (   )
3. كلُّ العرب يتكلَّمون ويَفْهَمون الفصحى. (   )
4. العاميَّة لغةٌ يَتَحَدَّثُ بها العرب فقط. (   )
5. تُسْتَخْدَمُ الفصحى في كتابة الْجَرائِدِ والْمَجَلّات، وكَذلِكَ في قراءة نَشْراتِ الأَخْبار. (   )
6. يَسْتَخْدِمُ الْعَرَبُ العاميَّةَ في أُمورِ حَياتِهِم الْيَوْمِيَّة. (   )
7. تَخْتَلِفُ الْعاميَّة من بلدٍ عربيٍّ إِلى بلدٍ عربيٍّ آخَر. (   )
8. لَيْسَ كلُّ دارسٍ للُّغة العربيَّة مُعَلِّماً ناجحاً لتعليمْ العربيَّة للأَجانب. (   )
9. لا بدَّ لِمَنْ يُدَرِّسُ الأَجانب أَن يكون مُطَّلِعاً على ثقافاتِ الشُّعوب. (   )
10. يجب أَن يعرف مدرِّس العربيَّة للأَجانب كلَّ اللُّغات في العالَم. (   )

ثالثاً: صِلْ كُلَّ كَلمة مِمّا يلي بِمُرادِفِها:

• يشكو	• الحَديث
• يُجيدونَ	• يُشَكِّلُ
• الْكَلام	• الْعامِّيَّة
• يُسَبِّبُ	• يُعاني
• اللُّغة الْمَحْكِيَّة	• الْفُصْحى (الْفَصيحَة)
• الْمُمارَسَة	• يُتْقنونَ
• اللُّغة الرَّسْمِيَّة	• يَظُنُّونَ
• الْمَسْؤولونَ عنْ	• التَّدْريب
• يَعْتَقِدونَ	• وَظيفِيَّة
• الْمُتَواصِل	• اِختِلاف
• فَرْق	• الْقائِمونَ عَلى
• طَريقَة عَمَلِيَّة	• يَتَعلَّمُ
• مُعْظَمُ الأَحْيانِ	• الْمُسْتَمِرُّ
• يَدْرُسُ	• أَكْثَرُ الأَوْقاتِ
• الأُمَم	• الشُّعوب

رابعاً: صل كلَّ كلمةٍ بعكسها في المعنى:

- أُحادِيَّة
- الْفُصْحى
- اتِّفاقٌ
- تَخْتَفي
- الأَخيرَة
- أَقَلُّ
- مُنْخَفِضَة
- الْمُتَقَطِّعُ
- صَعْبَةٌ
- فاشِلٌ
- صَحيح
- اِنْقِطاعٌ
- أَبْعَد
- مُشْكِلَةٌ
- الَّذي

- تَظْهَر
- الأُولى
- الْعامِّيَة
- اِزدِواجِيَّة
- أَكْثَر
- اِخْتِلافٌ
- سَهْلَةٌ
- ناجِحٌ
- الْمُسْتَمِرُّ
- عالِية
- اِتِّصالٌ
- خَطَأ
- مَنْ
- حَلٌّ
- أَقْرَب

خامساً: استخدم المفردات الآتية في جملٍ توضِّح معناها:

العامِّيَّة: ____________________

الفصحى: ____________________

أَصْوات: ____________________

أَشْكال: ____________________

مَهارات: ____________________

سادساً: حوار بين المعلِّم والتلاميذ:

هل اللُّغَةُ العربيَّة لُغَةٌ سَهْلَةٌ أَوْ صَعْبَةٌ؟ كَيْفَ؟

____

____

____

____

____

____

____

____

____

سابعاً: أَعِدْ كِتَابَةَ الْجُمَلِ الآتِيَةِ مَعَ الضَّمائِرِ الَّتي تَليها وَغَيِّرْ ما يَحتاجُ إِلى تَغْييرٍ:

1. هُوَ يُعاني مِنْ بَعْضِ الصُّعوباتِ في دِراسَةِ الْعَرَبِيَّةِ.

أَنتَ: ____________________

أَنا: ____________________

أَنتِ: ____________________

نحن: ____________________

هُمْ: ____________________

2. هُوَ يَسْتَمِعُ إِلى نَشْرَةِ الْأَخْبارِ الصَّباحِيَّةِ.

أَنا: ____________________

أَنتُما: ____________________

أَنتُمْ: ____________________

أَنتِ: ____________________

3. هُوَ يَدْرُسُ الْفُصْحى وَيُتْقِنُ التَّحَدُّثَ بِالْعامِّيَّةِ.

أَنا: ____________________

نحن: ____________________

هنَّ: ____________________

ثامناً: اُكْتُبِ الفِعْلَ الَّذي بَيْنَ الْقَوْسَيْنِ بِشَكْلٍ صَحيحٍ، ثُمَّ امْلأْ بِهِ الْفَراغَ فيما يَلي:

1. الْأَجانِبُ ______ صُعوباتٍ في دراسَةِ الْعَرَبِيَّةِ. (يُواجِهُ)
2. ______ الْعَرَبُ بِالْعامِّيَّة ولا يَكْتُبونَها. (يتحدَّث)
3. ______ هذا الْمُذيعُ نَشْرَةَ الأَخْبارِ أَمْسِ. (يقرأ)
4. ______ الدّارسون الأَجانبُ إِلى العاميَّة والْفُصْحى عَلى أَنَّهُما لُغَتانِ مُخْتَلِفتانِ. (ينظرون)
5. لا ______ مُتَشائِماً مِنْ دِراسَةِ الْعَرَبِيَّةِ. (كان)
6. كَمْ لُغَةً ______ غَيْرَ الْعَرَبِيَّةِ؟ (أَتقَنَ)
7. يا سارَة، لِماذا لا ______ بِالْعَرَبِيَّةِ؟ (تتكلَّم)
8. يا مايْكِل ______ إِلى مَكانِكَ لَوْ سَمَحْتَ. (عادَ)
9. يا طُلّاب الْمُستوى الثّالث لا ______ الْواجِبَ غَداً. (تنسى)
10. ______ ما تَعْتَقِدُ أَنَّهُ صَحيحٌ. (قالَ)
11. يا أَحْمَدُ ______ طَعامَكَ ثُمَّ ______ الْعَصيرَ. (أَكَلَ / شربَ)
12. الطُّلّاب لا ______ عَنْ مَوْعِدِ الْمُحاضَرَةِ. (يتأخَّر)
13. أَرْجو أَنْ ______ مَوْعِدِ الرِّحْلَةِ. (تذكَّر)
14. الْمُعَلِّمُ ______ تَلاميذَهُ كُلَّ يَوْمٍ. (حاوَرَ)
15. الْآباءُ ______ بِنَجاحِ أَبْنائِهِمْ. (يفرح)

تاسعاً: اكتب جمع المفردات الآتية من النَّصّ:

• صُعوبَة:	• عَرَبيٌّ: ....
• مُشْكِلَة:	• نَوْع: ....
• لَهْجَة:	• أَمْر: ....
• حَرَكَة:	• أَجْنَبِيٌّ: ....
• مَعْهَد:	• مَهارَة: ....
• ثَقافَة:	• دَولَة: ....
• حَدَثٌ:	• طَوْرٌ: ....
• دارِس:	• صَوْت: ....
• شَعْب:	• حَرْف: ....

الاستماع

Track - 08

أولاً: استمع إلى التَّسجيل ثمَّ أَجب عن الأسئلة الآتية (شَفَوِيّاً):

1. ما عدد الحروف الهجائيَّة العربيَّة؟

....

2. كم صوتاً صحيحاً في اللُّغة العربيَّة؟

....

3. ما عدد الأَصوات الصّائتة؟

---

4. كم نوعاً الأَصوات الصّائتة؟

---

5. كيف يمكن ترتيب الأَصوات في العربيَّة؟

ثانياً: استمع إِلى التَّسجيل مرَّةً ثانيةً، ثم ضع علامة (✓) أَو (×) أَمام كلٍّ ممّا يلي:

1. عدد الأَصوات العربيَّة الصّائتة هو ثمانيةٌ وعشرون صوتاً. (   )
2. الأَلف لا تكون إِلّا حرفاً صائتاً (حركةٌ طويلةٌ). (   )
3. لا فرق بين الواو في كلمة (وَلد) والواو في كلمة (دُور) من حيث المخرج الصَّوتيِّ. (   )
4. الصوتان -الواو والياء- صحيحان. (   )
5. مجموع الحروف الهجائيَّة هو ثمانيةٌ وعشرون حرفاً. (   )
6. مجموع الأَصوات العربيَّة هو أَربعةٌ وثلاثون صوتاً. (   )
7. اللِّسان مخرجٌ هامٌّ للصوت فقط. (   )
8. وظيفة الأَسنان هي تَقْطيعُ الطعام وَمَضْغُهُ فقط. (   )
9. وظيفة الشَّفتين هي إِخراج الأَصوات فقط. (   )
10. الجُمْلَة هي مجموعة من الأَصوات (حروف وحركات). (   )

ثالثاً: استخدم المفردات الآتية في جملٍ توضِّح معناها:

• أَصْوات:

_____

• حُروف:

_____

• حَرَكات:

_____

• صامِتَة:

_____

• صائِتَة:

_____

• أَسْنان:

_____

• لِسان:

_____

• شَفَتان:

_____

نشاطٌ كتابِيٌّ: اُكْتُبْ فِقْرَةً أَوْ أَكْثَر في أَحَدِ الْمَوْضُوعَيْنِ الآتِيَيْنِ:

1. ما هي الصُّعوبات التي تواجهك في دراسة العربيّة؟
2. الحروف والأَصوات في لغتك.

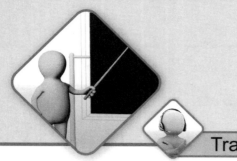

الدرس الخامس

العالم العربيُّ (الموقع)

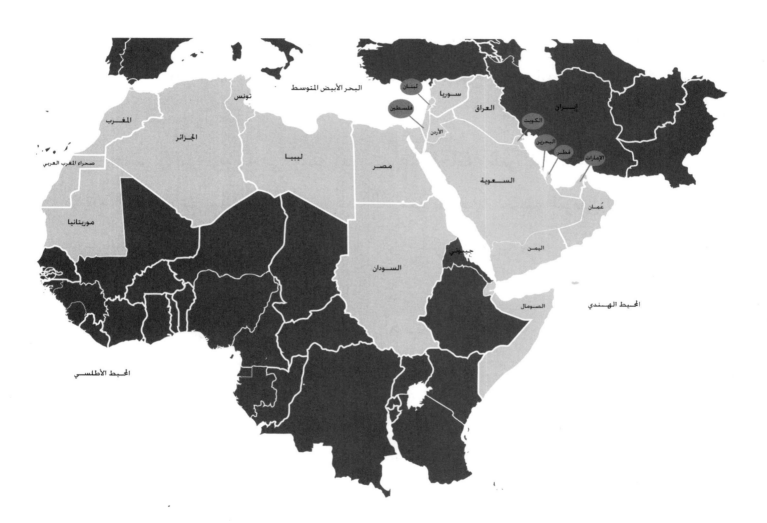

في العالم ستُّ قاراتٍ هي: آسيا وإِفريقيا وأَمريكا الشَّماليَّة وأَمريكا الجنوبيَّة وأُوروبا وأُستراليا. أَكبر هذه القارات آسيا، وأَصغرها أُستراليا. العالم العربيُّ يقع في قارَّتَيْ آسيا وإِفريقيا. وهو يمتدُّ من المحيط الهنديِّ شرقاً إِلى المحيط الأَطلسيِّ غرباً. الدُّول العربيَّة التي تقع في قارة آسيا هي: الأُردنُّ، الإِمارات العربيَّة المتَّحدة،

البحرين، السُّعوديَّة، سوريا، العراق، عُمان، فلسطين، قطر، الكويت، لبنان، اليمن.

أمّا الدّول التي تقع في قارّة إفريقيا فهي: تونس، الجزائر، جيبوتي، السّودان، الصّومال، مصر، المغرب، موريتانيا، ليبيا، وجزر القمر.

يتكلَّم السُّكّان في العالم العربيِّ اللُّغة العربيَّة العاميَّة، وهي تختلف من بلدٍ إلى آخر. أَمّا اللُّغة الرَّسمية فهي العربيَّة الفُصحى. ويجمع بينهم الدِّين والعادات والتَّقاليد والتّاريخ والثَّقافة.

تجتمع الدّول العربيَّة في هيئةٍ سياسيَّةٍ هي الجامعة العربيَّة، ومقرُّها في مدينة القاهرة (عاصمة مصر). وتهتم هذه الجامعة بالقضايا العربيَّة. للوطن العربيِّ موقع استراتيجيٌّ ممتازٌ؛ فهو حلقة الوَصْل بين الشَّرق والغرب. وهو يقع وسط قاراتٍ ثلاثٍ: آسيا وإفريقيا وأُوروبا.

في العالم العربيِّ ثرواتٌ طبيعيةٌ كثيرةٌ. من أَهمها:

- **النِّفْط:** ويوجد بكمِّيّاتٍ كبيرةٍ في دول الخليج العربيِّ والعراق وليبيا.
- **الأَنهار،** أَهمُّها: نهر النِّيل في مصر، ونهر دجلة في العراق، ونهر الفرات في العراق وسوريا. ونهر بردى في سوريا أَيضاً. ونهر الليطاني في لبنان. وأَخيراً نهر الأُردنِّ حيث تَعَمَّد السَّيِّد المسيح عليه السَّلام.

ويعتبر العالم العربيُّ مهد الدِّيانات السَّماوية الثَّلاثة: اليهوديَّة والمسيحيَّة والإسلاميَّة. وفيه أَيضاً الأَماكن المقدَّسة: في القدس، وبيت لحم، ومكة المكرَّمة، والمدينة المنوَّرة.

في العالم العربيِّ حضاراتٌ قديمةٌ أَهمها: الحضارة الفرعونية في مصر، والبابليَّة والأَشوريَّة والكلدانية في العراق.

الأسئلة

أولاً: أجب عن الأسئلة الآتية:

1.كم قارةً في العالم؟

---

2. في أَيِّ القارات يقع العالم العربيُّ؟

---

3. في أَي قارةٍ يقع بلدك؟

---

4. ما أَهميَّة موقع العالم العربيِّ؟

---

5. ما اللُّغة الَّتي يتكلمها النّاس في العالم العربيِّ؟

---

6. اذكر أَسماء ثلاث دولٍ عربيَّةٍ غنيةٍ بالنِّفط؟

---

7. ما أَهمُّ الحضارات القديمة في العالم العربيِّ؟

ثانياً: اخْتَرِ الْإِجابَةَ الصَّحيحَةَ:

1.يَجْمَعُ بَيْنَ الْعَرَبِ

أ. الدِّينُ الإِسلاميُّ فقط.

ب. العاداتُ والتَّقاليدُ واللُّغَةُ فَقَطْ.

ج. الدِّينُ واللُّغَةُ والثَّقافَةُ والتّاريخ.

2. الشُّعوبُ العربيَّةُ

أ. جزءٌ مِنَ الأُمَّة الإِسلاميَّة.   ب. هي الْأُمَّة الإِسلاميَّةُ فَقَطْ.

3. في الْمَمْلَكَة العربيَّة السعوديَّة

أ. الْعاصِمَة الروحِيَّة للمسلمين.

ب. المركز الرئيسيُّ لجامعة الدّول العربيَّة.

ج. هيئة الأُمم المتَّحدة.

4. تقع الأُردنُّ في قارة

أ. أُوروبا.   ب. آسيا.   ج. أَمريكا الجنوبيَّة.

5. تَقَعُ الْولاياتُ المُتَّحِدَةُ الْأَمْريكيَّةُ في قارة

أ. آسيا.   ب. أَمريكا الشَّماليَّة.   ج. أَمريكا الجنوبيَّة.

6. تقع مصر والسودان في قارة

أ. أُوروبا.   ب. إِفريقيا.   ج. آسيا.

7. يتعلّم المسلمون اللُّغة العربيّة لأنَّها
أ. لُغَةُ الْعالَمِ الْعَرَبيِّ. ب. لُغَةُ الْقُرآنِ الْكَريمِ. ج. لُغَةٌ جَميلَةٌ.

8. مَقرُّ الجَامِعَة العَرَبِيَّةِ في
أ. تونُس. ب. الْخُرْطومِ. ج. الْقاهِرَةِ.

9. حَضَارَةُ الْفَراعِنَةِ في
أ. المَمْلَكَةِ العَرَبِيَّةِ السُّعودِيَّة. ب. الْمَغْرِبِ. ج. مِصْرَ.

10. الْمَسْجِدُ الأَقْصى في مَدينَةِ
أ. دِمَشْقَ. ب. الرِّياضِ. ج. الْقُدْسِ.

11. ماذا ________ الأُردنَّ مِنَ الشَّمال؟
أ. يُحيطُ. ب. يَحُدُّ. ج. يوجَدُ.

12. للأُردنِّ منفذٌ ضَيِّقٌ على
أ. البحر الأُبيض المُتَوَسِّط. ب. الْخَليج العربيِّ. ج. الْبَحْرِ الأَحْمَر.

13. أَصْغَرُ الْبُلْدانِ الْعَرَبِيَّة مِساحَةً
أ. لُبْنان. ب. قَطَر. ج. الْبَحْرَيْن.

14. أَقْدَمُ مدينةٍ عربيَّةٍ كانت مأهولةً بالسُّكّان هي
أ. دِمَشْقُ. ب. بَغْدادُ. ج. الْقاهِرَةُ.

15. تُطِلُّ ________ على البحر الأَحمر.
أ. مصر والسُّعودِيَّة. ب. مصر والْجَزائِر. ج. مصر ولبنان.

ثالِثاً: ضَعْ علامَة (×) أمامَ الْكَلِمَةِ الْمرادِفَةِ في الْمَعْنى لما بَيْنَ الْقَوْسَيْنِ:

1. نزل القرآن (بِلسانٍ) عربيٍّ.

أ. صورَةٍ ب. كَلِمَةٍ ج. لُغَةٍ د. حَديثٍ

2. (كلُّ) الدُّول العربيَّة أَعضاء في جامعة الدُّول العربيَّة.

أ. عامَّةُ ب. أَكْثَرُ ج. بَعْضُ د. جَميعُ

3. تقع (الدُّول) العربيَّة في قارتيْ آسيا وإِفريقيا.

أ. الأَماكِنُ ب. الْبِلادُ ج. الْمُدُنُ د. الشُّعوبُ

4. مِنْ صِفاتِ (الإِنْسانِ) العربيِّ الكَرَم.

أ. الشَّخْصَ ب. ناس ج. الشَّعْبِ د. الرِّجالِ

5. لِلْعالَم العربيِّ مَوْقِعٌ (استراتيجيٌّ) ممتازٌ.

أ. تاريخِيٌّ ب. جُغرافِيٌّ ج. اِقْتِصادِيٌّ

رابعاً: املأ الفراغ بالكلمة المناسبة ممّا بين القوسين:

1. تَقَعُ بريطانيا في ________ أُوروبا. (دولة - قارة - مدينة)

2. تَقَعُ الْباكِسْتان في قارة ________. (آسيا - أُوروبا - إِفريقيا)

3. يَجْري نَهْرُ بَرَدى في ________. (الأُردنِّ - مصر - سوريا)

4. تجتمع الدّول العربيّة في ________ سياسيَّةٍ واحدةٍ.

(وحدةٍ - هيئةٍ - دولةٍ)

5 الصِّين عُضْوٌ في ________. (مَجْلس الْأُمَم - مَجْلِسِ الأَمْنِ)

6. الأُردنُّ عُضْوٌ في ________ الْأُمَمِ الْمُتَّحِدَةِ. (وَحْدَةِ - هَيْئَةِ - دَوْلَةِ)

7. تقع الولايات المتَّحدة الأَمريكيَّة في قارَّة ________.

(أَمريكا الجنوبيَّة - أمريكا الوُسْطى - أَمريكا الشَّماليَّة)

8. تقع دولة الْكُوَيْتِ في ________.

(الشَّرْقِ الْأَدْنى - الشَّرْقِ الْأَوْسَط)

9. دولة قطر هي عضوٌ في ________.

(الاتِّحادِ الْأُوروبيِّ - مَجْلِسِ التَّعاوُنِ الْخَليجِيِّ - لَجْنَةِ الدّول الْمانِحَةِ)

خامساً: ضع علامة (✓) أو (×) أمام كلِّ جملةٍ ممّا يلي:

1.جزيرة سُقَطْرَة في الْخَليج العربيّ. (   )
2. جَبَلُ طارِقٍ في آسْيا. (   )
3. نَهْرُ النِّيلِ في مصر. (   )
4. جَبَلُ الشَّيْخِ في السُّعوديَّة. (   )
5. صَحْراءُ الرُّبْعِ الْخالي في السُّعوديَّة. (   )
6. الْبَحْرُ الأَحمر بين مصر والسُّعوديَّة. (   )
7. جَرَشْ جَزيرَةٌ. (   )
8. المحيطُ الأَطلسيُّ بينَ أَمريكا وأُوروبا. (   )
9. تقع كَنَدا في جنوب أَمريكا. (   )
10. صَنْعاءُ عاصِمَةُ الْيَمَن. (   )
11. البحرين مملكةٌ. (   )
12. الكويت إِمارةٌ. (   )
13. سيناءُ اِسْمٌ مَشْهورٌ. (   )
14. باكستان دولةٌ مسلمةٌ. (   )
15. كَنيسَةُ الْمَهْدِ في مَدينةِ بَيْت لَحْم. (   )

سادساً: رتِّب الكلمات الآتية لِتُكوِّن جملاً مفيدةً:

1. عَجْلون - الْأُرْدُنِّ - في - جِبالُ.

2. عَبْدُ اللّه - الْمَلِكُ - مَلِكُ - الثّاني - الْأُرْدُنِّ - هُوَ.

3. النُّفوذِ - السُّعوديَّةِ - في - صَحْراءُ.

4. مَدينَةٌ - أَثَرِيَّةٌ - الْبَتْراءُ - جَنوبِ - في - الْأُرْدُنِّ - تَقَعُ.

5. الْبَحْرين - الْعَرَبِيِّ - في - الْخَليجِ - جَزيرَةٌ - تَقَعُ.

6. الْعَرَبِيَّةِ - الْقاهِرَةِ - في - الدُّول - مَقَرُّ - جامِعَةِ.

7. السّويس - مائِيٌّ - مُهِمٌّ - مَمَرٌّ - قَناةُ.

8. النِّفْطِ - الْخَليجِ - غَنِيَّةٌ - دُوَلُ - بِ - الْعَرَبِيِّ.

سابعاً: صِلْ كلَّ كلمةٍ بعكسها في المعنى:

• أَصْغَر	• قَديمَة
• تَفْتَرِقُ	• مَهْد
• أوَّلاً	• أكْبَر
• لَحْد	• تَجْتَمِعُ
• حَديثَة	• يَجْمَعُ
• يُفرِّقُ	• أَخيراً
• شَرْق	• كَثيرَة
• الشَّماليَّة	• طَبيعِيَّة
• قَليلَة	• غَرْب
• اِصْطِناعِيَّة	• الْجَنوبِيَّة

ثامناً: أعِدْ كتابة الجمل الآتية مغيِّراً ما يلزم:

1. هِيَ (تَقولُ الْحَقَّ دائِماً).

هو ....

أَنا ....

هُمْ ....

أَنْتُما ....

أَنتُمْ ....

هُما ....

2. هُوَ (نامَ في ساعَةٍ مُتَأَخِّرةٍ لَيْلَةَ أَمْسِ).

هُما ________________________________.
أَنتَ ________________________________.
أَنتُمْ ________________________________.
هُمْ ________________________________.

3. هُوَ (زارَ الأَهراماتَ في مَصْرِ).

هي ________________________________.
هُمْ ________________________________.
نحن ________________________________.
أَنا ________________________________.
أَنتُمْ ________________________________.

الجملة الفعليَّة:

- أركان الجملة الفعليَّة هي: الفعل، الفاعل، وأَحياناً المفعول به.

مثال: قَرَأَ الطّالب الدَّرْسَ.

قَرَأَ: فِعْل   الطّالب: فاعِل   الدَّرْسَ: مَفْعول بِهِ

- قَدْ يَكونُ الْفِعْلُ ماضِياً أَوْ مُضارِعاً أَوْ أَمْراً.
- قَدْ يَكونُ الْفاعِلُ مُفْرَداً أَوْ مُثَنّى أَوْ جَمْعاً. وكَذلِكَ الْمَفْعولُ بِهِ.

نَقولُ: اِشْتَرى الْوَلَدُ كِتاباً.

اِشْتَرى الْوَلدانِ كِتابَيْنِ.

اِشْتَرى الأَوْلادُ كُتُباً.

(لاحِظْ أَنَّ الْفِعْلَ يَكونُ دائِماً مُفْرَداً إِذا كانَتِ الْجُمْلَةُ فِعْلِيَّةً).

تدريب (1): عيِّن أَركان الجملة الفعليَّة فيما يلي:

1. تقعُ بَعْضُ الدُّولِ العربيَّةِ في آسْيا.
2. ذهبَ الطلّاب إِلى مدينة البتراء.
3. زارَ الأَجنبيُّ آثارَ جرش.
4. زارَ الأَجنبيُّ سفارةَ بلدِهِ في عَمّان.
5. سألَ التِّلميذُ الأُستاذَ.
6. شربَ الطِّفلُ الحليبَ.

الفعل	الفاعل	المفعول به
.1		
.2		
.3		
.4		
.5		
.6		

الفاعل:

قد يكون الفاعل ضميراً متَّصلاً

1. شربْتُ القهوةَ.
2. زُرْنا دمشقَ.

تدريب (2): ضع فاعلاً مناسباً في الفراغ:

1. وَضَعَ ________ الكتابَ على المكتبِ.
2. طارَ ________ مِنَ القَفَصِ.
3. يَنامُ ________ طولَ النَّهارِ.
4. يَسْتَيْقِظُ ________ باكراً.
5. يَصيحُ ________ في الصَّباحِ.
6. يُعالِجُ ________ المريضَ.
7. ذَهَبَ ________ إلى المستشفى.
8. يَحْرُثُ ________ أَرْضَهُ.
9. يَشْرَحُ ________ الدَّرسَ.
10. عاد ________ مِنَ الرِّحلةِ.

تدريب (3): اِسْتَعْمِلِ الْكَلِمَةَ الَّتي بَيْنَ الْقَوْسَيْنِ لِتكونَ مفعولاً به، اتَّبع المثال:

1. وَجَدَ أَخي • وَجَدَ أَخي الكتابَ. (كتاب)
2. اصْطادَ الصَّيادُ • ________ (أَسد)
3. سَقى الْمَطَرَ • ________ (الأَزهار)
4. تَسَلَّقَ الرَّجُلُ • ________ (جبل)
5. بَنى الْمُهَنْدِسُ • ________ (بيت)
6. باعَ الْخَبّاز • ________ (رغيف)

7. اِشْتَرى سَميرٌ • ________________ (قلم)

8. رَسَمَ الرَّسامُ • ________________ (صورة)

تدريب (4): ثَنِّ وَاجْمَعْ ما تَحْتَهُ خَطٌّ:

1. كتبْتُ رِسالةً إلى والدي.

• مثنّى: ________________ • جمع: ________________

2. تَناولَ الولدُ طعامَهُ.

• مثنّى: ________________ • جمع: ________________

3. حَمَلَ المُسافِرُ حَقيبَةً.

• مثنّى: ________________ • جمع: ________________

4. كَسرَ الرَّجُلُ الطَّبَقَ.

• مثنّى: ________________ • جمع: ________________

5. أَقامَ صَديقي حَفْلَةً.

• مثنّى: ________________ • جمع: ________________

6. قَرَأْتُ الْخَبَرَ الْجَديدَ.

• مثنّى: ________________ • جمع: ________________

الْجُمْلَةُ الاِسْمِيَّةُ:

هِيَ الْجُمْلَةُ الَّتي تَبْدَأُ دائِماً بِاسْمٍ.

أَرْكانُ الْجُمْلَةِ الاِسْمِيَّةِ: المُبْتَدَأُ وَالْخَبَرُ. وَقَدْ يكونانِ مُفْرَداً أَوْ مثنًّى أَوْ جَمْعاً.

أَمثلة:

- الْمُعَلِّمُ نَشيطٌ.
- الْمُعَلِّمانِ نَشيطانِ.
- الْمُعَلِّمونَ نَشيطونَ.
- الْكِتابُ جَديدٌ.
- الْكِتابانِ جَديدانِ.
- الْكُتُبُ جَديدَةٌ.

تدريب (1): أُكْتُبِ الْخَبَرَ الْمُناسِبَ لِكُلِّ مُبْتَدَأ مِمّا يَلي:

1. الْعُصْفورُ ________________.
2. الْحَرْبُ ________________.
3. السَّلامُ ________________.
4. الْعُطْلَةُ ________________.
5. الْمُهَنْدِسونَ ________________.
6. الْجَامِعَةُ ________________.
7. الْقُدسُ ________________ عند المسلمينَ.
8. قُبَّةُ الصَّخْرةِ ________________.

تدريب (2): اُكْتُبِ المُبْتَدَأ المُناسِبَ لِكُلِّ خَبَرٍ مِمّا يَلي:

1. ________ الْعالَمِ العربيِّ مُهِمٌّ.
2. ________ السّويس في مِصْرَ.
3. ________ الْأَقْصى في الْقُدْسِ.
4. ________ أَزْهارُها جَميلَةٌ.
5. ________ الْعَرَبِيَّةُ مُنْتَشِرَةٌ في بِلادٍ كَثيرَةٍ.
6. ________ المَهْدِ في مَدينَةِ بَيْت لَحْم.
7. ________ أَقْوِياءُ.
8. ________ واسِعانِ.

تدريب (3): حَوِّلِ المُبْتَدَأَ إِلى المُثَنّى والْجَمْعِ، وَغَيِّرْ ما يَحْتاجُ إِلى تَغْييرٍ:

1. الْعَرَبِيُّ كَريمٌ.

- مثنّى: ________
- جمع: ________

2. الْمَنْظَرُ جَميلٌ.

- مثنّى: ________
- جمع: ________

3. الْمَقْعَدُ مُريحٌ.

- مثنّى: ______________________

- جمع: ______________________

4. الْكِتابُ مُفيدٌ.

- مثنّى: ______________________

- جمع: ______________________

5. الْبِنْتُ جَميلَةٌ.

- مثنّى: ______________________

- جمع: ______________________

6. السّور مُرْتَفِعٌ.

- مثنّى: ______________________

- جمع: ______________________

7. المُعلِّمُ غائِبٌ.

- مثنّى: ______________________

- جمع: ______________________

الاستماع

Track - 10

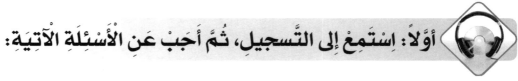

أوّلاً: اِسْتَمِعْ إِلى التَّسجيلِ، ثُمَّ أَجِبْ عَنِ الْأَسْئِلَةِ الْآتِيَةِ:

1. اذكر أَسماء ثلاث دولٍ عربيَّةٍ غنيَّةٍ بالنِّفط؟

2. ما اسم أَغنى دولةٍ عربيَّةٍ بالنِّفط؟

3. ما نوع الشركات الَّتي تستخرج النِّفط العربيَّ؟

4. ماذا أَنشأت هذه الشركات؟

5. ما اسم وجنسيَّة أَكبر هذه الشركات؟

6. كيف أثَّر النِّفط على الاقتصاد العربيِّ؟

7. كيف أَثَّر النِّفط على الدُّول المنتجة له؟

8. هل يؤثِّر النِّفط العربيُّ في السِّياسة العالميَّة؟ كيف؟

---

9. ما أهَمُّ مشتقّات النِّفط؟

---

10. يُقال: "النِّفط هو عَصَبُ الحياة المُعاصِرَة". كيف تفسِّر هذا القول؟

ثانياً: أَجِبْ بـ (نَعَمْ أَوْ لا):

1. الأُردنُّ من البلدان المنتجة للنِّفط. ( )
2. النِّفط العربيُّ ليس مهماً للدُّول الصِّناعيَّة. ( )
3. الشركات الأَجنبيَّة هي الَّتي تَتَوَلّى التَّنْقيبَ عَنِ النِّفط وَاسْتِخْراجِهِ. ( )
4. أَرامْكو هِيَ أَكبر شركةٍ أَلْمانيةٍ لِإِنْتاجِ النِّفط في الشَّرق الأَوسط. ( )
5. ساهَمَ النِّفط العربيُّ في حَلِّ مُشْكِلَةِ الْبِطالَةِ في بَعْضِ الْبُلْدانِ الْعَرَبِيَّةِ. ( )
6. المملكة العربيَّة السُّعوديَّة عضوٌ في مُنَظَّمَةِ الْبُلْدانِ الْمُصَدِّرَةِ لِلنِّفْطِ (أُوبِكْ). ( )
7. لُبْنانُ عضوٌ في مُنظَّمة الدُّول العربيَّة المصدِّرة للنِّفط (أَوابِكْ). ( )
8. يَسْتَوْرِدُ الأُردنُّ النِّفط من العراق فقط. ( )
9. للولايات المتَّحدة الأمريكيَّة مَصالِحُ كثيرةٌ في الخليج العربيِّ. ( )
10. مِياهُ الْخَليج العربيِّ غَنيَّةٌ أَيْضاً بِالْأَسْماكِ وَاللُّؤْلُؤ. ( )

ثالثاً: استخدم ما يلي في جملٍ مفيدةٍ:

1. مُشْتَقّات النِّفْط:

2. التَّنْقيب عن:

3. تَصْدير:

4. اِسْتيراد:

5. مُسْتَوى الْمَعيشَة:

6. البِطالَة:

7. الدَّخْل القَوْمِيّ:

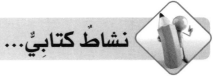

نشاطٌ كتابِيٌّ...

ما دور النِّفط العربيِّ في السِّياسة العالميَّة؟

الدرس السادس

العالَمُ العَرَبيّ (أنظمة الحُكْمِ)

في العالم العربيِّ أَنظمةٌ سياسيَّةٌ مختلفةٌ:

- **النِّظام الملكيُّ**، مثل:

المملكة الأُردنيَّة الهاشميَّة (الأُردنُّ)، المملكة العربيَّة السُّعوديَّة، المملكة المغربيَّة، مملكة البحرين. ويُسمّى الحاكم (المَلِك).

- **النِّظام الجمهوريُّ**، مثل:

سوريا، لبنان، مصر، العراق، تونس، الجزائر، السّودان، ليبيا، اليمن.

وتُسمّى جمهوريَّة. ويُسمّى الحاكم (رئيس الجمهوريَّة).

- **نظام الإِمارة**، مثل:

الإِمارات العربيَّة المتَّحدة، الكويت، قطر. ويُسمّى الحاكم (الشَّيخ أو الأمير).

- **نظام السَّلطنة**، مثل:

عُمان. ويُسمّى الحاكم (السُّلطان)

في كلِّ دولةٍ مجلسٌ للوزراء، ولكلِّ وزارةٍ وزير. أَهمُّ الوزارات:

وزارة التَّربيَّة والتَّعليم، وزارة التَّعليم العالي والبحث العلمي، وزارة الماليَّة والاقتصاد، وزارة التِّجارة، وزارة الزِّراعة، وزارة الخارجيَّة، وزارة الدّاخليَّة، وزارة الدِّفاع، وزارة الصِّحَّة، وزارة التَّخطيط، وزارة الصِّناعة، وزارة العدل، وزارة الأَوقاف، وزارة الإِسكان، وزارة الإِعلام، وزارة المواصلات، وزارة السِّياحة، وزارة الشُّؤون الاجتماعيَّة، وزارة الشَّباب والرِّياضة، وزارة الثَّقافة .

الأسئلة

أوّلاً: أجبْ عن الأَسئلة الآتية:

1. كم نظاماً للحكم في العالم العربيّ؟

2. ما نظام الحكم في الأُردنّ؟

3. ما نظام الحكم في بلدك؟

4. من يرأس الحكومة؟

5. ما اسم الحاكم في بلدك؟

6. أُذكر خمس وزارات في بلدك.

ثانياً: املأ الفراغ بالكلمة المناسبة مِمّا يلي:

الدِّفاع - التَّربية - الخارجيَّة - العالي - السِّياحة - الأَوقاف - الدّاخليَّة - الإِعلام - الوزراء - جيش.

1. لكلِّ دولةٍ ________ وغالباً ما يتكوَّن من قُوّاتٍ برِّيَّةٍ وبحريةٍ وجوِّيَّةٍ.
2. وزارة التَّعليم ________ هي المسؤولة عن الجامعات.
3. وزارة ________ والتَّعليم هي المسؤولة عن المدارس.
4. وزارة ________ هي المسؤولة عن الجيش.
5. وزارة ________ هي المسؤولة عن السفارات والعلاقات مع الدّول.
6. وزارة ________ هي المسؤولة عن الأَماكن السِّياحيَّة والفنادق.
7. وزير ________ هو المسؤول عن المساجد والأَوقاف الإِسلاميَّة.
8. وزارة ________ هي المسؤولة عن حفظ الأَمن الداخليِّ والسجون.
9. لكلِّ حكومةٍ رئيسٌ لـ ________.
10. وزارة ________ هي المسؤولة عن الإِذاعة والجرائد والمجلات والتلفاز.

ثالثاً: أجبْ بِـ (نَعَم أَوْ لا):

1. نظام الحكم في كلِّ الدول العربيَّة هو (النظام الملكيُّ). (   )
2. في العالم العربيِّ أَنظمةُ حكمٍ متشابهةٍ. (   )
3. أَصبحت البحرين مملكةً بعد أَن كانت إِمارةً في الماضي. (   )
4. الكويت إِمارةٌ، ويُسمّى حاكمها (الشَّيخ). (   )
5. السَّلطنة يحكمها ملكٌ. (   )

6. في كلِّ دولةٍ رئيسٌ للوزراء ووزراء. ( )

7. لكلِّ دولةٍ دستورٌ. ( )

8. كلُّ الدّول العربيَّة تحكمها أَنظمةٌ ديمقراطيةٌ. ( )

رابعاً: استخدم الكلمات الآتية في جملٍ توضِّح معناها:

مَمْلَكَة: ________________

جُمْهورِيَّة: ________________

وَزير: ________________

وِزارَة: ________________

حُكومَة: ________________

بَرْلَمان: ________________

خامساً: هاتْ جَمْعَ الْكَلِماتِ الْآتِيَة:

- مَلِك: ________ • نِظام: ________
- رَئيس: ________ • دَوْلَة: ________
- حُكومَة: ________ • إمارَة: ________
- وَزير: ________ • سُلْطان: ________
- وِزارَة: ________ • شَيْخ: ________

سادساً: اِقرأ الحوار الآتي:

ميسون: كيفَ يَنْتَخِبُ الشَّعبُ الأَمريكيُّ رَئيسَهُ؟

جنيفر: يَجْتَمِعُ الحِزْبانِ الرَّئيسان (الحِزْبُ الجُمْهوريُّ والحِزْبُ الدِّيمُوقْراطِيُّ) وَينْتخِبُ كُلُّ حِزْبٍ مُرَشَّحَهُ. ثمَّ يَنتخِبُ الشَعْبُ أَحَدَ هذيْنِ المُرشَّحين.

ميسون: مَتى تَجْرِي الانْتِخَاباتُ؟

جنيفر: تَجْرِي الانْتِخَاباتُ مَرَّةً كُلَّ أَرْبَعِ سَنواتٍ.

ميسون: أَينَ يَعْقِدُ الحِزْبانِ اجْتِمَاعَهُما؟

جنيفر: يَعْقِدَانِ اجْتِمَاعَهُما في مَدِينَتَيْنِ كَبِيرَتيْنِ.

ميسون: مَتَى يَنعقِدُ هذانِ الاجْتِمَاعَانِ؟

جنيفر: يَنْعَقِدَانِ في الصَّيفِ.

ميسون: هلْ يَعْتَبِرُ الأَمريكيون الانْتِخَاباتِ مُهِمَّةً فِي حَياتِهِم؟

جنيفر: نَعم، لِأَنَّ لَها تَأْثِيراً كَبِيراً على حَيَاتِهِم بِشكلٍ خَاصٍّ، وَعَلَى العَالَمِ بِشَكْلٍ عَامٍّ. وهذا يَعْني أَنَّها تُؤَثِّرُ على السِّياسَةِ الدَّاخِلِيَّةِ والسِّياسَةِ الخَارِجيَّةِ.

ميسون: كَمْ مَرَّةً يَسْتَطِيعُ الرَّئيسُ أَنْ يُرَشِّحَ نَفْسَهُ؟

جنيفر: حَسَبَ القَانونِ الأَمريكيِّ، يَحِقُّ للرَّئيسِ أَنْ يُرشِّحَ نَفْسَهُ مَرَّتَيْنِ. وَهذا يَعْنِي أَنَّ الرَّئيسَ يَحْكُمُ إمّا أَرْبعَ سَنَواتٍ أَوْ ثَمَانيَ سَنَواتٍ عَلَى الأَكْثَرِ.

ميسون: كَيْفَ يَحْتَفِلُ الأَمريكيون بِفَوْزِ رَئِيسِهِمُ الجَدِيدِ؟

جنيفر: يَحضُرُ بَعضُ الأَمريكيِّين -مِنَ الحِزْبِ الفَائِزِ- إِلى واشنطن. يَقِفُ النّاس عَلَى جانبيِّ الطَّريقِ الذي سَيَمُرُّ مِنْهُ مَوْكِبُ الرَّئيسِ إلى البَيْتِ الأَبْيَضِ. وَمِنْ هُناكَ يُلْقِي الرَّئيسُ خِطَابَ الفَوْزِ، الذي يَشْكُرُ فِيه النّاس الذينَ انْتَخَبُوهُ، وَيَشْرحُ سِياسَتَهُ

الدَّاخِلِيَّةَ بِشَكْلٍ وَاضِحٍ، ثُمَّ يَتَحدَّثُ عَنْ أَهَمِّ القَضايا في العَالَم، وَمَوْقفِ الإِدارَةِ الأَمريكيَّةِ الجَدِيدَةِ مَنْ هذه القَضَايا.

ميسون: شُكراً جَزِيلاً عَلَى هذِهِ المَعْلُومَات.

جنيفر: عَلَى فِكْرةٍ، هذِهِ هِيَ المرَّةُ الأُولى الَّتي يَكُونُ فِيها الرَّئيسُ مِنْ أَصْلٍ إِفْرِيقيٍّ. أَنا سَعِيدَةٌ بِهذِهِ الدِّيمُوقْراطِيَّةِ في بَلَدِي. أَراكِ قَرِيباً.

أَنْواعُ الْمُبْتَدَأ:

1. **اسمٌ ظاهرٌ**، مثل: الدَّرْسُ سَهْلٌ.
2. **ضميرٌ منفصلٌ**، مثل: أَنْتَ طالِبٌ.
3. **اسمُ إِشارةٍ**، مثل: هذا كِتابٌ.
4. **اسمٌ موصولٌ**، مثل: الَّذي حَضَرَ صَديقي.
5. **مَصْدَرٌ مُؤَوَّلٌ**، مثل: قالَ تَعالى: ﴿وَأَنْ تَصوموا خَيْرٌ لَكُمْ﴾.
صِيامُكُمْ خَيْرٌ لَكُمْ.

أَنْواعُ الْخَبَر:

1. **مُفْرَدٌ**، مثل:
الولدُ نَشيطٌ. الولدانِ نَشيطانِ. الْأَوْلادُ نَشيطونَ.
(مَعْنى خبرٌ مفردٌ: أَنَّ الخبرَ كلمةٌ وليس جملةً أَو شبه جملةٍ)

2. **جملةٌ:**
أ. **فِعْلِيَّةٌ**، مثل: الطِّفلُ يَضْحَكُ.
ب. **اِسْمِيَّةٌ**، مثل: الْقُدْسُ أَسْواقُها قَديمَةٌ.

3. **شِبْهُ جُمْلَةٍ:**
أ. **جارٌ ومجرورٌ**، مثل: الْكِتابُ في الْحَقيبَةِ.
ب. **ظرفٌ**، مثل: الْكِتابُ فوقَ الْمَكْتَبِ.

تدريب (1): ما نَوْعُ المبْتَدَأ وَالْخَبَرِ في الْجُمَلِ الْآتِيَة:

1. الْحاكِمُ عادلٌ .
2. أَنْتُمْ طُلابٌ أَجانِبُ.
3. هؤُلاءِ يَدْرُسونَ الْعَرَبِيَّة.
4. هُوَ في الْمَطْعَمِ.
5. الْمُعَلِّمونَ شَرْحُهُمْ مُفيدٌ.
6. العصفورُ فوق الشجرةِ.

المبتدأ	نَوْعه	الْخَبَر	نَوْعه
.1			
.2			
.3			
.4			
.5			
.6			

تَدْريب (2): اِمْلأ الْفراغَ بِمُبْتَدأ مُناسِب:

1. ________ يَضْحَكُ.
2. ________ يَلْعَبونَ.
3. ________ فَوْقَ الْمَكْتَبِ.
4. ________ شَوارِعُها نَظيفَةٌ.
5. ________ سُفَراءُ الدُّول الأَجْنَبِيَّة.

تدريب (3): ثَنِّ وَاجْمَعِ الْمُبْتَدأ في الْجُمَلِ الْآتِيَةِ مُغيِّرًا ما يَحْتاج إِلى تَغْيِيرٍ:

1. اللُّغَةُ جَميلَةٌ.
• مثنّى: ________ • جمع: ________

2. الْوَلَدُ ذكِيٌّ.
• مثنّى: ________ • جمع: ________

3. هذا كِتابٌ مُمْتِعٌ.
• مثنّى: ________ • جمع: ________

4. أَنْتَ طالِبٌ أَجْنَبِيٌّ.
• مثنّى: ________ • جمع: ________

5. هِيَ تَدْرُسُ الْعَرَبِيَّةَ.
• مثنّى: ________ • جمع: ________

الاستمـــاع

Track - 12

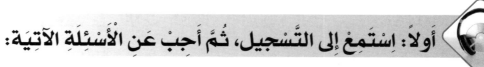

أولاً: اِسْتَمِعْ إلى التَّسْجيل، ثُمَّ أَجِبْ عَنِ الْأَسْئِلَةِ الآتِيَة:

1. في أَيِّ سنةٍ وافقت الأُمم المتَّحدة على الإِعلان العالميِّ لحقوق الإِنسان؟

____

2. ما أَهمُّ حقوق الإِنسان في العمل؟

____

3. ما أَهمُّ حقوق الإِنسان السّياسيَّة؟

____

4. ما أَهمُّ حقوق الأُسْرة؟

____

5. مَن يدافع عن حقوق الإِنسان؟

____

6. كيف خلَّص الإِعلان العالميُّ لحقوق الإِنسان النّاس من الظُّلم والعبوديَّة؟

____

ثانياً: أَجِبْ بِـ (نَعَمْ أَوْ لا):

1. وافقت الأُمم المتَّحدة على الإعلان العالميِّ لحقوق الإنسان سنة 1945م. (   )
2. يعتبر الإعلان العالميُّ لحقوق الإنسان عملاً ثانوياً لا أَهمِّيَّة له. (   )
3. قاوَمَ الإعلان العالميُّ لحقوق الإنسان الظُّلم والعُبوديَّة. (   )
4. من أَهمِّ حقوق الإنسان حقُّه في الحياة بِحرِّيَّةٍ. (   )
5. ليس من حقِّ الأَطفال أَن يتمتَّعوا بالعناية والرِّعاية الاجتماعيَّة. (   )
6. نظام الحكم الديموقراطيِّ يحترم حقوق الإنسان لمواطنيه وغيرهم. (   )

ثالثاً: صِلْ كلَّ كلمةٍ بعكسها في المعنى:

• واجِبات	• تَمْييز
• إِضْعاف	• عُبودِيَّة
• مُساواة	• حُقوق
• حُرِّيَّة	• عَدْلٌ
• ظُلْم	• تَقْوِيَة
• الْهُجوم	• الْأَساسِيَّة
• التَّأَخُّر	• التَّقَدُّم
• الثّانويَّة	• الدِّفاع

رابِعاً: اِسْتَخْدِم الْكَلِماتِ الْآتِيَة في جُمَلٍ تُوَضِّحُ مَعْناها:

دافَعَ:

____

حُقوق:

____

عُبودِيَّة:

____

اِتِّفاقِيَّة:

____

مُنَظَّمات:

____

إِعْلان:

____

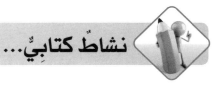

نشاطٌ كتابِيٌّ...

أُكْتُبْ عَنْ نِظام الْحُكْمِ في بَلَدِك...

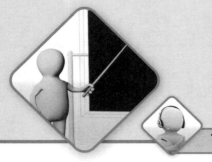

الدرس السابع

المجتمع العربيُّ (العادات والتَّقاليد)

لِلْمُجْتَمَعِ الْعَرَبِيِّ عاداتٌ وَتَقاليدُ تَتَّصِلُ بِحَياةِ النّاسِ الاجْتِماعِيَّةِ. يَبْدَأُ الْعَرَبِيُّ عَمَلَهُ الْيَوْمِيَّ في ساعَةٍ مُبَكِّرَةٍ مِنَ النَّهارِ في الْمَصْنَعِ أَو الْحَقْلِ أَو الْمَحَلّاتِ التِّجارِيَّةِ أَو الدَّوائِرِ الْحُكومِيَّةِ أَو الشَّرِكاتِ. وَبَعْدَ الْعَمَلِ يَسْتَريحُ النّاس في بُيوتِهِمْ بَعْدَ أَنْ يَتَناوَلوا طَعامَ الْغَداءِ. وَجبَةُ الْغَداءِ هِيَ الْوَجْبَةُ الرَّئيسةُ عِنْدَ الْعَرَبِ. أَمّا في الْمَساءِ

فَيَذْهَبُ مُعْظَمُ الرِّجالِ إلى الْمَقاهي، حَيْثُ يُقابِلونَ الأَصْدِقاءَ، وَيَلْعَبونَ الطّاولة وَالشَّطْرَنْجَ، كَما يَسْتَمِعونَ إلى الرّادْيو أَوْ يُشاهِدونَ التِّلْفازَ. وَهُناكَ يَشْرَبونَ الشّاي وَالْقَهْوَةَ الْعَرَبِيَّة، وَأَنْواعَ الْمُرَطِّباتِ، وَقَدْ يُدَخِّنُ بَعْضُهُم النَّرْجيلَةَ، أَوْ يَتَناوَلُ وَجْبَةً مِنَ الطَّعامِ. وَفي عُطْلَةِ نِهايَةِ الأُسْبوعِ تَتَبادَلُ الأُسَرُ الزِّياراتِ، وَخاصَّةً زِيارَةَ الأَقارِبِ وَالأَصْدِقاءِ. وَقَدْ تَكونُ هذِهِ الزِّياراتُ بِدونِ مَوْعِدٍ.

وَمِنَ الْعاداتِ الشّائِعَةِ أَنَّ أَهْلَ الْبَيْتِ يُقَدِّمونَ أَنْواعاً مِنَ الأَكْلِ وَالْحَلْوَياتِ والْمُرَطِّباتِ وَالشّاي وَالْقَهْوَةِ وَغَيْرِها.

وَيَهْتَمُّ كَثيرٌ مِنَ الْمُواطِنينَ بِأَنْباءِ الرِّياضَةِ الْمَحَلِّيَّة وَالْعالَمِيَّة، وَيُشاهِدونَ الْمُبارَياتِ؛ حَيْثُ يَذْهَبونَ إلى الْمَلاعِبِ وَخاصَّةً كُرَة الْقَدَمِ، وَكُرَة السَّلَّةِ. كَما يُشاهِدونَ بَعْضَ الْمُبارَياتِ -وَخاصَّةً الْعالَمِيَّة- عَلى شاشَةِ التِّلْفازِ، مِثْل مُبارَيات كَأْس الْعالَمِ لِكُرَةِ الْقَدَمِ.

يَحْتَفِلُ الْعَرَبُ بِأَعْيادٍ دينِيَّةٍ وَغَيْرِ دينِيَّةٍ. أَهَمُّ الأَعْيادِ الدِّينِيَّةِ: عيدُ الْفِطْرِ وَيَأْتي بَعْدَ شَهْرِ رَمَضانَ، ويُسَمّى بِـ (الْعيدِ الصَّغيرِ). وَعيدُ الأَضْحى وَيَأْتي بَعْدَ أَداءِ فَريضَةِ الْحَجِّ. وَفي هذا العيد يذبح المسلمون الأَضاحي ويوزِّعون لحومها عَلى الْفُقَراءِ.

أَمّا أَهَمُّ الأَعْيادِ عِنْدَ الْمَسيحِيِّينَ: عيدُ الْميلادِ الْمَجيد، وَيَأْتي في الْخامِسِ وَالْعِشْرينَ مِنْ شَهْرِ كانون الأَوَّل. وَعيدُ الْفِصْحِ وَيُسَمّى أَيْضاً بِـ (عيدِ الْقِيامَةِ) وَيَأْتي في شَهْرِ نيسان.

في هذِهِ الأَعْيادِ يَشْتَري النّاس الْمَلابِسَ الْجَديدَةَ، وَيُعِدّون الكَعْكَ وَالْحلوَياتِ، وَيَسْتَقْبِلونَ الأَقارِبَ وَالأَصْدِقاءَ قائِلينَ: "كُلُّ عامٍ وَأَنْتُمْ بِخَيْرٍ" أَوْ "عيدٌ مُبارَكٌ" أَوْ "عيدٌ سَعيد".. يُضافُ إِلى ما تَقَدَّمَ بَعْض الأَعْيادِ الْوَطَنِيَّةِ وَأَهَمُّها (عيد الاسْتِقْلال).

الأسئلة

أولاً: أجِبْ عَنِ الْأَسْئِلَةِ الْآتِيَة:

1. متى يبدأ النّاس عملهم اليوميَّ في العالم العربيِّ؟

2. ما هي وجبة الطعام الرَّئيسة عند العرب؟

3. لماذا يذهب معظم الرجال العرب إِلى المقاهي؟

4. ما أَهمُّ الأَعياد الدينيَّة عند المسلمين؟

5. ما أَهمُّ الأعياد عند المسيحيِّين؟

6. ماذا يفعل النّاس بمناسبة الأَعياد؟

7. ماذا يقول النّاس في العيد؟

8. ضع عنواناً آخر للنَّصّ.

ثانياً: ضع علامة (✓) أو (×) أمام كلِّ جملةٍ ممّا يلي، ثمَّ صحِّح الخطأ:

1. وجبة الطعام الرَّئيسة عند العربيِّ هي العَشاء. (   ) ______________
2. يبدأ العربيُّ عمله اليوميَّ عند الظُّهر. (   ) ______________
3. يذهب معظم الرِّجال في المساء إِلى المقاهي. (   ) ______________
4. زيارة الأَقارب من العادات الشَّائعة عند العرب. (   ) ______________
5. لا يهتمُّ العرب كثيراً بالأَخبار الرياضيَّة. (   ) ______________
6. عيد الأَضحى يأتي بَعد شهر رمضان. (   ) ______________
7. يوزع المسلمون لحوم الأضاحي على الفقراء. (   ) ______________
8. يشتري الناس الملابس الجديدة احتفالاً بالعيد. (   ) ______________

ثالثاً: صل كلَّ كلمةٍ بمعناها:

• تُراث	• أَخْبار
• عيد الفصح	• يَتَناوَل
• أَنْباء	• مُبارَيات
• يَأْكُل	• عادات وَتَقاليد
• أَلْعاب	• عيد القيامة
• الْعيد الصَّغير	• شائِعَة
• يَلْتَقي	• نِهايَة
• مَعْروفَة	• يُقابِل
• آخِر	• أَبْناء
• أَوْلاد	• عيد الْفِطْر

رابعاً: صِلْ كُلَّ كَلِمَةٍ بِعَكْسِها في المعْنى:

• يَتْعَبُ	• يَذْهَبُ
• أَجْنَبِيٌّ	• يَسْتَريحُ
• قَليل	• كَثير
• يَحْضُرُ	• مُواطِن
• بِدايَة	• يَشْتَري
• الجديدة	• مُخْتَلِف
• مُتَّفِق	• نِهايَة
• يَبيعُ	• القديمة

خامساً: اِمْلأ الْفَراغَ بِالْكَلِمَة المناسِبة:

يَحْتَفِلُ - يَفْرَحُ - الْأَعْياد - الشَّطْرَنْج - يُوَزِّع - الْمحلِّية.

1. ________ المسيحيّون بعيد الميلاد المجيد.

2. ________ المسلم اللُّحوم على الفقراء في عيد الأَضحى.

3. مِن ________ الوطنيَّة عيد الاستقلال.

4. يلعب الرِّجال ________ في المقاهي.

5. ________ الأَطفال بالملابس الجديدة.

6. يهتمُّ كثيرٌ من المواطنين بأنباء الرياضة ________ والعالميَّة.

أَدوات الاِسْتِفْهــام:

مِنْ أَدواتِ الاِسْتِفْهام:

مَنْ: وَهِيَ لِلسُّؤالِ عَنِ الْعاقِلِ. مِثْل: مَنْ يَقْرَأُ الدَّرْسَ؟

ما: وَهِيَ لِلسُّؤالِ عَنْ غَيْرِ الْعاقِل. مِثل: ما اِسْمُكَ؟

(قَدْ تَتَّصِل بِها "ذا" فَتُصْبِحُ "ماذا").

متى: وَهِيَ لِلسُّؤالِ عَنِ الزَّمان (الْوَقْت). مِثْل: مَتى تُسافِرُ؟

أَيْنَ: وَهِيَ لِلسُّؤالِ عَنِ الْمَكانِ. مِثْل: أَيْنَ كِتابي؟

كَيْفَ: وَهِيَ لِلسُّؤالِ عَنِ الْحالِ. مِثْل: كَيْفَ حالُكَ؟

لماذا: وَهِيَ لِلسُّؤالِ عَنِ السَّبَبِ. مِثْل: لِماذا حَضَرْتَ إِلى الأُرْدُنِّ؟

كَمْ: وَهِيَ لِلسُّؤالِ عَنِ الْعَدَد. مِثْل: كَمْ طالِباً في الْمُسْتَوى الثّالث؟

هَلْ: وَهِيَ لِلسؤالِ عَنِ الْجُمْلَة. مِثْل: هَلْ تُحِبُّ اللُّغَةَ الْعَرَبِيَّة؟

الْهَمْزَة: وَهِيَ حَرْفٌ يُفيدُ التَّخْيير. مِثْل: أَتَشْرَبُ شاياً أَمْ قَهْوَةً؟

تدريب: املأ الفراغ بأداة الاستفهام المناسبة:

ما - ماذا - لماذا - مَنْ - أَين - مِنْ أَين - متى - هل - كيف - كم.

1. ______ عاصِمَةُ الْأُرْدُنِّ؟
2. ______ تَسْكُنُ في عَمّان؟
3. ______ أَنْتَ طالِبٌ؟
4. ______ أَنْتُمْ قادِمونَ؟
5. ______ تَدْرُسُ اللُّغَة الْعَرَبِيَّةَ؟
6. ______ أُسْبوعاً سَتَدْرُسُ في الْجامِعَةِ الْأُرْدُنِيَّةِ؟
7. ______ حالُكَ؟
8. ______ سَتَذْهَبونَ إِلى وَسَطِ الْبَلَد؟
9. ______ يَعْرِفُ الْإِجابَةَ؟
10. ______ تُحِبُّ أَنْ تَشتري من السُّوق؟
11. ______ صِحَّتُكَ؟
12. ______ أَكَلْتُمْ أَمْسِ؟
13. ______ حَضَرَ الْاِجْتِماع؟
14. ______ حَضَرَ كُلُّ الْمُوَظَّفينَ؟
15. ______ اِسْمُ الْمُديرِ الجَديد؟
16. ______ وَضَعْتَ الْكِتابَ؟
17. ______ تُشاهِدينَ عَلى شاشَةِ التِّلْفازِ؟
18. ______ الْعُطْلَةُ؟
19. ______ أَخاً عِنْدَكَ؟
20. مِنْ فضلِكَ ______ أَذْهَبُ إِلى هذا العُنْوانِ؟

أدواتُ النَّفْي:

مِنْ أَهَمِّ أَدَواتِ النَّفْي: ما، لا، لَمْ، لَنْ، لَيْسَ.

ما: الْفِعْلُ الْماضي.

مِثْل: ما ذَهَبْنا إِلى السّوق أَمْسِ.

لم: الْفِعْلُ الْمُضارِعُ في الزَّمَن الْماضي.

مِثْل: لَمْ نَذْهَبْ إِلى السّوق أَمْس.

لا: الْفِعْلُ الْمُضارِعُ في الزَّمَنِ الْحاضِرِ.

مِثْل: لا أَشْرَبُ القهوة كثيراً.

لنْ: الْفِعْلُ الْمُضارِعُ في الزَّمَنِ الْمُسْتَقْبَلِ.

مِثْل: لَنْ أُسافِرَ غَداً.

ما، لَيْسَ: لِنَفْي الْجُمْلَة الاِسْمِيَّةِ.

أَمْثِلَة: ما عِنْدي سَيارَةٌ. لَيْسَ عِنْدي سَيارَةٌ.

تدريب (1): أَجبْ عَنْ كُلِّ سُؤالٍ مِمّا يَلي بِجُمْلَةٍ مَنْفِيَّةٍ:

1. هل استأذن خالدٌ من أُستاذه؟

____

2. هل ستقلع الطّائرة بعد ساعةٍ؟

____

3. هل هذا الطَّعام لذيذٌ؟

____

4. أَتريد أَن تذهب معي إِلى السُّوق؟

____

5. هل تحبُّ البرتقال؟

____

6. أَهذا كتابك؟

____

تدريب (2): ضَعْ أَداةَ النَّفْي المناسِبَة:

1. ________ أَنا كاتِبَ هذِهِ الْقِصَّةِ.
2. ________ يَدْخُلُ عَليٌّ الْمَصْنَعَ الآنَ.
3. ________ يَدْخُلْ أَحْمَدُ الْمَصْنَعَ مُنْذُ أُسْبوعٍ.
4. ________ يَصِلَ الزّائر غداً.
5. ________ وَصَلَ الزّائر أَمْس.
6. ________ وَصَلَتِ الطائِرَةُ مُتَأَخِّرَةً.
7. ________ يَسْكُنُ الْبَدَوِيُّ في الصَّحْراء.
8. ________ الأَكْلاتُ الْعَرَبِيّة مَعْروفةً في أَلْمانْيا.
9. ________ وافَقَتِ الْحُكومَةُ الأُرْدُنيَّةُ عَلى زِيادَةِ أَسْعارِ الْخُبْزِ.
10. ________ صِحَّةُ الْمَريضِ جَيِّدَةً.
11. ________ عِنْدي سَيّارة.
12. ________ لي إِخْوَةٌ.

الاســتمـــاع

Track - 14

أوّلاً: اِسْتَمِعْ إلى التَّسْجيلِ، ثُمَّ اِخْتَرِ الْإجابَةَ الصَّحيحَة:

1. في كلِّ مجتمع عاداتٌ وتقاليدُ

أ. حَسَنةٌ فقط. ب. حسنةٌ وسيِّئةٌ. ج. سيِّئةٌ فقط.

2. بَيْنَ شعوب العالَم

أ. اِتِّفاق في الثَّقافات. ب. اِخْتلاف في الثَّقافات.

3. الْأَفْلامُ وَالْمُسَلْسَلاتُ الْعَربيَّةُ

أ. تُحارِبُ العنف ضدَّ المرأة. ب. تُقوِّي العُنف ضدَّ المرأة.

ج. تُساوي بين الرَّجل والمرأة.

4. العُنْفُ الجَسَديُّ مَعْناهُ

أ. منع المرأة من الخروج للعمل. ب. الضَّرْب. ج. الإِهانة والشَّتم.

5. المجتمع العربيُّ -بِشكلٍ عامٍّ- يَقِفُ إِلى جانِبِ

أ. الرَّجُل. ب. المرأة

ج. المرأة والرَّجل على السَّواء.

ثانياً: اِستمع إلى التَّسجيل مرَّة ثانية، ثُمَّ أَجب بِـ (نعم أو لا):

1. في المجتمع العربيّ مساواةٌ تامَّةٌ بين الرَّجل والمرأة. (   )

2. معظم الأُسَر العربيَّة تفرِّق في التَّربية بين الولد والبنت. (   )

3. ليس لِلرَّجل الحقُّ في ضرب المرأة. (   )

4. للمرأة العربيَّة الأَولويَّة في التَّعليم. (   )

5. قد يقتل الرَّجل العربيُّ المرأة دفاعاً عن شرف الأسرة. (   )

6. نِسْبَة جرائم الشَّرف عاليةٌ في المجتمعات العربيَّة والإِسلاميَّة؛ بسبب العقوبة المخفَّفة. (   )

7. لا تَسْمَحُ بعض المجتمعات العربيَّة للمرأة بقيادة السَّيَّارة. (   )

8. سمح الإِسلام للمرأة بالتعليم، والعمل بما يتناسب وطبيعتها الأُنثويَّة. (   )

9. التَّمييز في التَّربية بين الأَولاد عادةٌ اِجتماعيَّةٌ جيِّدةٌ. (   )

10. (رِفْقاً بِالْقَوارير) حديثٌ نبويٌّ شريفٌ. (   )

11. تُعاني كلُّ النِّساء العربيَّات من التَّمييز بينهنَّ وبين الرِّجال في كلِّ شيءٍ. (   )

12. ما زالت عقوبة جرائم الشَّرف مخفَّفة حسب القانون الأُردنيِّ. (   )

13. ليست كلَّ جرائم الشَّرف سببها هو الدَّفاع عن شرف الأُسرة. (   )

14. بعض جرائم الشَّرف سببها هو حِرْمان المرأة من حقِّها الشَّرعي في الميراث. (   )

15. وصلت المرأة العربيَّة إلى مناصبَ سياسيَّةٍ عُليا في بعض الدُّول العربيَّة. (   )

ثالثاً: صِلْ بين الكلمة ومرادفها فيما يلي:

• جِسْميٌّ	• نَشَأَ
• أَحْوال	• جِهَةَ
• ترَبَّى	• أَوْضاع
• يَصْرِف	• جسَدِيٌّ
• جانِب	• لا سِيَّما
• خاصَّة	• يُنْفقُ
• نفسيٌّ	• إِكْراه
• تَفْريق	• تَمْييز
• مَكانَة	• مَعْنَوِيٌّ
• إِجْبار	• قَليلَةٌ جِدّاً
• مُراجَعَة	• بِسَبَبِ
• يَتَعارَضُ مَعَ	• القَوارير
• نادِرَة	• إِعادَة النَّظَر
• بِدافِع	• مَنْصِب
• الزُّجاج	• يُخالِفُ

رابعاً: صل كلَّ كلمةٍ بعكسها في المعنى:

• يُنْفِقُ	• اِخْتِيار
• نادِرَة	• يُخالِفُ
• إِجْبار	• كَثيرَة
• يُوافِقُ	• يُوَفِّرُ
• خاصَّة	• مادِّيّ
• مَعْنَوِيّ	• عامَّة
• تَزْداد	• خُضوع
• حِرْمان	• إِعْطاء
• تَمَرُّد	• حَسَنَة
• سَيِّئَة	• تَقِلُّ
• مُساواة	• تَمْييز

نشاطٌ كِتابيٌّ...

تَخْتَلِفُ الشُّعوبُ في الْعادات وَالتَّقاليد. اُكْتُبْ ما تَعْرِفُهُ عَنْ هذا الْمَوْضوع.

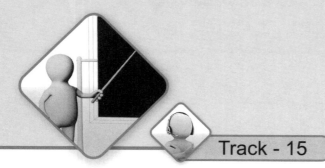

الدرس الثامن

الزَّواج بين الماضي والحاضر

Track - 15

كان الرجل العربيُّ قديماً يتزوَّج وهو في سنِّ السّابعة عشرة أَو الثّامنة عشرة تقريباً. وكذلك كانت الفتاة تتزوج في سنٍّ مبكِّرةٍ جداً.. وكانت أُمُّ العريس هي الَّتي تختار له العروس. وغالباً ما تكون ابنة عمه، أَو ابنة عمته، أَو ابنة خاله. وتكون الأُمور هنا أَسهل وأَيسر. فإِذا لم يكن لدى الشاب قريبةٌ (ابنة عمٍّ أَو ابنة عمةٍ أَو

ابنة خالٍ أو خالةٍ) تطلب الأُمُّ من صديقاتها من الأَقارب المساعدة، ويضعنَ قائمةً بالفتيات اللّاتي في سنِّ الزواج. ويبدأن بزيارة الأُسر، ويُقابِلْنَ العروس بحضور أُمِّها. وعندما تعود الأُمُّ إِلى البيت، تصف البنت لابنها العريس، وإِذا رأى أَنَّها مناسبةٌ له. تزور الأُمُّ منزل العروس مرَّةً ثانيةً، وتتكلم مع والدتها. ثمَّ يذهب الأَب ورجال العائلة، ويطلبون يد البنت للزَّواج.

أَمّا البنت فكان أَهلها يختارون العريس لها، وقد يجبرونها أَيضاً على الزَّواج، خاصَّة إِذا كان العريس اِبن عمِّها، ولا تستطيع أَن ترفض؛ لأَنَّها لا رأي لها في ذلك. الأَب هو صاحب القرار فقط.

إذا اتَّفق الجانبان، تُقام حفلة الخِطبة في بيت العروس، ويحضرها أَقارب وأَصدقاء الأُسرتيْنِ.

أَمّا حفلة الزِّفاف (الزَّواج) فتكون في بيت العريس، حيثُ يجتمع أَقارب وأَصدقاء العريس ليلاً؛ يرقصون ويغنّون ويأكلون، ثمَّ يعودون إِلى بيوتهم في ساعةٍ متأَخِّرةٍ من الليل. وقد تستمرُّ هذه الاحتفالات ثلاثة أَيامٍ، وأَحياناً تستمرُّ أُسبوعاً كاملاً. وقد كان الزواج من الأَقارب شائعاً، وخاصةً بين أَهل القرى. وكان الزوجان -غالباً ما- يسكنان مع أُسرة الزوج.

أمّا اليوم فقد تغيَّرت هذه العادات والتَّقاليد. فالرجل لا يتزوج قبل الخامسة والعشرين من عمره. وغالباً ما يفكر في الزَّواج بعد أَن يكمل دراسته، ويعمل لعدة سنواتٍ؛ ليوفِّر المال اللازم لتكوين بيت الزوجيَّة؛ لأَنَّ معظم الأَبناء يسكنون بعد الزَّواج في بيتٍ مستقلٍ عن الأُسرة.

أَمّا البنت فنادراً ما تتزَّوج وهي دون سنِّ العشرين -خاصةً في المدن-. واليوم

يقابل الشاب الفتاة قبل الزَّواج، وقد يلتقيان عدة مراتٍ؛ ليتعرَّف كلٌّ منهما أَكثر على الآخر. ثمَّ تتعارف الأُسرتان، ومن العادة أَن يعطي أَهل العريس مهلةً عدة أَيامٍ حتى يسأل أَهل العروس عن العريس وأُسرته.

وبعد عدة أَيامٍ يعودون إِلى بيت العروس ليسمعوا منهم الجواب. إِذا كان الجواب إِيجابياً، يتم تحديد يومٍ لاستقبال العريس برفقة والديه في بيت العروس. ويكون اللقاء تقليدياً؛ حيث تدخل العروس لتسلِّم على الضيوف. وتتم الموافقة. وبعد ذلك تكون الخِطْبة ثمَّ الزَّواج.

من عادات بعض الأُسر المُحافِظة (حتى بعد عقد الزَّواج) أَلَّا يُسْمَحَ بخروج العريس مع عروسه إِلا برفقة أَحد الأَقارب (أُخت العروس أَو أُمِّها). ممّا يجعل العريس يفضِّل زيارة عروسه في بيت أُسرتها؛ حيث يترك مع عروسه لتبادل الأَحاديث والأَحلام ورسم المستقبل. قد تطول أَو تقصر أَيام الخِطبة، ولكنَّها بشكلٍ عامٍّ لا تتجاوز السنة، ويتم الاتفاق على موعد الزِّفاف بعد عدة شهور.

وقبل ليلة الزِّفاف ، تقيم أُسرة العروس حفلةً صغيرةً، تحضرها صديقات العروس؛ لوداعها. وتسمّى هذه الحفلة (ليلة الحنّاء). وهذه العادات لا تزال موجودةً حتى يومنا هذا.

قد يكون حفل الزِّفاف في بيت العريس، أَو في قاعة الاحتفالات، أَو في أَحد الفنادق الفخمة إِذا كان العريس من الأَغنياء. وفي بعض الأَحيان يفضِّل العروسان أَن يقيما حفلةً عائليةً بسيطةً، ثمَّ يسافران لقضاء شهر العسل داخل البلاد أَو خارجها.

الأسئلة

أَولاً: أَجب عن الأَسئلة الآتية:

1. في أَيِّ سِنٍّ كان الرجل العربيُّ يتزَّوج في الماضي؟

_____

2. في أَيِّ سِنٍّ كانت الفتاة تتزَّوج في الماضي؟

_____

3. مَنْ كان يختار للعريس عروسه؟

_____

4. كم حفلةً تقام للزَّواج؟

_____

5. أين كان العروسان يسكنان (قديماً) بعد الزَّواج؟

_____

6. في أَيِّ سِنٍّ يتزَّوج الرجل العربيُّ في الوقت الحاضر؟

_____

7. لماذا يتزَّوج الرجل في سِنٍّ متأخرةٍ في الوقت الحاضر؟

_____

8. هل يرى الرجل عروسه قبل الزَّواج (في الوقت الحاضر)؟

_____

9. أَين يسكن الزوجان في الوقت الحاضر؟

____

10. هل يخرج الشاب دائماً مع عروسه قبل الزَّواج؟

____

11. ماذا نُسمِّي الليلة التي تسبق ليلة الزِّفاف؟

____

ثانياً: املأ الفراغ بما يناسب معنى الجملة:

الْمَهْر - شهر العسل - اطْلُبْ - مستقل - يلتقيان - الخِطْبَة - تختار.

1. إِذا أَحْبَبْتَ فتاةً ________ يدها للزَّواج.
2. يسكن العروسان بعد الزَّواج في بيت ________.
3. ________ هي الاتِّفاق على الزَّواج.
4. المال الذي يقدمه الزوج لزوجته عند الزَّواج يُسمّى ________.
5. غالباً ما يسافر العروسان لقضاء رحلةٍ ________.
6. الشاب والفتاة ________ قبل الزَّواج عدَّة مراتٍ.
7. ________ معظم الفتيات العربيّات أَزواجهنَّ في الوقت الحاضر.

ثالثاً: ضع كل عبارةٍ في مكانها المناسب:

غالباً ما – نادراً ما

1. _____ يتزوج أَهل القُرى في سنٍّ مبكِّرة.

2. _____ يتزوج أَهل المدن في سنٍّ مبكِّرة.

3. _____ يسكن الزوجان الآن في بيت الأُسرة الكبير.

4. _____ يقابل الشاب الفتاة قبل الزَّواج في وقتنا الحاضر.

5. _____ أَعود إِلى بيتي بعد الدراسة.

6. _____ أَفهم ما أَقرأ بدون القاموس.

رابعاً: ضع (على الأَقلِّ) أَو (على الأَكثر) في المكان المناسب:

1. يتكلمُّ الأُستاذ لغةً أَجنبيةً _____ .

2. أَحتاج إِلى مائة دولارٍ _____ لشراء هذا المسجِّل.

3. سأَدرس اللُّغة العربيَّة أَربع سنواتٍ _____ .

4. هذا الكتاب رخيصٌ جداً ثمنه _____ عَشْرَةُ دولاراتٍ.

5. يحتاج الأَجنبيُّ سنتين _____ ليتعلَّم العربيَّة جيداً.

خامساً: املأ الفراغ بحرف الجرِّ المناسب:

1. كلُّ شيءٍ ـــــــــ ما يُرام.
2. لا شُكرَ ـــــــــ واجب.
3. بيتي قريبٌ ـــــــــ الجامعة.
4. بيتهُ بعيدٌ ـــــــــ السوقِ.
5. هل تسمحين ـــــــــي يا أُستاذة ـــــــــ سؤال ؟
6. عندي رسالتان ـــــــــك يا أَحمد.
7. سأنتهي ـــــــــ قراءةِ الدرسِ بعد قليلٍ.
8. انتبه ـــــــــ شرح الأستاذ.
9. أَسْتمعُ ـــــــــ نَشْرَةِ الأَخبار الصَّبّاحيَّة.
10. أَبْحَثُ ـــــــــ معاني الكلمات الصعبة ـــــــــ القاموسِ.
11. أُقيمتْ حفلة الزِّفاف ـــــــــ فندقٍ فخمٍ.
12. غالباً ما يتقابل الشَّبابُ والبناتُ ـــــــــ مكانٍ عامٍّ.
13. أَتَّصلُ ـــــــــ صديقي ـــــــــ العطلة الأُسبوعيَّةِ.
14. تَدَخُّلُ الأُسرة ـــــــــ حياة الزَّوجيْنِ، هو أَحد أَسباب الطَّلاقِ.
15. ـــــــــ فَضْلِكَ، ابْتَعِدْ ـــــــــ طَريقي.

الأَفعال النّاسخة (كان وأَخواتها):

الأَفعال النّاسخة هي:

كان - أَصبح - أَضحى - أَمسى - بات

صار - ليس - ظلَّ - ما زال - ما دام - ما انْفَكَّ

تختصُّ الأَفعال النّاسخة بالدخول على **الجملة الاسميَّة**، يبقى **المبتدأ** مرفوعاً ويسمّى **اسمها**، ويصبح **الخبر** منصوباً ويسمّى **خبرها**.

أَمثلة:

1. الطقسُ باردٌ.	**أَصبح** الطقسُ بارداً.
2. المدارسُ قليلةٌ.	**كانَت** المدارسُ قليلةً.
3. الجوُّ مُشمسٌ.	**ظلَّ** الجوُّ مشمساً.
4. البيتُ قريبٌ مِنْ هنا.	**ليسَ** البيتُ قريباً من هنا.
5. الآثارُ باقيةٌ.	**ما زالَت** الآثارُ باقيةً.
6. الرَّجلُ سعيدٌ.	**باتَ** الرَّجلُ سعيداً.
7. السيارةُ ضروريةٌ.	**أَضحَت** السيارةُ ضروريةً.
8. التعليمُ مُنْتَشِرٌ.	**صارَ** التعليمُ منتشراً.

تدريب 1: عَيِّنِ الْفِعْلَ النّاسِخَ وَاسْمَهُ وَخَبَرَهُ في الْجُمَلِ الْآتِيَة:

1. ما زالت آثارُ جرش باقيةً حتى الآن.
2. صار القمحُ خُبزاً.
3. ظلَّ الطفلُ نائماً.
4. أَمسى الجوُّ ماطراً.
5. أَصبحت العربيَّةُ لغةً عالميةً.
6. كانت دمشقُ عاصمةَ الأُمويين.
7. ليست اللُّغةُ العربيَّةُ صعبةً كما تَظُنُّ.
8. كان الأُستاذُ غائباً يوم أَمس.
9. ظلَّ الجنديُّ مستعدًّا للقتال.
10. ليس البيتُ واسعاً.
11. صار الولدُ شاباً.
12. باتَ اللِّصُّ خائفاً.
13. مازال الكرمُ موجوداً عند العربِ.
14. ليس النَّحوُ سهلاً.
15. لَسْتُ طبيباً.
16. كُنّا في البيت أَمس.

الْفِعْلُ النّاسِخُ	اِسْمُهُ	خَبَرُهُ
.1		
.2		
.3		
.4		
.5		
.6		
.7		
.8		
.9		
.10		
.11		
.12		
.13		
.14		
.15		
.16		

تدريب (2): اِقْرَأْ وَانْتَبِهْ:

1. (ليس + أَنا) طبيباً = لسْتُ طبيباً.

2. (مازال + نحن) طلاباً في الجامعة = مازلْنا طلاباً في الجامعة.

3. (كان + هي) = كان ________________

4. (كان + أَنتَ) = كُنْتَ ________________

5. (كان + أَنتُما) = كنتما ________________

6. (كان + نحن) = كُنّا ________________

7. (كان + هنَّ) = كُنَّ ________________

8. (كان + هم) = كانوا ________________

9. (كان + هما) = كانا ________________

10. (كان + أَنتُم) = كنتم ________________

ليس:

ليسا / ليسوا / ليستْ / لسْنَ / لسْتَ / لستُما / لستُمْ / لستِ / لستُنَّ / لستُ / لسْنا.

تدريب (3): ثَنِّ واجمع ما تحته خطّ ، وغيّر ما يحتاج إِلى تغيير:

1. كان الشّاب طالباً في الْجامِعَةِ الأُرْدُنِيَّةِ.

مثنّى: ________________________________

جمع: ________________________________

2. لَيْسَ الْبَيْتُ واسِعاً.

مثنّى: ________________________________

جمع: ________________________________

3. ظلَّ الْمُديرُ في مَكْتَبِهِ.

مثنّى: ________________________________

جمع: ________________________________

4. كان الخليفةُ عادِلاً.

مثنّى: ________________________________

جمع: ________________________________

5. ما زالَ الطفلُ نائِماً.

مثنّى: ________________________________

جمع: ________________________________

6. باتَ اللِّصُّ خائِفاً.

مثنّى: _____

جمع: _____

7. صارَ الْوَلَدُ رجُلاً.

مثنّى: _____

جمع: _____

الاسـتـمـاع   Track - 16

أولاً: اِسْتَمِعْ إِلى الشَّريطِ المسجَّلِ ثُمَّ أَجِبْ عَنِ الْأَسْئِلَةِ الْآتِيَةِ:

1. أَين درس زيد اللُّغة العربيَّة؟

_____

2. ماذا كان في رسالة أَحمد؟

_____

3. هل لبّى زيد دعوة أَحمد؟

_____

4. كم حفلة زواج حضر زيد؟

_____

5. كم يوماً دامت الاحتفالات في القرية؟

6. ما الطَّعام الذي قُدِّم للمدعووين؟

7. ماذا فعل الرجال عند العصر (يوم العرس)؟

8. ماذا قدَّم الأَهل والأَقارب للعروسين في نهاية الحفلة؟

9. أَين أُقيم حفل زواج أَحمد؟

10. هل كانت الحفلة مختلطةً؟

11. ماذا تمنّى المدعوون للعروسيْن؟

ثانياً: أجب بـ (نَعَمْ أَوْ لا):

1. أُقيمت حفلة زواج أَحمد في بيت والده في القرية. ( )
2. أَبوديس قرية فلسطينيَّة قريبة من القدس، وهي إِحدى ضواحيها. ( )
3. دامت الاحتفالات في بيت ابن خال أَحمد يوماً واحداً فقط. ( )
4. المنسف هو طعام المناسبات المهمة في الأُردنِّ وفلسطين. ( )
5. يتكوَّن المنسف من اللَّحم واللَّبَن الجَميد والسَّمْن البلديِّ، بالإِضافة إِلى الأَرز والخبز. ( )
6. "الدَّبْكة" هي أَهمُّ الرَّقصات الشَّعبيَّة في فلسطين. ( )
7. "ليلة الحِنّاء" هي الليلة التي تسبق ليلة الزِّفاف. ( )
8. "الشَّبّابة" آلة موسيقيَّة تقليديَّة في فلسطين. ( )
9. زغاريد النِّساء من علامات الفَرَح عند العرب. ( )

ثالثاً: استخدم ما يلي في جملٍ توضّح المعنى:

• الزَّفَّة:

____

• الْعَروس:

____

• الْعَريس:

____

• الدَّبْكَة:

____

• الْأَغاني الشَّعْبِيَّة:

____

• الْمَنْسَف:

____

• الحِنّاء:

____

• مُخْتَلطَة:

____

نشاطٌ كِتابيٌّ...

اكتب ما تعرف عن عادات الزَّواج في بلدك (قديماً وحديثاً).

الدرس التاسع

المرأة العربيَّة الحديثة

Track - 17

أَصبح للمرأة العربيَّة مكانةٌ هامَّةٌ في المجتمع العربيِّ. ولعلَّ سبب ذلك هو التعليم، فقد حصلت المرأة على أَعلى الشَّهادات العلميَّة، وعملت في مختلف الوظائف: فهي طبيبةٌ ومعلِّمةٌ ومهندسةٌ ومحاميةٌ وموظَّفةٌ في المؤسَّسات والدَّوائر الحكوميَّة. كما أَصبحت بعض النِّساء نائباً في البرلمان، أَو وزيرةً في الحكومة. وقد ساعدها على ذلك الحريَّة التي أُعطيت لها: فلها حرِّيَّة التَّعليم والعمل، وحرِّيَّة الكتابة في الصحف

والمجلات، وحرِّيَّة منافسة الرَّجل على المناصب السِّياسيَّة العليا.

المرأة العربيَّة الحديثة تشارك في خدمة المجتمع، وتعمل على تقدُّمه؛ فهي تعمل في المصانع والشَّركات، ومن النِّساء مَن تعمل لفترةٍ طويلةٍ من النَّهار. وهي في الوقت نفسه الأُمُّ والزَّوجة الَّتي تعمل على راحة أُسرتها وسعادتها.

لعلَّ أَكبر مشاكل المرأة العاملة هي عدم مساعدة الرَّجل لها في أَعمال البيت، ورعاية الأَطفال. وربَّما يعود ذلك إِلى العادات والتَّقاليد العربيَّة؛ لأَنَّ الأُسرة العربيَّة أُسرةٌ ذكوريَّةٌ: الرَّجل هو سيِّد البيت، وهو ربُّ الأُسرة المسؤول عنها اقتصادياً. كما يعود أَيضاً إِلى الأُسْرة العربيَّة نفسها؛ فكثيرٌ من الأُمهات والآباء العرب يفرِّقون في التَّربية بين الولد والبنت! الولد له الحرِّيَّة ليفعل ما يريد، وله الأَولويَّة في التَّعليم الجامعيِّ، أَما البنت فحرِّيَّتها مقيَّدة، ومكانها في البيت؛ لتساعد أُمها في أَعمال البيت وتنظيفه من ناحيةٍ، ولتتعلَّم الطَّبخ من ناحيةٍ أُخرى (خاصةً في القرى). هذا الوضع لا نجده عند بعض الأُسَر المتحضِّرة؛ لأَنَّ هذه الأُسر تعطي الحرِّيَّة وفُرص التَّعليم للبنت والولد على السَّواء.

وقد نتج عن خروج المرأة العربيَّة للعمل، وشعورها بالاستقلال الاقتصاديِّ عن الرجل آثارٌ سلبيَّةٌ أَهمُّها كثرة حالات الطَّلاق، وشيوع ظاهرة العنف النَّفسيِّ والجسديِّ داخل الأُسرة العربيَّة.

أَمّا الآثار الإِيجابيَّة لعمل المرأة فأَهمُّها على الإِطلاق: مساهمة المرأة في زيادة دخل الأُسرة الاقتصاديِّ.

ولا بدَّ من كلمة حقٍّ تُقال وهي أَنَّ المرأةَ العربيَّة بشكلٍ عامٍّ تتمتَّع بالذكاء؛ لأَنَّها قادرةٌ على التَّوفيق بين عملها خارج البيت، وبين مسؤوليّاتها الكثيرة داخل البيت. يُضاف إِلى ذلك الالتزامات الاجتماعيَّة تجاه الأَهل والأَقارب، لاسيَّما أُسرة الزَّوج.

الأسئلة

أولاً: أجب عن الأَسئلة الآتية:

1. لماذا أَصبح للمرأة العربيَّة أَهميَّةٌ في المجتمع؟

2. ما أَهمُّ حقوق المرأة العربيَّة؟

3. اذكر بعض الوظائف الَّتي تعمل فيها المرأة العربيَّة.

4. هل للمرأة العربيَّة دورٌ في المجتمع؟

5. ما أَهمُّ مشاكل المرأة العربيَّة العاملة؟

6. اذكر أَهمَّ الآثار الإيجابيَّة والسَّلبيَّة الَّتي نتجت عن عمل المرأة العربيَّة.

ثانياً: رتِّب الكلمات الآتية لتكوِّن جملاً مفيدةً:

1. الصُّحُفِ - و - في - الْمَجَلّات - حُرِّيَّةٌ - لَها - الْكِتابَةِ - الْعَرَبِيَّةُ - الْمَرْأَةُ.

2. الْعَرَبِيَّ - سِلْبِيٌّ - يُساعِدُ - لا - الْبَيْتِ - أَعْمالِ - في - الرَّجُلُ - الْمَرْأَةَ - هُوَ - فَ.

3. الْعَرَبِيِّ - الْمُجْتَمَعِ - هامَّةٌ - في - مَكانَةٌ - الْمَرْأَةِ - لِ - الْعَرَبِيَّةِ - الْيَوْمَ.

4. النِّساءِ - بَعْضُ - وَزيرَةً - الْبَرْلَمانِ - أَوْ - نائِباً - أَصْبَحَتْ - في.

5. الْمَرْأَةِ - الطَّلاقِ - مِنْ - أَسْبابِ - عَمَلِ - الْعَرَبِيَّةِ - يَكونُ - قَدْ.

6. الْمَرْأَةِ - يَجِبُ - الْعامِلَةِ - الْعَرَبِيَّةِ - عَلى - تُوَفِّقَ - أَنْ - عَمَلِها - بَيْنَ - وَ - الْبَيْتِ - مَسْؤوليّاتها - داخِلَ.

ثالِثاً: هاتْ مُرادِفَ ما يَلي مِنَ النَّصِّ:

- عائِلَة: ....
- مَنْزِلَة: ....
- مُهِمَّة: ....
- نالَتْ: ....
- مُزاحَمَة: ....
- وَقْت: ....
- تَرْبِيَة: ....
- مَراكِز: ....
- مَساعَدَة / مُشارَكَة: ....
- اِنْتِشار: ....
- تَتَمَيَّزُ بِ: ....
- واجِبات: ....
- اِنْفِصالُ الزَّوْجَيْن: ....
- نَحْوَ: ....
- خاصَّة: ....
- مَحْدودَة: ....
- نَتائِج: ....
- بِالتَّساوي: ....

رابِعاً: هاتْ عَكْسَ ما يَلي مِنَ النَّصِّ:

- الْجَهْل: ....
- عاطِلَة عَنِ الْعَمَل: ....
- الْخاصَّة: ....
- عِبْء: ....
- مَنَعَ: ....
- حُزْن: ....
- عُبودِيَّة: ....
- تَأَخُّر: ....
- يُساوي: ....
- وَلَد: ....
- رَجُل: ....
- دُنْيا: ....
- داخِل: ....
- قَديمَة: ....
- مُدُن: ....
- بِشَكْلٍ خاصٍّ: ....

• إيجابِيَّة: ________ • قِلَّة: ________

• نُقْصان: ________ • زَواج: ________

خامساً: اِسْتَخْدِمِ الْمُفْرَداتِ التّالِيَةَ في جُمَلٍ تُوَضِّح مَعْناها:

• الْبَرْلَمان:

____

• الْحُقوق وَالْواجِبات:

____

• مَنْزِلَة:

____

• الطَّلاق:

____

• الْجَسَدِيّ:

____

• تُنَافِسُ:

____

سادساً: املأ الفراغ بما يناسب من المفردات الآتية:

السُّلْطَة - سَلْبِيٌّ - الشَّرْقِيُّ - الْعُلْيا - الْمُساواة - إِيجابِيَّة - الْمُساهَمَة - واجِبات - حُقوق - الْقانون.

1. ــــــــــــــ في الأُسْرَةِ الْعَرَبِيَّةِ لِلْأَبِ.
2. أَقَرَّ الدُّسْتورُ الأُرْدُنِيُّ ــــــــــــــ بَيْنَ الرَّجُلِ وَالْمَرْأَةِ في التَّعْليمِ.
3. لِلْمَرْأَةِ الْعَرَبِيَّةِ ــــــــــــــ وَعَلَيْها ــــــــــــــ.
4. الرَّجُلُ وَالْمَرْأَةُ سَواءٌ أَمامَ ــــــــــــــ.
5. اِحْتَلَّتِ الْمَرْأَةُ الْعَرَبِيَّةُ بَعْضَ الْمَناصِبِ السِّياسِيَّةِ ــــــــــــــ.
6. الرَّجُلُ ــــــــــــــ لا يُساعِدُ الْمَرْأَةَ في أَعْمالِ الْبَيْتِ.
7. لِعَمَلِ الْمَرْأَةِ تَأْثيرٌ ــــــــــــــ عَلى الأُسْرَةِ أَحْياناً.
8. لِعَمَلِ الْمَرْأَةِ آثارٌ ــــــــــــــ مِنْ أَهَمِّها ــــــــــــــ في زِيادَةِ دَخْلِ الأُسْرَةِ.

الْحُروفُ النّاسِخَة (إِنَّ وَأَخَواتُها):

الْحُروف النّاسخة هي: إِنَّ - أَنَّ - كَأَنَّ - ليت - لعلَّ - لكنَّ.

تَدْخُلُ الْحُروفُ النّاسخة عَلى الْجُمْلَةِ الاِسْمِيَّةِ **فَتَنْصِبُ المبتدأ** ويُسمّى **اِسْمَها**، وَيَبْقى **الْخَبَرُ مَرْفوعاً** وَيُسمّى **خَبَرَها**.

اقرأ:

الجوُّ باردٌ.	إِنَّ الجوَّ باردٌ.
السَّلامُ منتشرٌ.	لعلَّ السَّلامَ منتشرٌ.
أَحمدُ ذكيٌّ.	أَحمدُ ذكيٌّ لكِنَّه مُهْمِلٌ.
الماءُ مِرْآةٌ.	كأنَّ الماءَ مرآةٌ.
الشَّبابُ عائدٌ.	ليتَ الشَّبابَ عائدٌ.

تدريب (1): أَدْخِلْ أَحَدَ الْحُروفِ النّاسِخَة عَلى كُلِّ جُمْلَةٍ مِمّا يَلي:

إِنَّ - أَنَّ - لكِنَّ - كَأَنَّ - لَعَلَّ - لَيْتَ.

1. .... لِلْمَرْأَةِ مَكانَةٌ هامَّةٌ في الْمُجْتَمَعِ الْعَرَبِيِّ.
2. .... التَّعليمَ مُنْتَشِرٌ في كلِّ مكانٍ.
3. الْمَرْأَةُ العربيَّةُ نَشيطَةٌ .... الرَّجُلَ لا يُساعِدُها.
4. .... سَبَبَ ذلِكَ هُوَ التَّعليمُ.
5. أَعْرِفُ .... الْمَرْأَةَ الْعَرَبِيَّةَ ذَكِيَّةٌ.

تدريب (2): أَكمل بِالجمل الآتية التي تحتها خطٌّ:

1. المدرِّسُ غائبٌ اليوم.

إنَّ ....

ليس ....

هل ....

لعلَّ ....

2. يَدْرُسُ الأَجْنَبِيُّ اللُّغَةَ العربيَّةَ.

سوف ....

إنَّ ....

كان .... في بَلَدِهِ مُنْذُ عامٍ تقريباً.

أعرفُ أَنَّ .... في بَلَدِه قَبْلَ أَنْ يَأْتِيَ إلى الْجامِعَةِ.

قد .... لِسَنَواتٍ عدَّةٍ.

لن .... فَقَطْ لِأَنَّهُ مُسْلِمٌ.

تدريب (3): ثنِّ واجمع ما تحته خطٌّ، وغيِّر ما يلزم:

1. أَصْبَحَ اللّاعب نَشيطاً في أَرْضِ الْمَلْعَبِ.

مثنّى: ....

جمع: ....

2. إنَّك طالِبٌ في الْجامِعَةِ الأَمْريكِيَّة في بَيْروتَ.

مثنّى: .

جمع: .

3. هُوَ ذَكِيٌّ لكِنَّه يَغيبُ كَثيراً.

مثنّى: .

جمع: .

4. كَأَنّ الْوَلَدَ رَجُلٌ في حَديثِهِ.

مثنّى: .

جمع: .

5. عَلِمْتُ أَنّ الطّالب نَجَحَ في الامْتِحانِ.

مثنّى: .

جمع: .

6. كانَ الأُسْتاذُ غائِباً يَوْمَ أَمْسِ.

مثنّى: .

جمع: .

7. لَعَلّ الْمُسافِرَ عائِدٌ.

مثنّى: .

جمع: .

8. إنّ الْمُديرَ في مَكْتَبِهِ.

مثنّى: ....

جمع: ....

9. أَعْرِفُ أَنّ الْحَرْبَ مُدَمِّرةٌ.

مثنّى: ....

جمع: ....

10. لَعَلّ الْمُتْحَفَ مُزْدَحِمٌ بِالزّائرين.

مثنّى: ....

جمع: ....

11. ظَلَّ الْجُنْدِيُّ مُسْتَعِداً لِلْقِتالِ.

مثنّى: ....

جمع: ....

12. صارَ الْأَجْنَبِيُّ مُتَقَدِّماً في دِراسَةِ الْعَرَبِيَّةِ.

مثنّى: ....

جمع: ....

13. لَيْتَني أَفوزُ في الْمُسابَقَةِ.

مثنّى: ....

جمع: ....

الاســـتمـــاع

Track - 18

أَولاً: استمع إِلى التَّسْجيل ثمَّ أَجب عن الأَسئلة الآتية:

1. متى شاركت المرأة الأُردنيَّة في الحياة السِّياسيَّة؟

2. ما هي المناصب السِّياسيَّة الَّتي وصلت إِليها المرأة الأُردنيَّة؟

3. ما معنى (تعليمٌ إِلزاميٌّ)؟

4. لماذا كانت الأُمِّيَّة منتشرةً بين الإِناث في الأُردنِّ؟

5. ما أَهمُّ الوظائف الَّتي تعمل بها المرأة الأُردنيَّة؟

6. عملت المرأة لأَسبابٍ اقتصاديَّةٍ... ما معنى هذا؟

ثانياً: ضع علامة (✓) أَو (×) ثمَّ صحِّح الخطأ:

1. شاركت المرأة الأُردنيَّة في السِّياسة منذ أَكثر من خمسين عاماً. ( )
2. الديموقراطيَّة وحدها هي الَّتي أَوصلت المرأة الأُردنيَّة إِلى البرلمان ومجلس الأَعيان. ( )
3. ساهم تعليم المرأة في رفع مكانتها الاجتماعيَّة. ( )
4. كلمة (أُمِّيٍّ) تعني الشَّخص الذي يعرف القراءة ولا يعرف الكتابة. ( )
5. تشارك المرأة الأُردنيَّة في التَّرشيح والانتخاب. ( )
6. أَسهمت الجامعة الأُردنيَّة في تعليم المرأة. ( )
7. العمل حقٌّ من حقوق المرأة نصَّ عليه الدُّستور. ( )
8. زاد إِقبال النِّساء على العمل في الأُردنِّ لأَسبابٍ اقتصاديةٍ. ( )
9. لا تزال المرأة الأُردنيَّة تتعرَّض للعنف النَّفسيِّ أَحياناً؛ بسبب عملها خارج البيت. ( )

ثالثاً: استخدم الكلمات الآتية في جملٍ توضِّح معناها:

إِلْزامِيٌّ:

التَّعْليم:

بَرْلَمان:

مَجّانيٌّ:

الأُمِّيَّة:

حُقوق:

دَخْل:

واجِبات:

حُرِّيَّة:

رابعاً: استمع إلى التَّسجيل مَرَّةً ثانِيَةً ثُمَّ صِلْ كُلَّ كلمةٍ بِعَكْسها:

• بَقِيَ	• تَطَوُّر
• قَلَّ	• تَغَيَّرَ
• مُتَّفِقَة	• مُخْتَلِفَة
• تَأَخُّر	• اِزْدادَ
• أَواخِر	• حُقوق
• مُتَعَلِّم	• إِجْبارِيّ
• ديكْتاتوريَّة	• أُمِّيّ
• واجِبات	• أَوائِل
• خَرَجَ	• دَخَلَ
• اِخْتِيارِيّ	• ديموقْراطِيَّة
• مَحْصورَة	• زِيادَة
• دُنْيا	• سَيِّئَة
• جَيِّدَة	• مُنْتَشِرَة

نشاطٌ كتابيٌّ...

قارِنْ بَيْنَ وَضْعِ الْمَرْأَةِ الْعَرَبِيَّةِ وَوَضْعِ الْمَرْأَةِ في بَلَدِكَ.

_____

_____

_____

_____

_____

_____

_____

_____

_____

_____

_____

_____

_____

_____

_____

_____

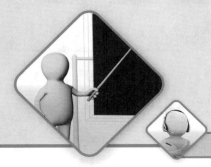

الدرس العاشر

السَّـــفر

Track - 19

السَّفر من بلدٍ إِلى آخر شيءٌ جميلٌ وممتعٌ. ربَّما تكون قد سمعت عن بلدانٍ بعيدةٍ في آسيا وإِفريقيا والأَمريكيَّتين وأُوروبا وأُستراليا، وربَّما تكون قد شاهدتها في الأَفلام، ولكن هل رأيتها بعينك من قبل؟ وهل تعرف كيف يعيش النّاس فيها وكيف يعملون؟ إِذا أَردتَ أَن ترى وتعرف ذلك فعليك أَن تزورها بنفسك.

في الزَّمن القديم كان السَّفر صعباً؛ لأَنَّ وسائل النَّقل كانت لا تساعد الإِنسان على التنقُّل بسرعةٍ. وكان النّاس يركبون الحمير للسَّفر إِلى الأَماكن القريبة. أَمّا الجمل فكان للسَّفر إِلى الأَماكن البعيدة؛ لأَنَّ الجمل حيوانٌ قويٌّ، ويستطيع أَنْ يمشيَ مسافاتٍ طويلةً في الصحراء دون أَن يأَكلَ أَو يشرب؛ ولهذا السَّبب يُسمّى الجمل "سفينة الصَّحراء" أَمّا الحصان فكان لرحلات الصَّيد والحروب.

أَمّا السَّفينة الشِّراعية فكانت وما زالت تسير في النَّهر والبحر، وتنقل النّاس من مكانٍ إِلى آخر. والآن تطوَّرت وسائل النَّقل كثيراً، فقد صنع الإِنسان السَّيارات والقطارات والسُّفن والطائرات. وأَصبح السَّفر من مكانٍ إِلى آخرَ -حتى لو كان بعيداً- أَمراً سهلاً؛ ممّا شجَّع الإِنسان على السِّياحة والسَّفر.

يمكنك أَن تزور أَيَّ بلدٍ تريد عن طريق البرِّ أَو البحر أَو الجوِّ. إِذا سافرت بالسَّيارة أَو بالقطار، فإِنَّك ترى المناظر الطبيعيَّة الجميلة: الجبال العالية والسُّهول الواسعة، وقد تشاهد فلاحاً يعمل في حقله، وحيواناتٍ تمشي أَو تجري كالكلب والحمار والأَغنام. وعندما تمرُّ بحدود كلِّ بلدٍ، تعرف من أَين تبدأ وإِلى أَين تنتهي.

وإِذا سافرت بالسَّفينة، فإِنَّك ترى الأَمواج المتلاطمة، والأَشجار المختلفة، والأَزهار الملوَّنة على ضفاف الأَنهار. وأَمّا السفر بالطّائرة فإِنَّه ينقلك إِلى مناطقَ بعيدةٍ في ساعاتٍ قليلةٍ.

السَّفر مفيدٌ؛ لأَنَّ المسافر يتعلَّم أَشياء كثيرةً تفيده في حياته، كما يتعرَّف على أَبناء الأُمم الأُخرى، وعلى ثقافاتهم المختلفة وأُسلوب تفكيرهم، ونمط حياتهم. وقد أَصبح السَّفر في عصرنا الحاضر جزءاً من برنامج حياة الإِنسان.

الأسئلة

أَولاً: أجب عن الأسئلة الآتية:

1. هل السَّفر شيءٌ جميلٌ؟ لماذا؟

_____

2. كيف تعرف البلاد الأُخرى؟

_____

3. ما وسائل النَّقل القديمة؟

_____

4. ما وسائل النَّقل الحديثة؟

_____

5. ما فوائد السَّفر؟

_____

6. هل تحبُّ السَّفر؟ إِلى أَين؟

_____

ثانياً: ضع دائرةً حول رمز التَّكملة الصَّحيحة فيما يلي:

1. تستطيع أَن تعرف البلاد البعيدة إِذا

أ. قرأت عنها. ب. شاهدت فيلماً عنها. ج. زرتها.

2. كان الناس قديماً يركبون الجمل

أ. للتَّنقل داخل القرية. ب. لرحلات الصَّيد. ج. للسَّفر إِلى الأَماكن البعيدة.

3. كان العرب قديماً يستخدمون الحصان

أ. للسِّباق. ب. للسَّفر في الصحراء. ج. للحرب.

4. يُقال "الجمل سفينة الصحراء" لأَنَّه

أ. كبير الحجم. ب. سريع. ج. يصبر على الجوع والعطش.

5. إِذا سافرت بالسَّيارة فإنَّك ترى

أ. الأَسماك الكثيرة. ب. المزارع الجميلة. ج. الحيوانات المفترسة.

6. تنقلك إِلى البلاد البعيدة في زمنٍ قصيرٍ

أ. السَّيّارة. ب. السَّفينة الشراعيَّة. ج. الطّائرة.

ثالثاً: ضع دائرةً حول رمز الكلمة المرادفة في المعنى لما بين قوسين:

1. تطوَّرت وسائل (النَّقل) كثيراً.

أ. السَّفر.　　ب. الكتابة.　　ج. الصَّيد.

2. يمكنك الآن أَن تزور (بلاداً) عديدةً في وقتٍ قصيرٍ.

أ. أَماكن.　　ب. مُدُناً.　　ج. دُوَلاً.

3. صارت السِّياحة جزءاً من (برنامج) الإِنسان.

أ. وقت.　　ب. حياة.　　ج. جَدْوَل.

4. يتعرَّف المسافر على (نَمَط) حياة الآخرين.

أ. خَطّ.　　ب. طَريقَةِ.　　ج. وَسيلَةِ.

5. (تطوَّرت) وسائل النَّقل كثيراً.

أ. تَأَخَّرَتْ.　　ب. تَقَدَّمَتْ.　　ج. تَوَقَّفَتْ.

6. (يَتَعَلَّمُ) المسافرون أَشياء كثيرةً من السَّفر.

أ. يَدْرُسُ.　　ب. يَرى.　　ج. يَعْرِفُ.

7. (ضِفافُ) الأَنهار جميلةٌ جداً.

أ. أَعْلى.　　ب. أَسْفَل.　　ج. جَوانِب.

8. قد تشاهد (فلاحاً) يعمل في حقله.

أ. موظَّفاً.   ب. مُزارِعاً.   ج. مُتَطَوِّعاً.

رابعاً: هات عكس الكلمات الآتية من النَّصِّ:

• قَبيح: _____   • مَوْت: _____

• ضَيِّقَة: _____   • مُنْخَفِضَة: _____

• يَنْتَهي: _____   • تَضُرُّهُ: _____

• يَقِلُّ: _____   • مُتَّفِقَة: _____

• مُمِلٌّ: _____   • أَكيد: _____

• قَريبَة: _____   • ضَعيف: _____

• سَلام: _____   • صَعْب: _____

• بِواسِطَة: _____   • كَثيرَة: _____

خامساً: استعمل الكلمات الآتية في جملٍ توضِّح معناها:

1. الأَمْواج:

_____

2. الأُمَم:

_____

3. ثَقافَة:

_____

4. وَسائِل:

---

5. بَرْنامَج:

---

6. الْجَوُّ:

الْفِعْلُ الصَّحيحُ وَالْفِعْلُ المعْتَلُّ:

الفعل الصَّحيح: هو ما كانَتْ كُلُّ حُروفِهِ الأَصْلِيَّةِ صَحيحَةً

مثل: دَرَسَ، كَتَبَ، شَرِبَ.

الفعل المعتلُّ: هُوَ ما كانَ أَحَدُ حُروفِهِ الأَصْلِيَّةِ حَرْفَ عِلَّةٍ

مثل: وَجَدَ، قامَ، مشى.

حروف العلَّة هي: الأَلف - الواو - الياء (واي)

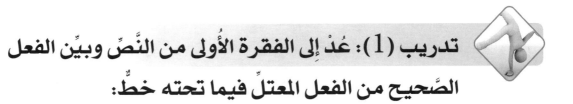

تدريب (1): عُدْ إِلى الفقرة الأُولى من النَّصِّ وبيِّن الفعل الصَّحيح من الفعل المعتلِّ فيما تحته خطٌّ:

.1	.2	.3	.4
.5	.6	.7	.8

تدريب (2): أعد كتابة الجملتين الآتيتين مع الضَّمائر:

1. هُوَ (يَسْتَطيعُ أَنْ يَمْشِيَ مَسافاتٍ طَويلَةً).

هي: _____

أَنتِ: _____

أَنْتُم: _____

هُمْ: _____

أَنا: _____

نحن: _____

2. هُوَ (كانَ يَرْكَبُ الْجَمَلَ وَالْحِصانَ لِلسَّفَرِ إِلى الْأَماكِنِ الْبَعيدَةِ).

أَنا: _____

أَنتَ: _____

أَنْتُما: _____

هنَّ: _____

نحن: _____

هما: _____

3. هُوَ (زارَ بِلاداً كَثيرَةً).

أَنتُمْ: ______________________

أَنتنَّ: ______________________

أَنا: ______________________

هُنَّ: ______________________

هُمْ: ______________________

نحن: ______________________

تدريب (3): بَيِّن الصَّحيح من المعتلِّ فيما يلي:

• تُساعِدُ		• تَسيرُ	
• يَرْكَبونَ		• تَمُرُّ	
• يَمْشي		• يَنْقُلُ	
• نُكافِحُ		• تُشاهِدُ	
• يَجْري		• يَقِفُ	
• يَسْتَغْفِرُ		• يَدْعو	

تدريب (4): أُكتبْ المضارع والأَمر:

ماضٍ	مضارع	أَمر
وَجَدَ		
أَكَلَ		
وَقَفَ		
قالَ		
قامَ		
مَشى		
وَضَعَ		
كانَ		
سارَ		
دَعا		
رضيَ		
انْتَبَهَ		
مَرَّ		
أَعَدَّ		
اِسْتيْقَظَ		
قاتَلَ		

الاســتمــاع

Track - 20

أولاً: استمع إِلى التَّسجيل، ثمَّ أَجب عن الأَسئلة الآتية:

1. من هو مَيْمون؟

2. ماذا كان يفعل كلَّ صباحٍ؟

3. ماذا قرأ مَيْمون في الصُّحُف؟

4. ماذا صنع مَيْمون؟ ولماذا؟

5. أَي البلاد زار؟

6. ما أَهمُّ الأَشياء الَّتي رآها مَيْمون في جولته؟

7. ما رأيك في رحلةٍ حول العالم؟

ثانياً: ضع علامة (✓) أو (×) أمام كلِّ جملةٍ ممّا يلي:

1. يستيقظ مَيْمون متأخِّراً كلَّ صباحٍ. (   )
2. يقرأ مَيْمون الجريدة ليعرف الأَخبار المحليّة. (   )
3. رأى مَيْمون الأَهرامات في مصر. (   )
4. سور الصّين العظيم من عجائب الدُّنيا السَّبع. (   )
5. تمثال الْحُرِّيَّة أَهْدَتْهُ الولايات المتَّحدة إِلى فرنسا. (   )
6. بُرْجُ إِيفل في إِسْبانيا. (   )

ثالثاً: استمع إلى التّسجيل مرةً ثانيةً، ثمَّ صل كلَّ كلمةٍ بعكسها في المعنى:

• بَطيءُ الْفَهْم	• السَّماء
• مُبَكِّراً	• الْقُدَماء
• الأَرْض	• الْحُرِّيَّة
• الجُدُد	• مُتَأَخِّراً
• العُبودِيَّة	• سَريعُ الْفَهْم
• هَبَطَتْ (الطّائرة)	• الصُّعود
• اِرْتِفاع	• أَقْلَعَتْ
• النُّزول	• اِنْخِفاض

رابعاً: استخدم ما يلي في جملٍ من إنشائك:

الْفَراعِنَة:

_____

غَزا الْقَمَر:

_____

حَلَّقَ:

_____

حَضارَة:

_____

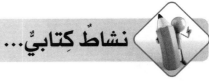

نشاطٌ كِتابيٌّ...

اكتب فقرةً أَو أَكثر عن أَجْمَل رحلةٍ قُمْتَ بها.

_____

_____

_____

_____

_____

_____

_____

_____

_____

_____

_____

_____

_____

_____

_____

_____

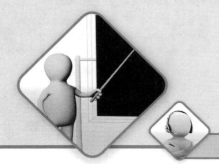

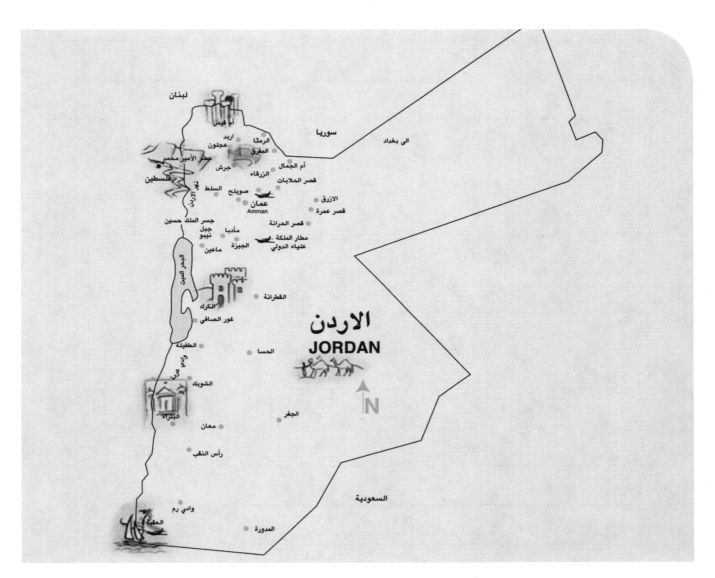

الدرس الحادي عشر

المعالم الحضاريَّة والأثريَّة في الأردنِّ

Track - 21

كان لأَهميَّة موقع الأُردنِّ الجغرافيِّ، وتنوُّع تضاريسه بين الأَغوار والجبال والبادية، الأَثر الكبير في تنوُّع الحضارات التي قامت على أَرضه. يُضاف إِلى ذلك طبيعته الجميلة التي يحبُّها الزّوار والسُّيّاح. ومن أَهمِّ المعالم الحضاريَّة والأَثريَّة ما يلي:

أ. معالمُ دينيَّةٌ، مثل:

مقام أَبي عبيدة عامر بن الجراح في وادي الأُردنِّ. ومقام شرحبيل بن حسنة في منطقة وادي الرَّيّان. ومقام معاذ بن جبل في الأَغوار الشَّماليَّة. ومقام ضرار بن الأَزور في غور الأُردنِّ (دير علاَّ). ومقام عامر بن أَبي وقّاص في قرية وقّاص بالقرب من الشّونة الشَّماليَّة. وأَخيراً مقامات أَبطال معركة مؤتة في جنوب الأُردنِّ: (زيد ابن حارثة، جعفر بن أَبي طالب، عبد اللَّه بن رواحة).

وفي الغور أَيضاً (الْمَغْطَس) وهو مكان تعميد السيِّد المسيح عليه السَّلام. وقد كشفت دائرة الآثار في المنطقة عن كنائسَ وبِرَكٍ وقنواتٍ وأَرضياتٍ فسيفسائيةٍ ملوَّنةٍ وكهوفٍ لِلرُّهْبان.

ب. المعالم الطبيعيَّة:

1. البحر الميِّت: يقع في غور الأُردنِّ، يُستخرَج منه ملح الطَّعام، وبعض موادِّ التَّجميل. وهو مكانٌ طبيعيٌّ للعلاج من كثيرٍ من الأَمراض الجلديَّة وأَمراض المفاصل وخاصَّةً الرّوماتيزم.
2. وادي رم: تحيط به الجبال الرمليَّة الجميلة، وفيه مواقعُ أَثريَّةٌ أَهمُّها: معبد اللّات وعين الشَّلّالة رايغ، وهو مكانٌ جميلٌ لركوب الخيل والسِّباق وتسلُّق الجبال.
3. حمّامات ماعين: وفيها مياه معدنيَّةٌ حارَّةٌ، يأتي إِليها الزُّوّار والسُّيّاح من مختلف دول العالم للعلاج.
4. مَحْمِيَّة ضانا: تحتوي على حيوانات ونباتات متنوِّعَة، وهي ذات تداخل إِقْليميّ ومُنَاخِيّ.
5. مَحْمِيَّة وادي الموجب: مَحْمِيَّة أُردنيَّة تقع، على بعد حوالي 90 كم من مدينة عمّان، تُعَدُّ أَخْفض مَحْمِيَّة على وجه الأَرض.

ج. المعالم الأَثريَّة:

1. أُمُّ قيس، وبيت راس في محافظة إِربد شمال الأُردنّ.
2. قلعة عجلون: بناها القائد المسلم عزُّ الدين أُسامة؛ لمراقبة تحرُّكات الصَّليبيِّين.
3. مدينة جرش: وفيها كثيرٌ من الآثار الرومانيَّة وأَهمُّها: قوس النصر، شارع الأَعمدة، ساحة النَّدوة، معابد الآلهة والمدرَّج الذي يتَّسع لأَكثر من 3000 مُشاهِد.

وعلى هذا المدرَّج يقام في كلِّ صيفٍ مهرجان الثَّقافة والفنون؛ حيث تشارك فيه فرقٌ ثقافيَّةٌ وفولكلوريَّة من مختلف دول العالم. ويُعتبَر هذا المهرجان من مصادر الدَّخل القوميِّ الأُردنيِّ.

4. المُدرَّج الرّومانيُّ، القلعة، وموقع أَهل الكهف في عمّان.
5. جبل نيبو في مأدبا، وقد بُنِيَ عليه معبد، وفي داخله خريطةٌ فُسَيْفِسائيَّةٌ. كما تُوجد الكنائس القديمة أَيضاً في هذه المدينة.
6. قلعة الكرك: تقع على قمَّة جبلٍ عالٍ، كما يحيط بها سورٌ عالٍ؛ ليصعب وصول العدوِّ إِليها في أَوقات الحرب.
7. مدينة البتراء: وهي مدينةٌ منحوتةٌ في الصَّخر، بناها الأَنباط؛ لتكون عاصمةً لدولتهم. ويرى الزائر فيها: الخزنة والمدرَّج والمحكمة والدِّير والقبور وأَخيراً قصر البنت. في عام 2007م، جرى تصويتٌ شعبيٌّ؛ لاختيار عجائب الدُّنيا السَّبع الجديدة، وشارك في التصويت أَكثر من 100 مليون شخص، من مختلف أَنحاء العالم. حصلت مدينة البتراء الأُردنيَّة على المركز الثّاني بعد سور الصين. وقد أُعلنت نتائج التصويت في العاصمة البرتغاليَّة لشبونة. وقد أدّى هذا الحدث إِلى زيادة عدد السُّيّاح، وبالتّالي زيادة الدَّخل القوميِّ.
8. القصور الصحراويَّة، من أَهمِّها: قصر الخزانة، قصر عمرة، قصرالحلّابات والسِّراج.

الأسئلة

أولاً: أَجب عن الأَسئلة الآتية:

1. أَين تقع محافظة إِربد؟ ما أَهم الآثار الموجودة فيها؟

2. أين تقع مدينة البتراء؟

3. مَن بنى مدينة البتراء؟ ولماذا؟

4. متى أَصبحت البتراء من عجائب الدُّنيا السَّبع؟

5. ماذا يشاهد السّائح في مدينة جرش؟

6. لماذا يذهب الزُّوّار والسُّياح إِلى حمّامات ماعين؟

7. ما فوائد مياه البحر الميِّت؟

ثانياً: أَجب بِـ (نَعَمْ أَوْ لا):

1. القصور الصَّحْراويَّة موجودةٌ في البادية الأُردنيَّة. ( )
2. أُمُّ قيس قريةٌ سياحيَّةٌ قريبةٌ من عمّان. ( )
3. تقع البتراء في شمال الأُردنِّ. ( )
4. وادي رَم قريبٌ من العقبة. ( )
5. جبل نيبو في مأدبا. ( )
6. قلعة الرَّبض في عجلون. ( )
7. المدرَّج الرّومانيُّ والقلعة في عمّان. ( )
8. حمّامات ماعين قريبةٌ من مأدبا. ( )
9. حصلت البتراء على المركز الأَوَّل في القائمة الجديدة لعجائب الدُّنيا السَّبع. ( )
10. شارك في التَّصويت، لاختيار عجائب الدُّنيا السَّبع، الشَّعب الأُردنيُّ فقط. ( )

ثالثاً: اكتب مرادف ما يلي من النِّصّ:

- أَماكِن: ______ • وادٍ: ______
- صَحْراء: ______ • قَبْر: ______
- حَرْب: ______ • صُعود: ______
- اِسْتِشْفاء: ______ • شَعْبيَّة: ______
- الوَطَنِيُّ: ______ • رَأْس: ______
- اِحْتِفال: ______ • مَجْموعات: ______

رابعاً: اُكتب عكس معنى مايلي من النَّصِّ:

• جَبَل: _____ • يَكْرَهُها: _____

• صِحَّة: _____ • نُزول: _____

• قاعٌّ: _____ • مُنْخَفِض: _____

• صَديق: _____ • دَمَّرَ: _____

خامساً: استخدم المفردات الآتية في جملٍ توضِّح معناها...

• قَلْعَة: _____

• مَعالِم: _____

• آثار: _____

• مَنْحوتَة: _____

• فُسَيْفِساء: _____

• مَقام: _____

• مُؤْتَة: _____

سادساً: اخترِ الكلمة المناسبة ممّا يلي، ثمَّ املأ بها الفراغ:

(تدمُر - الْأَهْرامات - الْفَراعِنَة - الْأشورِيَّة - الِكلْدانِيَّة - تُدمِّرُ - الْمَهْد - الوَرْدِيَّة - عاصِمَة - الْأَنْباط - الْقِيامَة)

1. بَنى مُلوكُ ________ ________ في مِصْرَ.
2. مَدينةُ ________ هي مدينةٌ أَثريَّةٌ في سوريا.
3. الْحَضارَتانِ ________ و ________ نَشَأتا في العراق منذ أَقدم الْأَزْمِنَة.
4. كَنيسَة ________ مَوْجودَةٌ في مَدينَة بَيْت لَحم في فِلَسْطين, وفيها وُلِدَ الْمَسيحُ عليه السَّلام.
5. توجَدُ كَنيسَةُ ________ في مَدينَةِ الْقُدْسِ في فِلَسْطين, وإِليها يَحُجُّ آلافُ الحُجّاجِ الْمَسيحيِّينَ مِنْ كُلِّ بِلادِ الْعالَم.
6. الْحَربُ سَيِّئةٌ لأَنَّها كثيراً ما ________ الْحَضاراتِ الإِنْسانِيَّةَ.
7. بَنى ________ مَدينَةَ الْبَتْراء لِتَكونَ ________ لِدَوْلَتِهِمْ.
8. تُسمّى مَدينَةُ الْبَتْراءِ بِالْمَدينَةِ ________.

سابعاً: اِقرأ:

عَجائِبُ الدُّنْيا السَّبْعُ الْجَديدَةُ:

1. سورُ الصِّين العظيم.
2. مدينة البتراء في الأُردنِّ.
3. تِمْثالُ الْمَسيح في ريو دي جانيرو.
4. مُدرَّج الكولسيوم في روما (عاصمة إِيطاليا).
5. ضَريحُ تاج مَحَلّ في الهِنْدِ.
6. آثارُ حضارة الأَنكا في ماشو بيشو في بيرو.
7. مدينة مايا القديمة في شيشن إِيتزا في الْمَكْسيكِ.

تصريف الفعل مع الضَّمائر:

أولاً: الفعل الصَّحيح

الضَّمير	ماضٍ	مضارع	أَمْر	ماض	مضارع	أَمْر
هو	دَرَسَ	يَدْرُسُ	ــــــ	كَتَبَ	يكْتُبُ	ــــــ
هي	درسَتْ	تدْرُسُ	ــــــ	كتبتْ	تكْتُبُ	ــــــ
أنا	درَسْتُ	أَدْرُسُ	ــــــ	كَتَبْتُ	أَكْتُبُ	ــــــ
أَنتَ	درسْتَ	تدْرُسُ	ادْرُسْ	كتبْتَ	تكتبُ	اكْتُبْ
أنتِ	درسْتِ	تدرسينَ	اُدرسي	كتبْتِ	تكتبينَ	اُكتبي
هما (مذكر)	دَرَسا	يدرسانِ	ــــــ	كَتَبا	يكتبانِ	ــــــ
هما (مؤنث)	درَستا	تدرسانِ	ــــــ	كتبتا	تكتبانِ	ــــــ
أَنتما	درستما	تدرسان	ادرُسا	كتبتما	تكتبان	اكتُبا
نحن	درسْنا	ندرس	ــــــ	كتبنا	نكتب	ــــــ
هم	درسوا	يدرسون	ــــــ	كتبوا	يكتبون	ــــــ
هنَّ	درسْنَ	يدرُسْنَ	ــــــ	كتبنَ	يكتبنَ	ــــــ
أَنتُمْ	درستم	تدرسون	ادرُسوا	كتبتم	تكتبون	اكتبوا
أَنتنَّ	درستُنَّ	تدرسْنَ	ادرُسْنَ	كتبتنَّ	تكتُبْنَ	اكتُبْنَ
نحن	درسنا	ندرس	ــــــ	كتبنا	نكتب	ــــــ

ثانياً: الفعل المعتلُّ

الضَّمير	ماضٍ	مضارع	أمْر	ماضٍ	مضارع	أمْر
هو	كانَ	يكونُ	—	قالَ	يَقولُ	—
هي	كانتْ	تكونُ	—	قالتْ	تَقولُ	—
أنا	كُنْتُ	أَكونُ	—	قُلْتُ	أَقولُ	—
أنتَ	كنتَ	تكونُ	كُنْ	قلتَ	تَقولُ	قُلْ
أنتِ	كنتِ	تكونينَ	كوني	قلتِ	تَقولينَ	قولي
هما (مذكر)	كانا	يكونانِ	—	قالا	يَقولانِ	—
هما (مؤنث)	كانتا	تكونانِ	—	قالتا	تَقولانِ	—
أنتما	كُنْتُما	تكونانِ	كونا	قُلْتُما	تَقولانِ	قولا
نحن	كُنّا	نكون	—	قُلْنا	نَقولُ	—
هم	كانوا	يكونون	—	قالوا	يَقولونَ	—
هنَّ	كُنَّ	يكنَّ	—	قُلْنَ	يَقُلْنَ	—
أنتُمْ	كُنْتُم	تَكونونَ	كونوا	قُلْتُمْ	تَقولونَ	قولوا
أنتنَّ	كُنْتُنَّ	تَكُنَّ	كُنَّ	قُلْتُنَّ	تَقُلْنَ	قُلْنَ
نحن	كُنّا	نَكونُ	—	قُلْنا	نَقولُ	—

الضَّمير	ماضٍ	مضارع	أمْر	ماضٍ	مضارع	أمْر
هو	مَشى	يَمْشي	ـــــ	دَعا	يَدْعو	ـــــ
هي	مَشَتْ	تَمْشي	ـــــ	دَعَتْ	تَدْعو	ـــــ
أنا	مَشَيْتُ	أَمْشي	ـــــ	دَعَوْتُ	أَدْعو	ـــــ
أنتَ	مَشَيْتَ	تمشي	اِمْشِ	دَعَوْتَ	تَدْعو	أُدْعُ
أنتِ	مَشَيْتِ	تَمْشينَ	اِمشي	دَعَوْتِ	تَدْعين	ادْعي
هما (مذكر)	مَشَيا	يَمْشِيانِ	ـــــ	دَعَوا	يَدْعُوانِ	ـــــ
هما (مؤنث)	مَشَتا	تَمْشِيانِ	ـــــ	دَعَتا	تَدْعُوانِ	ـــــ
أنتما	مَشَيْتُما	تَمْشِيانِ	اِمْشِيا	دَعَوْتُما	تَدْعُوانِ	أُدْعُوا
نحن	مَشَيْنا	نَمْشي	ـــــ	دَعَوْنا	نَدْعو	ـــــ
هم	مَشَوْا	يمشونَ	ـــــ	دَعَوْا	يَدْعونَ	ـــــ
هنَّ	مَشَيْنَ	يَمْشينَ	ـــــ	دَعَوْنَ	يَدْعونَ	ـــــ
أَنتُمْ	مَشَيْتُم	تَمْشونَ	اِمْشوا	دَعَوْتُمْ	تَدْعونَ	أُدْعوا
أَنتنَّ	مَشَيْتُنَّ	تَمْشينَ	اِمْشينَ	دَعَوْتُنَّ	تدعون	أُدْعون
نحن	مَشَيْنا	نَمْشي	ـــــ	دَعَوْنا	نَدْعو	ـــــ

أنواع الْفِعْلُ الْمُعْتَلُّ:

أولاً: معتلٌ مِثال: وهو ما كان أَوَّله حرف عِلَّة مثل:

ماضٍ	مضارع	أمْر / أنتَ
وَقَفَ	يَقِفُ	قِفْ
وَضَع	يضَعُ	ضَعْ
وَصَلَ	يَصِلُ	صِلْ
وَجَدَ	يَجِدُ	جِدْ

ثانياً: معتلٌ أَجوف: وهو ما كان وسطه حرف علَّة مثل:

ماضٍ	مضارع	أمْر / أنتَ	أمْر / أنتِ
قالَ	يَقولُ	قُلْ	قولي
كانَ	يَكون	كُنْ	كوني
نامَ	يَنامُ	نَمْ	نامي
عادَ	يَعودُ	عُدْ	عودي
باعَ	يَبيعُ	بِعْ	بيعي
سالَ	يَسيلُ	سِلْ	سيلي
مالَ	يَميلُ	مِلْ	ميلي

تبقى الأَلف في الفعل الأَجوف الثلاثي الماضي عند تصريفه مع الضَّمائر التّالية فقط (وتحذف مع بقية الضَّمائر):

هو قال	هما قالا	هم قالوا	هي قالت	هما قالتا

ثالثاً: معتلٌّ ناقص: وهو ما كان آخره حرف علَّة مثل:

ماضٍ	مضارع	أَمْر / أنتَ	أَمْر / أنتِ
مَشى	يَمْشي	اِمْشِ	اِمْشي
اِشْتَرى	يَشْتَري	اِشْتَرِ	اِشتري
اِنْتَهى	يَنْتَهي	اِنْتَهِ	اِنتهي
قَضى	يَقْضي	اِقْضِ	اِقضي
رَضِيَ	يرْضى	اِرْضَ	اِرْضي

تدريب: عُدْ إِلى النَّصّ واذكر نوع الأَفعال الَّتي تحتها خطٌّ...

(تذكَّر أَنْ تعود إِلى جَذْرِ هذه الأَفعال)

الفعل	جذره	نوعه صحيح / معتل

الفعل	جذره	نوعه صحيح / معتل

الاستماع

Track - 22

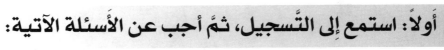

أَولاً: استمع إِلى التَّسجيل، ثمَّ أجب عن الأَسئلة الآتية:

1. لماذا سمّى الكنعانيّون مدينة جرش (جراسا)؟

2. ما أَهمُّ الحضارات الموجودة في جرش؟

3. كيف اهتمَّ الرّومان بمدينة جرش؟

4. ما أَهمُّ الآثار الرّومانيَّة الموجودة في جرش؟

5. ماذا يُقام كلَّ صيفٍ في مدينة جرش؟

ثانياً: رتِّب الكلمات الآتية لتكوِّن جملاً مفيدةً:

1. عَمّان - عَنْ - تَبْعُدُ - أَرْبَعينَ - جَرَشُ - كيلو - ثَمانِيةً - وَ - مِتْراً - العاصمة - حَوالي.

2. الكَنْعانيّون - جَراسا - سَمّى - جَرَشُ - مَدينَةَ - كَثْرَةِ - كانَ - لِ - يُحيطُ - ما أَشْجار - مِنْ - بِها.

3. مِهْرَجانُ - الْفُنونِ - جَرَشَ - ل - يُعْتَبَرُ - الثَّقافَة - الْقَوْمِيِّ - الدَّخْلِ - مَصادِرِ - مِنْ - وَ.

4. النَّصْرِ - عَلى - قَوْسَ - مَدْخَلِ - جَرَشَ - مَدينَةِ - نُشاهِدُ.

5. مَدينَةٌ - قَديمَةٌ - أَثَرِيَّة - جَرَشُ.

ثالثاً: استخدم الكلمات الآتية في جملٍ توضِّح معناها:

شَيَّدَ:

آثار:

الثَّقافَة:

تَقَعُ:

الدَّخْل

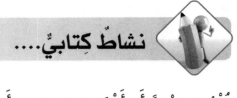

نشاطٌ كِتابيٌّ....

أُكْتُبْ فِقْرَةً أَوْ أَكْثَر عَنْ مَكانٍ أَثريٍّ قُمْتَ بِزِيارَتِهِ...

_____

_____

_____

_____

_____

_____

_____

_____

_____

_____

_____

_____

_____

_____

_____

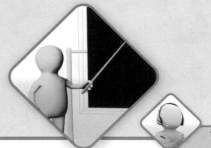

الدرس الثاني عشر

رسالةٌ من أبٍ إلى ابنه

Track - 23

أَيْ بُنَيَّ

لقد كتب إِليَّ أَخوك مرَّةً مِن لندن (بعد أَن تخرَّج في كلِّيَّة الهندسة في جامعة فؤاد (جامعة القاهرة حالياً)، وذهب إِلى إِنجلترا يُعدُّ نفسه لنيل الدُّكتوراة) يقول: إِنَّه كان يجلس مع جماعةٍ من شبّان الإِنجليز المتخصِّصين في الهندسة

أَيضاً. وما زالوا يتحدَّثون في موضوعات شتّى، إِلى أَن وصلوا إِلى عمر الخيّام، فأخذ كلٌّ يُبْدي رأيه في شعره وفلسفته في الحياة، وجمال رُباعيّاته، وأَثرها في نفوس أَبناء هذا العصر.

وأَنَّ أَخاك أَثناء هذا الحديث كلِّه، لم يستطع أَن ينبسَ بكلمةٍ ولا أَن يشارك في الحديث بأيِّ رأيٍ؛ لأَنَّه لم يسمع قبل هذا المجلس عن عمر الخيّام، ولم يعرف عنه شيئاً، وأَنَّه خجل من نفسه وخجل من ثقافته.

وأَنت الآن تدرس الهندسة كأخيك، وأَخشى أَن تكون أَيضاً لم تسمع بعمر الخيّام وأَمثاله وربَّما لم يسمع عنه أَيضاً كلُّ المتخصِّصين في الدِّراسات العلميَّة.

وهذا عيبٌ كبيرٌ أُلفتُ نظرك إِليه ونظر زملائك، وأُريد أَن تتبرَّأوا منه جميعاً. وأَنكم تظنّون أَنَّ واجبكم يحتِّم عليكم دراسة تخصُّصكم، والتَّوسُّع فيه ما أَمكن وكفى. فإِن كان عليكم واجبٌ ثقافيٌّ آخر فقراءة جريدةٍ سياسيةٍ أَو مجلةٍ خفيفةٍ، تقرأونها عند تنَقّلكم في القطار، أَو للتَّسلية قبل النوم، فإِن فعلتم ذلك، ظننتم أَنَّكم أَدَّيتم واجبكم نحو عقلكم. ولا بأس بعد ذلك أَن تجهلوا ما يجري في العالَم من شؤونٍ اجتماعيةٍ وثقافيةٍ.

إِنَّك إِنسان قبل أَن تكون مهندساً أَو طبيباً أَو تاجراً، وإِنَّك إِنسان ذو عقلٍ، كما أَنَّك إِنسانٌ ذو معدةٍ، وكما يجب عليك تغذية معدتك يجب عليك تغذية عقلك!!

وليست الهندسة أَو الطِّبُّ تُغذِّي عقلك إِلّا في ناحيةٍ محدودةٍ وضيِّقةٍ، وليست الجرائدُ والمجلاتُ الرخيصةُ كافيةً للغذاء الجيِّد الناضج في شيءٍ، بل إِنَّ كثيراً من هذه المجلاَّت تضرُّ أَكثر ممّا تنفع.

من كتاب (إِلى ولدي) لأَحمد أمين.
(بتصرف)

الأسئلة

أولاً: ضع علامة (×) أَمام الإِجابة الصَّحيحة:

1. سافر ابن الكاتب إِلى

أ. فرنسا.   ب. إِسبانيا.   ج. بريطانيا.

2. لم يشارك ابن الكاتب الشباب الإِنجليز الحديث لأَنَّه

أ. لا يتكلَّم اللُّغة الإِنجليزيَّة.

ب. لم يسمع قبل هذا المجلس عن عمر الخيّام.

ج. متخصِّصٌ في دراسة الهندسة فقط.

3. لَفَتَ الكاتب نَظَرَ ابْنِهِ إِلى ضرورة

أ. الثَّقافة.   ب. تعلُّم اللُّغة.   ج. التفوُّق في دراسته.

4. يقول الكاتب لابنه

أ. إِنَّك طالبٌ قبل أَن تكون تاجراً.

ب. إِنَّك عالِمٌ قبل أَن تكون إِنساناً.

ج. إِنَّك إِنسانٌ قبل أَن تكون مهندساً أَو طبيباً.

5. دراسة الهندسة تُغذِّي

أ. الرّوح.   ب. القلب.   ج. العقل بالكامل.

6. هذه الرسالة من كتاب

أ. الأَدب الكبير.   ب. كليلة ودمنة.   ج. إِلى ولدي.

7. قراءة المجلّات الرَّخيصة

أ. تنفع. ب. تضرُّ. ج. تُغذّي العقل.

8. المجلّات الرَّخيصة تعني

أ. سعرها رخيصٌ. ب. موضوعاتها سخيفةٌ.

9. ينصح الكاتب ابنه أَن

أ. يختار طعاماً جيِّداً فقط.

ب. يقرأ كتباً ثقافيَّةً فقط.

ج. يختار طعاماً مفيداً لمعدته وكتاباً مفيداً لعقله.

10. أَحمد أَمين هو كاتب

أ. أُردنيٌّ. ب. مصريٌّ. ج. جزائريٌّ.

11. كتب أَحمد أَمين هذه الرسالة

أ. لابنه فقط. ب. لشباب مصر فقط. ج. لكلِّ الشَّباب العرب.

12. عمر الخَيّام هو عالِمٌ وفيلسوفٌ وشاعرٌ

أ. عربيٌّ مسلمٌ. ب. فارسيٌّ مسلمٌ من مدينة نيسابور.

13. لُقِّبَ بِالخَيّام

أ. لأَنَّه كان يسكن في خيمة. ب. لأَنَّ والده كان يصنع الخِيام.

ثانياً: هاتْ مُرادِفَ ما يَلي مِنَ النَّصِّ:

• تُؤْذي: ______ • لَمْ يَنْطِقْ بِكَلِمَةٍ: ______
• أَكْمَلَ: ______ • كَبير: ______
• فِكْرَة: ______ • لِنَيْلِ: ______
• تَحْسبون: ______ • اِسْتَحْيا مِنْ نَفْسِهِ: ______
• أُمور: ______ • كَلام: ______
• يُعْطي رَأْيَهُ: ______ • مُخْتَلِفَة: ______
• شَعَرَ الخيّام: ______ • الْعَهْد: ______
• أَخافُ: ______ • جِهَة / جانِب: ______
• تَخَلَّصَ مِنْ: ______ • يَفْرِض: ______
• تُفَكِّرونَ: ______ • لا يَعْرِفُ: ______
• يَحْدُثُ: ______ • صاحِب: ______

ثالثاً: هات عكس معنى ما يلي من النَّصِّ:

• قُبْح: ______ • عادَ / رَجَعَ: ______
• مُتَّفِقَة: ______ • حَقٌّ: ______
• ثَقيلَة: ______ • مَلَل: ______

رابعاً: استخدم كلَّ تركيبٍ ممَّا يلي في جملةٍ مفيدةٍ.

يَقومُ عَلى:

إِلَّا أَنَّني:

لا بُدَّ مِنْ:

بِالْإِضافَةِ إِلى ذلِكَ:

عَلى الرَّغْم مِنْ:

خامساً: رتِّب الكلمات الآتية لتكوّن جملاً مفيدةً.

1. بِ - الْإِنْسانُ - أَنْ - ثَقافَتَهُ - يُشَكِّلَ - يَسْتَطيعُ - إِرادَتِهِ.

____

2. الْمَجلّات - كافِيَةً - وَ - الرَّخيصَةُ - الْجَرائِدُ - لِ - الْعَقْلِ - غِذاءِ - لَيْسَتِ.

____

3. تُغَذّي - الْهَنْدَسَةُ - مَحْدودَةٍ - الْعَقْلَ - ناحِيَةٍ - في - ضَيِّقَةٍ - وَ.

____

4. أَنْ - الْإِنْسانُ - بُدَّ - يَعْرِفَ - لا - يَجْري - العالَمِ - ما - في.

____

5. الْخَيّام - اِشْتَهَرَ - شِعْرِ - بِ - عُمَرُ - الْأَدَبِ - الرُّباعِيّات - في - الْعَرَبِيِّ.

____

6. يَبْتَعِدُ - الْجَيِّدُ - عَنِ - الرَّخيصِ - الْقارِئُ - الْأَدَبِ - قِصَص - مِنْ - مَجَلّات.

____

المضافُ وَالْمضافُ إِلَيْهِ:

المضافُ: هُوَ اِسمٌ نَكِرَةٌ يَحْتاجُ إِلى اِسْمٍ أَو ضَميرٍ يُضاف إِلَيْهِ ويُعرِّفُهُ.

مثل: قَلَم - كتاب.

المضافُ إِلَيْه: اِسم مَعْرِفَة أو ضمير يأتي بعد المضاف لِيُعرِّفه.

مثل: القلم - قلمهُ.

إذا **كان المضاف مُثَنّى أَوْ جَمْعَ مُذَكَّرٍ سالمٍ حُذِفَتِ النّونُ مِنْ آخِرِهِ عِنْدَ الْإِضافَة.**

مثل: مدرِّسا اللُّغة العربيّة... مدرِّسو اللُّغة العربيّة...

تدريب (1): حوِّل المجموعة (أ) إلى المجموعة (ب) متَّبعاً المثال:

(أ)	(ب)
1. قلمٌ للتَّصحيحِ	قلمُ التَّصحيحِ
2. غُرفَةٌ للجلوسِ	
3. ثَوْبٌ للبنتِ	
4. بابٌ للجامعةِ	
5. يدٌ للمعلِّمِ	
6. جَوازٌ للسَّفر	
7. تَأْشيرَةٌ للدُّخولِ	
8. شقَّةٌ للطّالب	
9. رُسومٌ للدِّراسة	
10. بطاقةٌ للبنكِ	

تدريب (2): اِملأ الفراغ بالكلمة التي بين القوسين مُغَيِّراً ما يلزم:

1. ________ التِّلميذ جديدان. (كتابانِ)
2. ________ المدينة واسعانِ. (شارعانِ)
3. ________ المدرسة مجتمعونَ. (مُعَلِّمونَ)
4. أحمد مِنْ ________ المشروع. (مُهَنْدِسينَ)
5. هذه الجائزة ل ________ المصنع. (عامِلينَ)
6. ________ الدَّولتيْنِ مُتشابِهانِ. (عَلَمانِ)

تدريب (3): اسْتَبْدِل المضاف إِليه بِضمير مناسب (اتَّبع المثال)

مثال: كُتبُ الطُّلّاب: كُتُبُهُمْ

1. آلةُ تَّصْويرِ الجامعةِ: ________
2. قلمُ صديقتي: ________
3. ملابسُ البناتِ: ________
4. دَليلُ الهاتفِ: ________
5. رَقْمُ الطّالب: ________
6. دفتر الطّالبيْنِ: ________
7. مَقاعِدُ المُسافرينَ: ________

Track - 24

الاســتماع

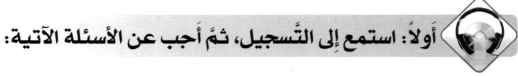

أولاً: استمع إِلى التَّسجيل، ثمَّ أَجب عن الأسئلة الآتية:

1. ما جنسيَّة أَليسا؟

2. ماذا استفادت أَليسا من إِقامتها في الأُردنِّ؟

3. ماذا تدرس أَليسا الآن؟ ولماذا؟

4. ما الفرق بين مدينة عمّان ومدينة نيويورك؟

5. ما أشهر حلويّات شهر رمضان؟

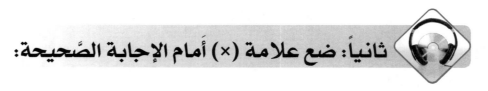

ثانياً: ضع علامة (×) أَمام الإجابة الصَّحيحة:

1. جاءت أَليسا إِلى الأُردنِّ

أ. للزيارة. ب. للعمل. ج. للدِّراسة.

2. لن تنسى أَليسا

أ. اللُّغة العربيَّة. ب. النَّرجيلة. ج. الطَّعام اللذيذ.

3. حلويات رمضان المشهورة هي

أ. الكُنافَة. ب. البقلاوة. ج. القَطايف.

4.تدرس أَليسا -الآن- في الجامعة

أ. طباً. ب. تمريضاً. ج. إِدارة أَعمالٍ.

5. سجَّلت أَليسا في معهد للُّغة العربيَّة لأَنَّها

أ. لا تريد أَن تنساها. ب. تحبُّها. ج. لغتها الأُمُّ.

ثالثاً: صل كلَّ كلمة بما يرادفها في المعنى:

• فَتْرَة	• نَتَناوَل
• الشُّغل (وَظيفَة)	• أُفَضِّل
• نَأْكُل	• مُدَّة
• أُحِبُّ	• الْعَمَل
• رَجَعْتُ	• قَليل
• أَتذَكَّر	• أَنْسى
• عائِلَة	• عُدْتُ
• كَثير	• أُسْرَة

رابعاً: صلْ كلَّ كلمةٍ بعكسها في المعنى:

• أَتَذَكَّر	• حَضَرَ
• طَويلَة	• الشَّرْق
• ذَهَبَ	• أَنْسى
• أَعْداء	• دائِم
• الْغَرْب	• قَصيرَة
• مُؤَقَّت	• أَصْدِقاء

أَنواع الرَّسائل

أَولاً: الرَّسائل الشخصيَّة: هي الَّتي يكتبها الشَّخص إِلى أَقاربه أَو أَصدقائه أَو معارفه. وتكون عادةً عن أُمورٍ شخصيةٍ مثل: السؤال عن الأَخبار، والعائلة، وأَحوال العمل والإِجازات وغيرها. وهذه الرَّسائل تقوّي الصِّلات والعلاقات بين النّاس.

تبدأ عادةً باسْم المُرسَل إِليه بعبارةٍ تدل على المحبَّة والصَّداقة، وتختلف هذه العبارة حسب العلاقة بين المُرْسِلِ والمُرسَل إِليه.

من هذه العبارات:

أَخي العزيز / صديقي الغالي / والدي الفاضل

بعد ذلك يأتي توجيه التَّحيَّة مثل:

السَّلام عليكم ورحمة الله وبركاته وبعد...

تحيّاتي وأَشواقي وقبلاتي وبعد...

ثمَّ يُكتَب التاريخ جهة اليمين، وتوقيع المُرْسِل جهة اليسار.

نموذجٌ لرسالةٍ شخصيَّةٍ

بسم اللَّه الرَّحمن الرَّحيم

أُستاذتي الكريمةُ فوزية:

تحيّاتي لك ولأُسرتك العزيزة. أَرجو أَن تصلك رسالتي هذه وأَنت في أَتَمِّ الصِّحة والعافية.

لقد وصلتني صُوَرُكَ مع عائلتك؛ بمناسبة احتفالكم بخِطبة ابنكم أَحمد، وهي جميلةٌ جداً. أَلف مبروك. لقد تذكَّرت من خلال الصُّور الأَيّام الجميلة الَّتي قضيتها في الشَّرق الأَوسط، كما تذكَّرت الأَشخاص الذين قابلتهم، وكم كانت قلوبهم طيِّبة، وكم كانوا متعاونين معي.

أَرجو أَن أَكون من بين المدعوِّين لحضور حفل الزِّفاف إِن شاء اللَّه. أَنتِ تعرفين كم أُحبُّ التراث العربيَّ، ولا سيَّما العادات الفلسطينيَّة الخاصَّة بحفلات الزَّواج. وسوف أَرتدي الثّوب المطرَّز الذي أَهديتِه لي قبل أَن أعودَ إِلى بلدي.

إِنَّني أَعيش الآن في بلدي بعيدةً عن العالم العربيِّ واللُّغة العربيَّة. وقد التحقت بمعهدٍ للُّغة العربيَّة؛ لأَنَّني لا أُريد أَن أَنسى ما تعلَّمته، كما أَنَّني حريصةٌ على زيادة ثروتي اللُّغويَّة. كذلك -يا أُستاذتي العزيزة- فإِنَّني أَستمع إِلى الأَخبار باللُّغة العربيَّة، وأَقرأ بعض الجرائد العربيَّة على شبكة الإِنترنت.

أَخيراً آمل أَن تزوري بلدي، وأَن تكوني ضيفتنا؛ لتتعرَّفي على أُسرتي وأَصدقائي، و عادات وتقاليد بلدي اليابان.

أَتمنّى أَنْ نلتقي قريباً، وأَنْ نبقى على اتِّصالٍ دائمٍ. تحياتي للجميع.

3 نيسان 2009م — المخلصة

7 ربيع الثاني 1430 هجرية — د. ناؤكو إِيواناغا

نموذجٌ لدعوةٍ شخصيَّةٍ (حضور حفل زفاف)

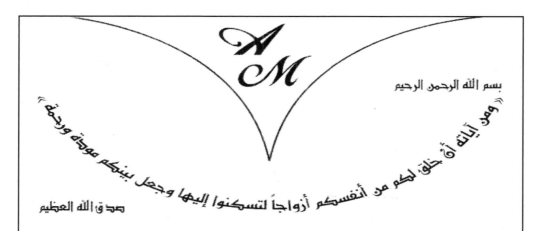

بسم الله الرحمن الرحيم

«ومن آياته أن خلق لكم من أنفسكم أزواجاً لتسكنوا إليها وجعل بينكم مودة ورحمة»

صدق الله العظيم

عثمان عياد وعقيلته   د. وهيب رمضان وعقيلته

يتشرفون بدعوتكم لحضور حفل زفاف ولديهم

أحمد و ميسون

وذلك بمشيئة الله تعالى في تمام

الساعة الثامنة من مساء يوم الأربعاء

الموافق ٢٣ ايلول ٢٠٠٩

في مدينة الحسين للشباب - المسبح

أدام الله أفراحكم

للاعتذار قبل ١٥ – ٩

آل عياد ٠٦ – ٥٨١٠٥٦٨

آل رمضان ٠٦ – ٥٦٦٦٧٤٧

عدد المدعوين (   )

شكرا لعدم اصطحاب الأولاد لخصوصية المكان

ثانياً: الرَّسائل الرَّسميَّة: هي الرَّسائل التي يكتبها الشَّخص في شؤون العمل، وقضاء المصالح من الجهات الرَّسمية مثل: الإِدارات الحكوميَّة والشَّركات والجمعيّات والهيئات والنّوادي وغيرها.

تبدأ عادةً بلقبِ المُرسل إِليه الرسميّ، مسبوقاً بعبارةٍ تدلُّ على الاحترام المناسب لوظيفته أَو مكانته. وليس من الضَّروري أَن يذكر المُرْسِل اسمَ المُرْسَل إِليه مثل: معالي الوزير / عطوفة محافظ العاصمة المحترم / حضرة المدير / تُكتَب بعد ذلك عبارة **(تحيَّةً طيبةً وبعد).**

تَنْتَهي الرسالة عادةً بعبارة مثل:

وتفضَّلوا بقبول فائق الاحترام / مع تقديري واحترامي / مع الشُّكر الجزيل.

يُكتَب بعد ذلك التّاريخ في الجهة اليمنى، والتّوقيع في الجهة اليسرى.

نموذجٌ لرسالةٍ رسميةٍ:

بسم اللَّه الرَّحمن الرَّحيم

معالي رئيس الجامعة الأُردنيَّة الفاضل

تحيَّةً طيِّبةً وبعد،

أَنا طالبةٌ أَمريكيَّةٌ، أَدرس اللُّغة العربيَّة في جامعة جورج تاون. وقد حضرتَ في زيارةٍ إِلى الأُردنِّ؛ للتعرُّف على الحضارة العربيَّة الإِسلاميَّة عن قرْب. أَرجو أَن تسمحوا لي بحضور بعض المحاضرات لمدَّة أُسبوعٍ.

وتفضَّلوا بقبول فائق الاحترام

20 - 7 - 2009م

27 - رجب - 1430هـ

نيكول نل

NICOLE NEIL

نموذجٌ لدعوةٍ رسميَّةٍ (حضور محاضرة)

بسم اللَّه الرَّحمن الرَّحيم

يسرُّ مدير مركز اللُّغات الحديثة، أَنْ يدعوَكم لحضور المحاضرة التي سيلقيها الدُّكتور عفيف بدر بعنوان (الصُّعوبات الَّتي تواجه الدّارس الأَجنبيَّ للُّغة العربيَّة) وذلك في تمام السّاعة الخامسة من مساء يوم الخميس الموافق 8 - 4 - 2009م في مدرَّج المركز.

الدَّعوةُ عامَّةٌ

نشاطٌ كِتابيٌّ...

أُكْتُبْ رِسالَةً إِلى صَديقِكَ تَدْعوهُ فيها لِزِيارَةِ إِحْدى الْبِلاد الْعَرَبِيَّة.

الدرس الثالث عشر

زيارةٌ إلى مستشفى الجامعة

Track - 25

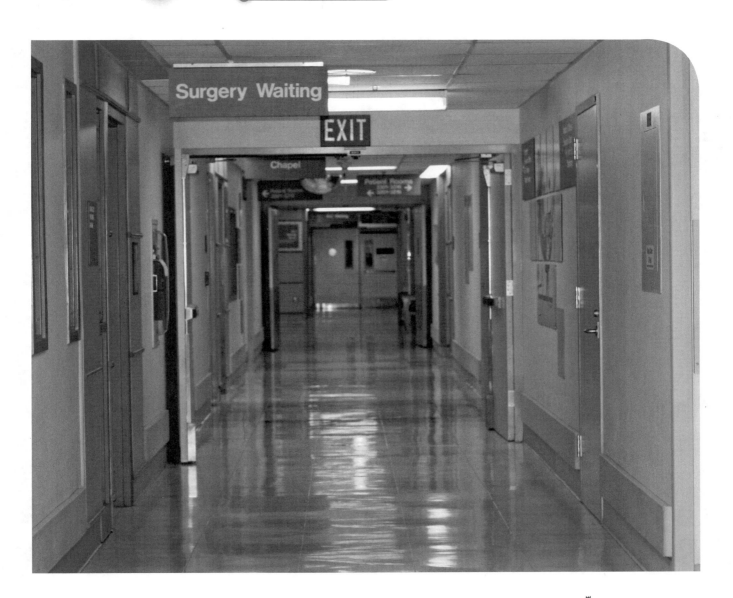

قام طلّاب المستوى المتوسِّط بزيارةٍ ميدانيَّةٍ إلى مستشفى الجامعة بصحبة مدرستهم. وصلوا إِلى المستشفى، أَوقفوا السَّيارات في الموقف الخاصِّ. ثمَّ دخلوا باب المستشفى الرَّئيسيِّ، حيث يجلس موظَّف الاستعلامات.

جون: صباح الخير.. نحن مجموعةٌ من الطلّاب الأَجانب، ندرس اللُّغة العربيَّة في

الجامعة الأُردنيَّة، ونريد أَن نقوم بجولةٍ للتعرُّف على أَقسام المستشفى.

الموظَّف: أَهلاً وسهلاً.. لقد أَخبرني المدير بذلك، وطلب منِّي أَن أُرافقكم في هذه الجولة.

جون: شُكْراً لَكَ وَلِلْمُديرِ، والآن مِنْ أَيْنَ سَنَبْدَأُ؟

الموظَّف: سَنَبْدَأُ مِنْ قِسْمِ الطّوارِىء. هذا الْقِسْمُ خاصٌّ بِالْحالاتِ الْمُسْتَعْجَلَة مِثْل حَوادِثِ السَّياراتِ وَالْحُروقِ وَالتَّسمُّمِ، كَما يَسْتَقْبِلُ طُلّاب الْجامِعَةِ بَعْدَ السّاعة الْخامِسَةِ مَساءً.

مايكل: ما أَهَمُّ الأَقْسامِ الأُخْرى في الْمُسْتَشْفى؟

الموظَّف: في الْمُسْتَشْفى أَقْسامٌ كَثيرَةٌ أَهَمُّها:

1. الْعِظام: تُعالَجُ في هذا الْقِسْمِ الْكُسورُ الْمُخْتَلِفَةُ، وَآلامُ الظَّهْرِ والرُّكْبَةِ وَالرَّقبَةِ وَالْمَفاصِلِ وَالْعَمودِ الْفِقْرِيِّ.
2. الأَمراض الباطنيَّة: تُعالَج فيه أَمراضُ المعدةِ والأَمعاء والكبد والمرارة والبنكرياس والسكريِّ.
3. المسالك البوليَّة: تُعالَج فيه أَمراضُ الكلى والمثانةِ. كما تُوجَد في المستشفى وحدة غسيل الكلى وهي خاصةٌ بمرضى الفشل الكلويِّ.
4. النِّساء والولادة: حيث غرف الولادة وقسم الخداج للأَطفال حديثي الولادة والذين لم يكتمل نموُّهم بعد.
5. أَمراض القلب.
6. الأَعصاب والدماغ.
7. العيون.

8. العناية الحثيثة (الفائقة).

9. الأَشعَّة وتوجد فيه جميع أَنواع التَّصوير الإِشعاعي. وهذا القسم مهمٌ جداً لأَنَّه يساعد الأَطبّاء على تشخيص المرض بشكلٍ صحيحٍ، ووصف الدواء المناسب له.

10. المختبرات الطبية: يتم إِجراء التحاليل الطبيَّة المختلفة على عينات الأَنسجة، والدم وسوائل الجسم الأُخرى.

وفي المستشفى أَيضاً أَكثر من مقصفٍ، حيث يستطيع الزائر أَن يشربَ الشاي والقهوة والعصير. كما يوجد محلٌ يبيع الزهور والبسكويت وأَنواع الشوكلاتة المختلفة والهدايا.

جون: هل هذا المستشفى حكوميٌّ؟

الموظَّف: نعم، هذا المستشفى لموظَّفي الدوائر والمؤسَّسات الحكوميَّة. ويستطيع أَيُّ شخصٍ مريض أَن يتعالج فيه ويدفع أُجرة الفحص وثمن الدواء.

مايكل: هل هو غالٍ؟

الموظَّف: لا، ليس غالياً، أَسعاره معقولة، أَمّا المستشفيات الخاصَّة فهي أَغلى بكثيرٍ.

مايكل: شكراً جزيلاً لك.. ونحن سُعداءُ لوجود هذا المستوى المتقدِّم من الطِّبِّ في الأُردنِّ.

الموظَّف: أَهلاً وسهلاً بكم.. مع السَّلامة.

كلماتٌ إضافيَّةٌ

جَرّاح - جِراحَة - عَمَلِيَّة جِراحِيَّة - غُرْفة عَمَلِيّات - طَبيب التَّخدير - مِلْقَط - مِقصٌّ - قُفّازات - كمّامة - تَعْقيم - غُرْزَة - غُرَز - نَزيف - رُضوض - اِسْتِئْصال - حَصْوَة - تَنْظير - غُرْفة الإِنْعاش - أَشِعَّة - أشعَّة مُلوَّنَة - حامِل - حَمْل - وِلادَة - قابِلة قانونِيَّة - عَمَلِيَّة قَيْصَرِيَّة - حاضِنة - مُخْتبَر - تَحْليل - فَحْص دَم - فَحْص بول - تَبَرَّع بِالدَّم - بنك الدَّم - فَحَصَ - كَشَفَ - تَشْخيص - سَرَطان - وَرَم حَميد - وَرَم خَبيث - عِلاجٌ كيماوِيٌّ - حُقْنَة - حُقَن - أَقْراص - شَراب - دُهون - كَسَرَ - جَبيرَة - جِبْس - دِماغ - أَعْصاب - جَرّاح أَعْصاب - حَجز غُرْفة - إِدْخال المَريض.

أَولاً: أجب عن الأَسئلة الآتية:

1. إِلى أَين ذهب طلّاب المستوى المتوسِّط؟

2. أَين أَوقفوا السَّيّارات؟

3. مَن كان في استقبالهم في المستشفى؟

4. ماذا زار الطلّاب في بداية جولتهم في المستشفى؟

5. ماذا يعالج قسم العظام في المستشفى؟

6. ما أَهمُّ الأَمراض الباطنيَّة؟

7. ما معنى (خداج الأَطفال)؟

8. هل مستشفى الجامعة الأُردنيَّة حكوميٌّ؟

____

9. هل هو غالٍ؟ لماذا؟

____

10. ما هي الخدمات التي يقدِّمها المستشفى للزائر؟

____

ثانياً: ضع دائرةً حول رمز الإِجابة الصَّحيحة:

1.في الأُردنِّ

أ. مستشفياتٌ حكوميَّةٌ فقط.   ب. مستشفياتٌ حكوميَّةٌ وخاصَّةٌ.

ج. مستشفياتٌ خاصَّةٌ فقط.

2. المستشفيات الحكوميَّة في الأردنِّ

أ. لموظَّفي الحكومة فقط.   ب. لموظَّفي الشَّركات والبنوك.

ج. لكلِّ المواطنين.

3. في المستشفيات الخاصَّة المرضى

أ. يدفعون للعلاج.   ب. يعالجون مجاناً.

ج. يدفعون ثمن الدواء فقط.

4. المستشفيات الحكوميَّة أَسعارها

أ. أَغلى من المستشفيات الخاصَّة.

ب. نفس سعر المستشفيات الخاصَّة.

ج. أَرخص من المستشفيات الخاصَّة.

5. قسم العناية الحثيثة في المستشفى خاصٌ

أ. بالحروق الخفيفة.

ب. بالعمليّات اليوميَّة.

ج. بالحالات المرضيَّة الصعبة.

6. يذهب طلّاب الجامعة للعلاج بعد السّاعة الخامسة مساءً إِلى

أ. قسم الطوارىء.

ب. بنك الدم.

ج. قسم الأَمراض الباطنيَّة.

7. في كلِّ مستشفى

أ. صالةٌ لعرض الأَفلام.

ب. مقصفٌ ومحلٌ لبيع الزهور والهدايا.

ج. ملعبٌ للأَطفال.

8. التَّصوير الإِشعاعيّ

أ. يساعد الطَّبيب على تشخيص المرض.

ب. يساعد المريض على المشي السَّريع.

ج. يساعد الصَّيدلانيّ على إِعطاء الدّواء المناسب للمريض.

ثالثاً: اكتب مرادف ما يلي من النَّصِّ:

- عَمَلِيَّة ____________ • مَعَ ____________
- زِيارَة جولة ____________ • أَذْهَبُ مَعَكُمْ أرافقكم ____________
- السَّريعَة مستعجلة ____________ • مَعْرِفَة ____________
- مَسْرورون ____________ • كَثيراً جزيلاً ____________

رابعاً: اكتب المعنى المضادِّ لما يلي من النَّصِّ:

- غادَرَ ____________ • خَرَجَ ____________
- عامٌّ ____________ • الْفَرْعِيُّ ____________
- انْتَهى ____________ • مُتَّفِقَة ____________
- النَّجاح ____________ • قَديم ____________
- خَطَأ ____________ • مُعافى ____________
- تُعَساء ____________ • نَظَرِيَّة ____________

خامساً: استخدم الكلمات الآتية في جملٍ توضِّح معناها:

مَيْدانِيَّة:

____

طَوارِىء:

____

فَحَصَ:

تَشْخيص:

عِلاج:

الْعِنايَة:

سادساً: اقرأ:

من الأَمراض المعروفة

الرَّشح أَو الزُّكام - اِلْتِهاب الْحَلْق - السُّعال - التهاب اللَّوزتين - الصُّداع - المَغص - التَسَمُّم الغِذائيّ - اِلْتِهاب المَفاصِل - اِلْتِهاب الرِّئَة - ضَغْط دم مُرْتَفِع - ضغط دم مُنْخَفِض - السُّكَّري - السَّرطان - ذَبْحَة صَدْرِيَّة - جَلْطَة دِماغِيَّة - سَكْتة دِماغِيَّة - موتٌ سَريريٌّ - سرطان الدم - فقر الدم - التهاب اللِّثَّة - تَسَوُّس الأَسْنان - فَشَل كُلَوِيٌّ - غسيل الْكُلى - فَقْر دم حَوْض البَحْر المُتَوَسِّط - تَضَخُّم القلب - ضُمور الرِّئة - هُبوط في القلب - قِصَر نَظَر - طول نَظَر - تَصْحيح نظر - قُرْحَة الْمَعِدَة - حَرَقة - حُموضَة - ضيق تنَفُّس - رَبْو - اِلْتِهابٌ رِئَويٌّ.

Track - 26

الاستماع

أولاً: استمع إِلى التَّسجيل، ثمَّ أَجب عن الأَسئلة الآتية:

1. مع أَيِّ فريقٍ يلعب مارك؟

2. ماذا حدث لمارك أَثناءَ المباراةِ؟

3. إِلى أَيِّ قسمٍ في المستشفى أُدخل مارك؟

4. ماذا فعل الطبيب لمارك؟

5. متى سيراجع مارك المستشفى؟

6. ماذا فعل طلّاب المستوى المتوسِّط؟

7. لماذا كان مارك مسروراً من زملائه؟

---

8. ما معنى (علاجٌ طبيعيٌّ)؟

ثانياً: أجب بـ (نَعَمْ أَوْ لا):

1. مارك هو حارس المرمى في فريق الجامعة لكرة القدم. (   )
2. سقط مارك على الأَرض فكسرت ساقه. (   )
3. ذهب مارك إِلى قسم الطوارئ في مستشفى الجامعة. (   )
4. نصح الطبيب مارك بالرّاحة التّامة وعدم الخروج من البيت. (   )
5. وصف الطبيب دواءً لمارك. (   )
6. زار طلّاب المستوى المتوسّط زميلهم (مارك) في شقَّته. (   )
7. لم يفرح مارك بزيارة زملائه. (   )
8. لم يدفع مارك تكاليف العلاج لأَنَّه طالبٌ في الجامعة. (   )

ثالثاً: استخدم ما يلي في جملٍ تامَّةٍ:

جَبيرَة:

أَشِعَّة:

فَريق:

مُباراة:

وَصْفَة الدَّواء:

طَبيب الطَّوارِئ:

سَيّارة الإِسْعاف:

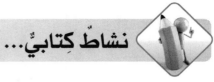

نشاطٌ كِتابيٌّ...

اكتب عن أَحد المستشفيات في بلدك...

تدريبات

تدريباتٌ على ما سبقتْ دراسته في النَّحو

التدريب (1): اقرأ النَّصَّ الآتي:

اِسْتَيْقَظَ أَحْمَدُ مِنْ نَوْمِهِ مُبَكِّراً، تَرَكَ سَريرَهُ، وَدَخَلَ إِلى الْحَمّام: اِغْتَسَلَ وَنَظَّفَ أَسْنانَهُ. ثُمَّ ذَهَبَ إِلى الْمَطبَخِ، حَضَّرَ قَهْوَتَهُ وَشَرِبَها، ثمَّ تناوَلَ فُطورَهُ. بَعْدَ ذلِكَ لبِسَ مَلابِسَهُ، وَجَهَّز حَقيبَتَهُ، وَأَخَذَ مِعْطفَهُ وَمِظلَّتَهُ؛ لِأَنَّ الْجَوَّ كان بارداً، وَ كانَتِ الغُيومُ كثيرَةً في السَّماءِ. حدَّث أَحْمَدُ نَفْسَهُ قائِلاً: لَعَلَّ المَطَرَ يَسْقُطُ اليوم، هذِهِ السُّحُبُ الْمُرْتَفِعَة في السَّماءِ تُسَبِّبُ المَطَرَ. هذا المَطَرُ يُنْبِتُ العُشْبَ الذي تَرْعاهُ الحَيَواناتُ.

خَرَجَ أَحْمَدُ مِنْ بَيْتِهِ في تَمامِ السّاعة الثامِنَةِ صَباحاً. اِشْتَرى صَحيفَةَ (الرَّأي) مِنَ المَكْتَبَةِ وَدَفَعَ ثَمَنَها. قَرَأَ في الجَريدَةِ أَهَمَّ الْأَخْبارِ، وقرأ أَيْضاً الإِعْلاناتِ، وَالصَّفْحَةَ الرِّياضِيَّة، كَما قَرَأَ حالَةَ الطَّقْسِ، وَحَرَكَة الطّائرات (القادِمَة والمُغادِرَة). في طَريقِهِ قابَلَ فَتاةً لَطيفَةً تَدْرُسُ مَعَهُ في نَفْسِ الجامِعَةِ. هذِهِ الفَتاةُ اِسْمُها مَيسون، هِيَ تدْرُسُ في كُلِّيَّةِ الصَّيْدَلَةِ. سارَ أَحْمَدُ بِرِفقةِ مَيسون حَتّى وَصَلا إِلى مَوْقِف الحافِلةِ. بَعْدَ نِصْفِ ساعَةٍ، وَصَلَتِ الحافلة. رَكِبَ أَحْمَدُ، رَكِبَتْ مَيسون.. وَصَعِدَ كُلُّ الرُّكّاب إِلى الحافلة الَّتي كانَ يَقودُها سائِقٌ ماهِرٌ. جَلَسَ أَحمد بِجانِبِ ميسون. فَتَحَ السّائق المِذياعَ، وَاسْتَمَعَ الرُّكّاب إِلى نَشْرَةِ الأَخبارِ الصَّباحيَّةِ. بَعْدَ ثلثِ ساعَةٍ تقْريباً،

تَوَقَّفتِ الحافلة. نَزَلَ أَحْمَدُ مِنَ الحافِلةِ، وَمَشى مَعَ ميسون إِلى كُلِّيَّة الصَّيْدَلة، وَبَعْدَ ذلِكَ تابَعَ طريقَهُ معَ زُمَلائِهِ إِلى كُلِّيَّةِ الهَنْدَسَةِ.

- أَعِدْ كتابة النَّصِّ السَّابق هكذا...

استيقظتُ من نومي مُبكراً ______________________________

التدريب (2): ضع دائرةً حول رمز الإِجابة الصَّحيحة، ثمَّ اكتبها في الفراغ:

1. سيسافر ______ إِلى بلادهم.

أ. الطّالب ب. الطّالبات ج. الطلّاب

2. ______ المعلِّمة على السَّبّورة كلَّ يومٍ.

أ. كتبَ ب. كاتبتْ ج. تكْتُبُ

3. إِنَّ العربيَّةَ ______ جميلةٌ.

أ. لغة ب. لغةٌ ج. لغةً

4. ______ المدرِّس عن أَسْئِلةِ الطلّاب.

أ. استجاب ب. ردَّ ج. أَجابَ

5. اشتريتُ ______ جديداً مِنَ الْمَكْتَبَةِ.

أ. كتابٌ ب. الكتاباً ج. كتاباً

6. ______ الفقرُ عيباً.

أ. إِنَّ ب. كأَنَّ ج. ليْسَ

7. ـــــــــــ عَليٌّ الكتابَ إلى مَكانِهِ.

أ. أعادَ　　ب. عادَ　　ج. استعادَ

8. ـــــــــــ مارْك وَمايْكِل عَنْ مَوْعِدِ الرِّحْلةِ إلى العَقَبَةِ.

أ. فَهِمَ　　ب. اِسْتَفْهَمَ　　ج. فَهَّمَ

9. يا سُعادُ ـــــــــــ مَكانُكِ لَوْ سَمَحْتِ.

أ. جلسَ　　ب. اِجلسْ　　ج. اِجْلِسي

10. ـــــــــــ الجامعاتُ كبيرةٌ.

أ. هؤُلاءِ　　ب. هذِهِ　　ج. ذلِكَ

11. ـــــــــــ إلى الجامعة أَمس.

أ. لا حَضَرْتُ　　ب. لَمْ أَحْضُرْ　　ج. لَنْ أَحْضُرَ

12. هؤلاء هُمُ المَنْدوبونَ ـــــــــــ وَصَلوا لِلْمُشارَكَةِ في الْمُؤْتَمَرِ.

أ. اللّواتي　　ب. الَّذين　　ج. اللَّذيْنِ

13. لَنْ ـــــــــــ إلى بلدي قبْلَ أَرْبَعَةِ شُهورٍ.

أ. سَأعودُ　　ب. عُدْتُ　　ج. أَعودَ

14. أَتمَنّى ـــــــــــ أَتكَلَّم اللُّغة العربيّة بِطلاقةٍ.

أ. أَنْ　　ب. أَنَّ　　ج. إِنَّ

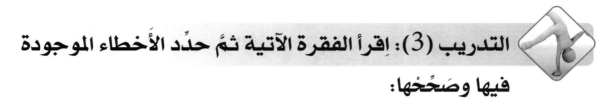

التدريب (3): اِقرأ الفقرة الآتية ثمَّ حدِّد الأَخطاء الموجودة فيها وصَحِّحْها:

ذهبوا طلّاب المستوى المتوسِّطة إِلى السوق. أَحمد اشترى واحد قميص، واِشْتَرَتْ فاطمة فستانً جميلاً. أَما كاترين فقد اشترت كتابَنْ العنوانه (السِّياحة في الأُردنِّ) وهو كتابٌ ممتعٌ لأَنَّها يحتوي على معلوماتاً عن كلِّ الأَماكن السِّياحيَّة المشهورة في الأُردنِّ. وبعد ساعتان، دخلوا الطلّاب إِلى المطعم، وتناولوا طعام الغداء، وكانوا مسرورون جداً.

	الخطأ	التصحيح
1.	ذهبوا	ذهب
2.		
3.		
4.		
5.		
6.		
7.		
8.		
9.		
10.		
11.		
12.		

التدريب (4): حوِّل الكلمة التي تحتها خطٌّ إلى صيغة الجمع، وغيِّر ما يحتاج إلى تغيير:

1. الْجامِعَةُ الأَمْريكيَّة جامعةٌ عريقةٌ.

____

2. هذا الْمُعَلِّمُ يَشْرَحُ الدَّرسَ جيداً.

____

3. السّائح زارَ الْأَماكِنَ الْأَثَرِيَّة.

____

4. كانَ الموظَّفُ غائباً أَمسِ.

____

5. الزَّهرةُ رائِحَتُها عَطِرَةٌ.

____

6. الشُّرْطيُّ يُنَظِّمُ حَرَكَةَ الْمُرورِ.

____

7. الْكِتابُ سِعْرُهُ مَعْقولٌ.

____

8. هذا هُوَ الضَّيْفُ الَّذي وَصَلَ قَبْلَ ساعَةٍ.

---

9. الشّارع مُزْدَحِمٌ بِالسَّيارات.

---

10. الأَجْنَبِيُّ يَتَعَلَّمُ اللُّغَةَ الْعَرَبِيَّةَ.

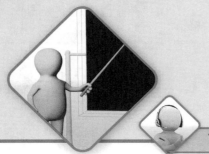

الدرس الرابع عشر

مدينة عَمّان

عمّان عاصمة المملكة الأُردنيَّة الهاشميَّة. وهي مدينةٌ قديمةٌ مشهورةٌ. ومن أَهمِّ أَسْمائِها: (رَبَّة عَمون) نِسْبةً إِلى العَمونِيِّين، الذين سكنوا فيها بعد هجرتهم من الجزيرة العربيَّة. و(فيلادلفيا) وهو الاسم الذي أَطلقه عليها أَحد نوّاب الإسكندر المقدونيِّ في نهاية القرن الرّابع الميلاديِّ. وفي نهاية القرن الخامس الميلاديِّ أَصبح اسمها (عمّان) ولا يزال مستعملاً حتّى الآن. سَمّاها العربُ المسلمون (مَعْدن

الحُبوب) أَيْ مَوْطِنَها. ونشطت فيها التِّجارة الزراعيَّة. غزاها المغول، وقتلوا كثيراً من أَهلها.

نزل فيها الأَمير عبداللَّه (الأَوَّل) بن الحسين، وأَسَّس إِمارة شرق الأُردنِّ في آذار عام 1921م، وأَمر بِبِناء قصر رَغَدان، واتَّخذ من مدينة عمّان عاصمةً للإِمارة.

استقلَّت عن بريطانيا عام 1946م، وتحوَّلت الإِمارة إِلى مملكةٍ، و سُمِّيت (المملكة الأُردنيَّة الهاشميَّة). أَصبحت بعد ذلك عُضواً في هيئة الأُمم المتَّحدة، وكذلك عضواً في جامعة الدّول العربيَّة.

ازداد عدد سكان عمّان بسبب الهجرة إِليها. وأَكبر هذه الهجرات كان عام 1948م؛ حيث هاجر إِليها عددٌ كبيرٌ من الفلسطينيِّين بعد أَنْ احتلَّ اليهود بلادهم.

تطوَّرت عمّان، وكثر فيها العمران، حتّى أَصبح عدد سكّانها حوالي مليونيْ نَسَمَة. وهي مدينةٌ ذات طابَعٍ حديثٍ: فيها فنادقُ فخمةٌ، ومطاعمُ كثيرةٌ، تتوزَّع بين المطاعم التي تقدِّم وجباتٍ من الأَكلات العربيَّة، وبين مطاعم الوجبات السَّريعة التقليديَّة مثل: الحُمُّص والفول والفلافِل. يضاف إِلى ذلك مطاعم الوجبات السَّريعة -خاصَّةً- الأَمريكيَّة منها مثل: ماكدونالدز وكنْتاكي، ومطاعم البيتزا. أَكثر الوجبات السَّريعة الَّتي يُفضِّلها الأَجانب هي الشّاورْما، والحُمُّص.

الجديد في عمّان أَيضاً كثرةُ المقاهي، الَّتي يرتادها معظم النّاس، ومن كلِّ الأَعمار: شبابٌ وشاباتٌ، رجالٌ ونساءٌ، كبار السِّنِّ، والأَطفال مع أُسَرِهِمْ. وأَصبح النّاس في الأُردنِّ يفضِّلون اللِّقاء في المقهى بدلاً من اللِّقاء في البيوت. هذا لا يعني أَنَّ عمّان كلَّها حديثةٌ. إِنَّ فيها القديم الرّائع من: بيوتٍ قديمةٍ، وأَسواقٍ شعبيَّةٍ.

من أَهمِّ الأَماكن الأَثريَّة في عمّان (المدرَّج الرّومانيُّ) وقد بناهُ الرّومان، وهو يتَّسع لِآلاف المُتفرِّجينَ، والذين كانوا يأتون لحضور حفلات المصارعة والمسرحيّات الرومانيَّة. وكذلك (القلعة) و (الرَّقيم) ويُنسَب إِلى الأَخير أَهل الكهف المذكورون في القرآن الكريم.

الأسئلة

أَولاً: أَجب عن الأَسئلة الآتية:

1. ما أَشهر أَسماء عَمّان القديمة؟

2. بماذا لَقَّب المسلمون عمّان؟

3. مَن هو مؤسِّس المملكة الأُردنيَّة الهاشميَّة؟

4. كم عدد سُكّان عمّان؟

5. ما أَهمُّ الأماكن الأثريَّة في عمّان؟

6. هل زرتَ عمّان؟ ماذا أَعجبك فيها؟

ثانياً: ضع علامة (✓) أو (×) أمام كلّ جملةٍ ممّا يلي:

1. أَقدم اسمٍ لمدينة عَمّان هو فيلادلفيا. (   )
2. العمونيّون هم قبائل عربيّة هاجرت من الجزيرة العربيّة. (   )
3. سمِّيت عمّان باسمها الحاليّ في بداية القرن الخامس الميلاديّ. (   )
4. قتل المغول عدداً كبيراً من السُّكان عندما غزوا عمّان. (   )
5. تأسَّست إمارة شرق الأُردنّ عام 1922م. (   )
6. استقلت الأُردنُّ عام 1946م وأَصبح اسمها (المملكة الأُردنيَّة الهاشميَّة). (   )
7. المدرج الرومانيُّ من أَهمِّ الأَماكن الأَثريَّة في عمّان. (   )
8. تعتبر عمّان الآن من أَجمل وأَحدث العواصم العربيَّة. (   )
9. تشتهر مدينة عمّان الحاليَّة بكثرة الفنادق الفخمة والمقاهي. (   )
10. يعيش حوالي ثلث سكّان الأُردنّ في مدينة عمّان. (   )
11. يفضِّل معظم سكّان عمّان أَن يتقابلوا في بيوتهم. (   )
12. تدخين النَّرجيلة من العادات الصِّحِّيَّة. (   )

ثالثاً: أكتب مرادف المفردات الآتية من النَّصِّ:

- مَعْروفَة ________ • سَمّاها ________
- آخِر ________ • مُسْتَخْدَم ________
- هاجَمَ ________ • سُكّانها ________
- أَنْشَأَ ________ • جَعَلَ ________
- تَقدَّمَ ________ • زادَ ________
- مُشاهِدونَ ________ • شَخْص ________

رابعاً: هات عكس معنى المفردات الآتية من النَّصِّ:

• أَحْدَث ____________ • يَذْهَبونَ ____________

• نِهايَة ____________ • اِسْتِقْلال ____________

• العُمْران ____________ • هَدَمَ ____________

• نَقَصَ ____________ • قَلَّ ____________

خامساً: أكمل الفراغ ممّا بين القوسين:

(الْكَرَك - أَثرِيَّة - إِرْبِد - مَعان - المَيِّت - الطَّفيلة - جَرَش - خاصَّة - حُكوميَّة - مَلَكِيٌّ - المسجد الحُسَيْنيُّ الكبير - العَقَبَة - البَتْراء - حمّامات)

1. البحر ____________ في غور الأُردنِّ.
2. جرش مدينةٌ ____________.
3. مِنْ أَهمِّ مدن جنوب الأُردنِّ ____________ و ____________ و ____________.
4. مدينة ____________ من أَكبر مدن الشَّمال في الأُردنِّ.
5. ____________ مدينةٌ منحوتةٌ في الصَّخر.
6. يذهب النّاس إلى ____________ ماعين للإِستشفاء.
7. ميناء ____________ في جنوب الأُردنِّ.
8. نظام الحكم في الأُردنِّ ____________.
9. من أَكبر المساجد في عمّان ____________.
10. في عمّان جامعاتٌ ____________ و ____________.

الصِّفَة:

الصِّفَة: اسم يَصِفُ اسماً قبله يُسمّى (مَوْصوفاً).

مثل: حَضَرَ الطّالب الجديدُ

- الطالبُ: موصوف
- الجديدُ: صفة

الصِّفة تتبع الموصوف في:

1. **الإِعراب** (رفع، نصب، جرّ)

   مثل: الأُردنُّ بلدٌ صغيرٌ. زرتُ بلاداً كثيرةً. كتبتُ بالقلمِ الجديدِ.

2. **التَّنكير والتّعريف**

   مثل: حضرَ طالبٌ جديدٌ. حضرَ الطالبُ الجديدُ.

3. **الإِفراد والتثنية والجمع**

   مثل: هذا عاملٌ نشيطٌ.

   هذانِ عاملانِ نشيطانِ.

   هؤلاءِ عمالٌ نشيطونَ.

4. **إذا كان الموصوف جمعاً لغير العاقل فغالباً ما تأتي الصِّفة كصِّفة المفرد المؤنَّث**

   مثل: اشتريتُ كتباً جديدةً من المكتبة.

   زُرْتُ بلاداً كَثيرَةً.

   أُشاهِدُ الأَخْبارَ المُصَوَّرَةَ على شاشة التِّلفاز كلَّ مساءٍ.

تدريب (1): ضع صفةً مناسبةً في الفراغ. اتَّبع المثال:

مثال: اشترى أَحمد قميصاً مُلوَّناً.

1. أَكلتُ تفاحةً ـــــــــــــــــــــــ.
2. سِرْتُ في شارعٍ ـــــــــــــــــــــــ.
3. عمّان مدينةٌ ـــــــــــــــــــــــ.
4. القدسُ مدينةٌ ـــــــــــــــــــــــ.
5. أَدرسُ في جامعةٍ ـــــــــــــــــــــــ.
6. أَلبسُ ثوباً ـــــــــــــــــــــــ.
7. الأَهراماتُ آثارٌ ـــــــــــــــــــــــ.
8. النِّفطُ ـــــــــــــــــــــــ مهمٌّ.
9. أَدرس في الجامعةِ ـــــــــــــــــــــــ.
10. أُحبُّ الطَّعامَ ـــــــــــــــــــــــ.
11. الفنادقُ ـــــــــــــــــــــــ كثيرةٌ في عواصم الدّول.
12. هيئةُ الأُممِ ـــــــــــــــــــــــ في مدينة نْيويوْرك.

تدريب (2): ضع كلَّ موصوفٍ ممّا يلي في المكان المناسب:

(مِسْطرة - سرير - المِبْراة - الفتاة - المسجد - الأَلفاظ - هديَّة - سيّارة)

1. نمتُ على ________ جديدٍ.
2. تختار ________ العربيَّةُ زوجها.
3. بريتُ القلمَ بـ ________ الحمراءِ.
4. حصلتُ على ________ ثمينةٍ.
5. سطَّرتُ بِ ________ طويلةٍ.
6. لا تستعمل ________ البذيئةَ في الكلامِ.
7. صلَّيتُ في ________ القريب من بيتي.
8. ركب أَخي ________ جديدةً.

تدريب (3): ثنِّ واجمع الجمل الآتية:

1. هذه مدينةٌ أَثريَّةٌ.

• مثنّى: ________ • جمع: ________

2. هذا مُدَرِّسٌ مُخْلِصٌ.

• مثنّى: ________ • جمع: ________

3. هذه قِصَّةٌ مُسَلِّيَةٌ.

• مثنّى: ________ • جمع: ________

4. هذا مَنْظَرٌ رائِعٌ.

• مثنّى: ________ • جمع: ________

تدريب (4): ضع صفةً تكون ضدّاً للصِّفة المذكورة، واكتب حركة الآخر:

مثال: جلستُ على مقعدٍ مريحٍ. • جلستُ على مقعدٍ متعبٍ.

1. قرأتُ قصةً طويلةً. ________
2. هذه بنتٌ جميلةٌ. ________
3. سافر الأَخُ الأَكبرُ. ________
4. هذا دَرْسٌ سَهْلٌ. ________
5. مرَّتْ سياراتٌ مسرعَةٌ. ________

6. فِلَسْطينُ دولةٌ مُسْتقِلَّةٌ. ________________

7. اِرْتفعَ عددُ السُّكّان اِرْتفاعاً كبيراً. ________________

8. دِمَشْقُ مدينةٌ قديمةٌ. ________________

9. اِشتريْتُ هديَّةً ثَمينةً. ________________

10. كان الاِجْتِماعُ مُمِلاً. ________________

استماع

Track - 28

أولاً: استمع إلى التَّسجيل ثمَّ أجب عن الأَسئلة الآتية شفوياً:

1 في أيِّ قارةٍ يقع الأُردنُّ؟

2. ما نظام الحكم فيه؟

3. كم عدد سكّان الأُردنِّ؟

4. ما هي اللُّغة الأُمّ للأُردنيّين؟

5. ما أهمُّ الأَقليّات الموجودة في الأُردنِّ؟

6. ما معنى تعليمٌ إلزاميٌّ؟

7. ما أَهمُّ صادرات الأُردنِّ؟

8. ما أَهمُّ واردات الأُردنِّ؟

9. ما أَهميَّة مدينة العقبة؟

10. هل وسائل الاتِّصالات متطورةٌ في الأُردنِّ؟ كيف؟

ثانياً: أَجبْ بـ (نَعَمْ أَوْ لا):

1. تحدُّ سوريا الأُردنَّ من الشَّمال. ( )
2. يقع خليج العقبة على شواطئ البحر الأَبيض المتوسِّط. ( )
3. تعمَّد السَّيد المسيح عليه السّلام في نهر الأُردنِّ. ( )
4. عدد سكان الأردنِّ حوالي خمسة ملايين نسمةٍ. ( )
5. يستورد الأُردنُّ السَّيّارات من أُوروبا الغربيَّة فقط. ( )
6. يستورد الأُردنُّ النِّفط من ليبيا. ( )
7. أَهمُّ صادرات الأُردنِّ: الفوسفات والسماد فقط. ( )
8. مطار الملكة علياء الدولي هو مطارٌ مدنيٌّ. ( )
9. يشتهر الأُردنُّ بالصِّناعات الخفيفة. ( )
10. في الأُردنِّ جامعاتٌ رسميَّةٌ وجامعاتٌ خاصَّةٌ. ( )

ثالثاً: استمع إِلى التَّسجيل مرةً ثانيةً ثمَّ اكتب جمع المفردات الآتية من النَّصِّ:

- سَفينَة: ______________ • أَقَلِّيَّة: ______________
- طائِرَة: ______________ • كُرْدِيّ: ______________
- بِضاعَة: ______________ • شَرْكَسِيّ: ______________
- دَوْلَة: ______________ • شيشانِيّ: ______________
- أُرْدُنِيّ: ______________ • ذَكَرٌ: ______________
- غَوْر: ______________ • أُنْثى: ______________

• دَجاجَة: ______ • بَقَرَة: ______

• صادِر: ______ • وارِد: ______

• مَحَطَّة: ______ • وَسيلَة: ______

• ساكِن: ______ • مادَّة: ______

رابعاً: تحدَّث عن بلدك مستخدماً المفردات الآتية:

زراعَة - صِناعَة - اِسْتيراد - تَصْدير - سِياحَة - اِتِّصالات - سُكّان - مِساحَة - ميناء - لُغَة - مَوْقِع - ثَقيلَة - خَفيفَة.

نشاطٌ كِتابيٌّ: هل زرت الأردنَّ؟

1. إِذا كان الجواب نعم، ما أَكثر شيءٍ أَحْبَبْتَهُ في الأُردنِّ؟
2. إِذا كان الجواب لا، اكتب ما سمعتَ أَو قرأتَ أَو شاهدتَ عن الأُردنِّ.

الدرس الخامس عشر

مدينة القدس

Track - 29

من المدن المعروفة منذ أقدم عهود التّاريخ، سُمِّيت بأَسماءَ كثيرةٍ أَقدمها (أُوروشاليم) نسبةً إِلى الإِله (شالم) أَي إِله السَّلام عند الكنعانيّين. و(يَبوس) نسبةً إِلى اليبوسيِّين، سكّان القدس الأَصليِّين؛ وهم من القبائل الكنعانيَّة الَّتي هاجرت من الجزيرة العربيَّة، وسكنت المدينة لفترةٍ زمنيةٍ طويلةٍ. و(ايليا كابيتولينا) وهو

الاسم الرومانيُّ للمدينة. ثمَّ سمِّيت بيت المقدس أَو القدس في العهد الإِسلاميِّ.

استمرَّت سيطرة العبرانيِّين على مدينة القدس في عهد داود -عليه السَّلام- إِلى أَنْ فتحها نبوخذ نصَّر سنة (586 ق.م) ودمَّرها، ونقل السُّكّان اليهود إِلى بابل في العراق. سمح الملك قورش الفارسيُّ لهم بالعودة إِلى القدس سنة (568 ق.م)، وأَمر بإِعادة بناء الهيكل. ثمَّ فتحها الإِسكندر المقدوني سنة (332 ق.م). وفي عام (165 ق.م) دُمِّر الهيكل. دخلها الرّومان عام (76 ق.م) وفتحها المسلمون زمن الخليفة عمر بن الخطّاب (رضي الله عنه) عام 636 م.

كتب عمر (رضي الله عنه) وثيقة الأَمان لسكّان القدس من النَّصارى، هذه الوثيقة معروفةٌ بـ (العهدة العمريَّة). حانَ وقت الصَّلاة وعمر في كنيسة القيامة، فطلب منه بطريرك القدس أَنْ يصلِّيَ في الكنيسة، ولكنَّ عمر رفض، وصلّى في مكانٍ مقابلٍ للكنيسة؛ حيث بُنيَ فيما بعد في هذا المكان (مسجد عمر بن الخطاب)، ولا يزال موجوداً في القدس.

القدس هي القِبلة الأُولى للمسلمين، ثمَّ تحوَّلت القبلة إِلى الكعبة المشرَّفة في مكَّة المكرَّمة. هذا وقد أَسرى اللّه تعالى بنبيِّه محمَّدٍ (صلّى اللّه عليه وسلَّم) ليلاً من مكَّة إِلى المسجد الأَقصى في القدس، ومنها عرج إِلى السَّماء. وفي هذه الليلة فرض اللّه الصَّلاة على المسلمين.

قال تعالى: ﴿سُبْحانَ الذي أَسْرى بِعَبْدِهِ لَيْلاً مِنَ المَسْجِدِ الحَرامِ إلى المَسْجِدِ الأَقْصى الّذي بارَكْنا حَوْلَهُ لِنُرِيَهُ مِنْ آياتِنا...﴾.

مِنْ أَهَمِّ المُقَدَّساتِ فيها:

1. المسجد الأَقصى المُبارَك: وهو مَسْرى رسول اللّه محمدٍ (صلّى اللّه عليه وسلَّم).

2. قبّة الصَّخرة المُشرَّفة: وهي المكان الذي عَرَجَ (صعد) منه الرسول (صلّى اللَّه عليه وسلَّم) إلى السَّماء.

3. مسجد عمر بن الخطاب (رضي الله عنه). (الجامع العُمَرِيُّ).

4. كنيسة القيامة: بنتها الملكة هيلانة، أُمُّ قسطنطين عام 335 م. أَحرقها الفرس عندما غزوا فلسطين، وأُعيد بناؤُها فيما بعد. يحجُّ إِليها المسيحيّون كلَّ عامٍ من جميع أَنحاء العالم.

5. كنيسة الجُثمانِيَّة: بُنيت عام 1924م، وتقع في وادي قدرون خارج باب الأَسباط.

6. دَرْب الصَّليب (طريق الآلام): وهي الطَّريق الَّتي يعتقد أَنَّ السَّيد المسيح عليه السَّلام سلكها حاملاً صليبه عندما ساقه الجنود الرّومان للصَّلب، بعد أَن حكمَ عليه الوالي الرّومانيُّ بالموت. وأَصبح تقليداً عند المسيحيِّين منذ القرن الرابع عشر؛ ففي كلِّ سنةٍ يقوم المسيحيّون بِمَسيرةٍ تبدأ بالجثمانيَّة (خارج السّور) وتنتهي في كنيسة القيامة (داخل السّور في القدس القديمة).

أَهمُّ ما يراه الزّائر هو سور المدينة؛ الذي يحيط بالقدس القديمة. ويعود بناء هذا السّور إِلى عدَّة فتراتٍ تاريخيَّةٍ. وللقدس سبعة أَبوابٍ أَشهرها: باب العامود (باب دمشق) وهو أَحد مداخل مدينة القدس الرَّئيسة. ويعود بناؤه إِلى العهد الرّومانيّ.

الأسئلة

أولاً: أَجب عن الأَسئلة الآتية:

1. ما أَشهر أَسماء القدس القديمة؟

2. ما أَهمُّ الأَماكن المقدَّسة عند المسلمين في القدس؟

3. ما أَهمُّ الأَماكن المقدَّسة عند المسيحيِّين في القدس؟

4. ما معنى (القدس هي القبلة الأُولى للمسلمين)؟

5. ما معنى (الإِسراء والمعراج)؟

6. مَنْ بنى كنيسة القيامة؟

7. ما أَشهر أَبواب القدس القديمة؟

8. لماذا رفض عمر بن الخطاب (ض) أَن يصلي في كنيسة القيامة؟

ثانياً: ضع علامة (✓) أَو (×) أَمام كلِّ جملةٍ ممّا يلي:

1. أَقدم اسم للقدس هو أُوروشاليم. (   )
2. أُوروشاليم تعني الحرب. (   )
3. اليبوسيّون هم سكّان القدس الأَصليّون. (   )
4. هدَم نبوخذ نصَّر الهيكل عام 586 ق. م. (   )
5. أَعاد الملك قورش الفارسيُّ بناء الهيكل. (   )
6. صلّى عمر بن الخطاب في كنيسة القيامة. (   )
7. تقع كنيسة الجُثمانيَّة خارج سور القدس القديمة. (   )
8. تقع كنيسة القيامة خارج السور أَيضاً. (   )
9. يحجُّ المسيحيّون من كلِّ العالَم إِلى كنيسة المهْدِ في مدينة بيت لحْم. (   )
10. فُرضَتِ الصَّلاة على المسلمين ليلة الإِسراء والمعراج. (   )
11. حكمَ المسلمون القدس قبل الرّومان. (   )
12. طريق الآلام تبدأ من كنيسة القيامة، وتنتهي في كنيسة الجثمانيَّة. (   )
13. تُسَمّى مدينة القدس (أَرض الإِسراء والمعراج). (   )
14. لمدينة القدس ثمانية أَبوابٍ. (   )

ثالثاً: اكتب مرادف ما يلي من النَّصّ:

- عَشائِر: ________
- رَحلَتْ: ________
- زَمَن: ________
- القُدْس: ________
- الْعَصْر: ________
- الرُّجوع: ________
- شيَّد: ________
- صَعِدَ: ________
- وجْهَة: ________
- حُكْم: ________
- الْبَعيد: ________
- رضيَ الله عنهُ: ________
- اِحْتَلَّ: ________
- كلُّ العالَم: ________
- طَريق: ________
- مشى: ________
- قادَ إلى: ________
- عادَة: ________
- بَناهُ مَرَّةً ثانيةً: ________
- جاءَ وَقْتُ الصَّلاةِ: ________

رابعاً: اكتب عكس الكلمات الآتية:

- توقَّفتْ: ________
- بَنى: ________
- رفَضَ: ________
- حَرْب: ________
- أَحْدَث: ________
- مَخارِج: ________
- تَبْدَأ: ________
- نَزَلَ: ________
- فَرْعِيّ: ________
- الأَخيرة: ________

خامساً: رتِّب المفردات الآتية لتكوِّن جملاً مفيدةً:

1. الْأَنبياءِ - الْقُدْسُ - أَرْضُ.

2. عُمَرَ بن الخَطّاب - الْمُسْلِمونَ - فَتَحَ - عَهْدِ - في - الْقُدْسَ.

3. الْمَلِكُ - أَمَرَ - الْفارِسِيُّ - قورَش - بِناءِ - الْهَيْكَلِ - إِعادَة - بِـ .

4. الْأُولى - الْمُسْلمينَ - الْقُدْسُ - قِبْلَةُ - هِيَ.

5. الْقِيامَةِ - في - كَنيسَةُ - القُدْسِ.

6. بَيْتِ لَحم - في - الْمَهْدِ - مَدينَةِ - كَنيسَةُ.

7. الْأَقْصى - الصَّخْرةِ - مِنَ - الْمُقَدَّساتِ - الْمَسْجِدُ - الإِسْلامِيَّةِ - وَ - قُبَّةُ.

سادساً: استخدم ما يلي في جملٍ مفيدةٍ:

أَسْرى:

_____

عَرَجَ:

_____

كَنيسَة الْقِيامَة:

_____

هَيْكَلُ سُلَيْمانَ:

_____

الْاِحْتِلال:

_____

يَحُجُّ:

_____

دَمَّرَ:

_____

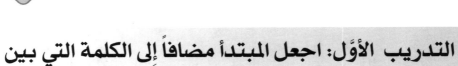

مراجعة (الإضافة - النَّواسخ):

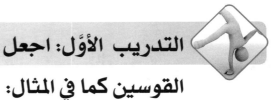

التدريب الأوَّل: احجعل المبتدأ مضافاً إلى الكلمة التي بين القوسين كما في المثال:

مثال: القواعِدُ قد تكونُ صعبَةً على الطُّلّاب. (النَّحْوِ)

قواعدُ النَّحْوِ قد تكون صعبةً على الطُّلّاب.

1. البيتُ بعيدٌ عن الجامعة. (الطّالب)

---

2. القُبَّةُ قريبةٌ من المسجد الأَقصى. (الصَّخرة)

---

3. الكنيسةُ مقدَّسةٌ عند المسيحيِّين. (القيامة)

---

4. المدينةُ القديمةُ مُحاطةٌ بسورٍ مرتفعٍ. (القدس)

---

5. الكنيسةُ موجودةٌ في بيت لحم. (المَهْد)

---

6. المدينةُ تَسَلَّم مفاتيحها الخليفة عمر بن الخطاب (ض). (القدس)

---

7. البابُ هو أَحد المداخل الرَّئيسة لمدينة القدس. (العامود)

---

8. الرَّسولُ -محمد- عرجَ إِلى السَّماء مِن مدينة القدسِ. (اللّه)

---

9. اللُّغة هي اللُّغة العربيَّة. (القرآن)

---

10. المركز في الجامعة الأُردنيَّة. (اللُّغات)

---

11. الأَهرامات في مِصْرَ. (الفراعنة)

---

12. الحضارة في العراقِ. (الأَشوريِّينَ)

التدريب الثّاني: احجعل الكلمة التي بين القوسين خبراً مضافاً في جملةٍ من عندك كما في المثال:

مثال: (المدينة)   هذه مدينةُ القدسِ.

(الْمِفْتاح)

(الْجامِعَة)

(السّور)

(الْمَطْعَم)

التدريب الثّالث: اجعل الكلمة التي بين القوسين مضافةً إلى المبتدأ مع تغيير ما يلزم كما في المثال:

المثال: الطِّفلان مريضان. (والدةُ)

والدةُ الطِّفلَيْنِ مريضةٌ.

1. المدينتانِ مُرْتَفِعَتانِ. (سورُ)

____

2. الموظفونَ جالسونَ خلفَ مكاتبهم. (مديرُ)

____

3. المسافرونَ قادمونَ. (طائرةُ)

____

4. الجنديّان واقفانِ بجانب السّور. (سيّارة)

____

5. المسلمونَ يصلُّونَ في المسجد الأقصى. (رجالُ)

____

6. السُّيَّاحُ موجودونَ في القدس. (دَليلُ)

____

التدريب الرّابع: أَدخل النّاسخ الذي بين القوسين على الجمل الآتية كما في المثالين الآتيين:

مثال(1) القدسُ مدينةٌ قديمةٌ. (إِنَّ)

إِنَّ القدسَ مدينةٌ قديمةٌ.

مثال(2) حسامٌ طبيبٌ مشهورٌ. (أَصبحَ)

أَصبح حسامٌ طبيباً مشهوراً.

أ. سورُ القدسِ قائمٌ إِلى يومنا هذا. (ما زالَ)

ب. القدسُ قِبلةُ المسلمين الأُولى. (كانت)

ج. الشّوارعُ مزدحمةٌ بالسّياراتِ. (صار)

د. هذا الكلامُ مفيدٌ. (ليتَ)

هـ. الغائبُ عائدٌ. (لعلَّ)

و. الماءُ مرآةٌ. (كأنَّ)

ز. الفقرُ عيبٌ. (ليس)

ح. المتحفُ الإِسلاميُّ موجودٌ في القدس. (ما زال)

ط. القدسُ مهدُ الدِّيانات السَّماويَّة. (إِنَّ)

الاستماع

Track - 30

أولاً: استمع إِلى التَّسجيل، ثمَّ أَجب عن الأَسئلة الآتية:

1. مَن الذي بنى سور القدس؟

2. مَن الذي أَعاد بناء هذا السّور؟

3. ماذا يسمّى باب العامود؟

4. أَين توجد خريطة الفسيفساء؟

_____

5. بِماذا يُسَمّي الغَرْبُ (باب السّاهِرَة)؟

_____

6. أَين يقع باب الأَسْباط؟

_____

7. ما اسم أَصغر بابٍ في القدس؟

_____

8. ماذا يسمّي الغرب باب النبي داوود؟

_____

9. أَين يقع باب الخليل؟

_____

10. متى بُنِيَ الباب الجديد؟

_____

ثانياً: استمع إِلى التّسجيل مرةً ثانيةً، ثمَّ املأ الفراغ بما هو مناسب:

والباب قوس ________ يرتكز على ________ من الحجارة ________
وقد ________ عمود داخل ________ في أَيام ________ هادريانوس
________ ويظهر العمود في ________ الفسيفساء التي ________
عليها في كنيسة ________ في ________.

وقد ________ هذا العمود حتّى ________ الإِسلاميّ. ولذلك
________ العرب الباب ________ وكان ________ قبل ذلك
________ ________.

ثالثاً: استخدم الكلمات الآتية في جملٍ توضِّح معناها:

سور: ____

أَبْواب: ____

يُحيطُ: ____

يَرْتَكِزُ: ____

قَوْس: ____

خَريطَة: ____

حائِط: ____

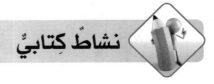

نشاطٌ كِتابيٌّ

اكتب ما تعرفه عن مدينةٍ قديمةٍ قمت بزيارتها......

_____

_____

_____

_____

_____

_____

_____

_____

_____

_____

_____

_____

_____

_____

_____

_____

الدرس السادس عشر

مدينة صَنْعاء

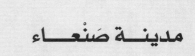

Track - 31

هي عاصمة الجمهوريَّة العربيَّة اليمنيَّة. وهي في الواقع مدينتان منفصلتان: المدينة القديمة، وقد اشتهرت بمنازلها المتعدِّدة الطوابق، والتي تصل أَحياناً إِلى سبعة طوابق، حسب الحالة الاقتصاديَّة والاجتماعيَّة لصاحب البيت. ارتبط اسم صنعاء ببناء القصور، والبيوت المتعدِّدة الطوابق؛ لأَنَّ ملوك اليمن كانوا يسكنون فيها. يحيط بصنعاء القديمة سورٌ قديمٌ. وقد أُعيد تجديده أَكثر من مرَّةٍ خلال العهود

الإِسلاميَّة المختلفة الَّتي مرَّت على اليمن. كان للسّور اثنا عشر باباً. ولم يبقَ منها إلّا (باب اليمن). في داخل هذا السّور، نجد أَكثر الأَسواق التَّقليديَّة، وهي مزدحمةٌ بالنّاس دائماً. واشتهرت صنعاء بجودة منتوجاتها النَّسيجيَّة، بالإِضافة إِلى صناعة السُّيوف، والخناجر المرصَّعة بالجواهر، هي وأَغمدتها أَيضاً. وكذلك صناعة الجلود. كُلُّ ما فيها هو صورة من الحضارة العربيَّة الإِسلاميَّة القديمة.

أَمّا المدينة الحديثة فتقع خارج السّور، والمنازل فيها حديثةٌ ذات طابعٍ أُوروبيٍّ، وفيها الجامعة الجديدة، والمستشفيات الحديثة، وخطوط الماء والكهرباء والصرف الصحيِّ، والطرقات الواسعة. وهذه المدينة تعكس الحضارة العربيَّة المعاصرة.

يعود تاريخ صنعاء إِلى القرن السّادس قبل الميلاد. كان اسمها (أَزال)، ولمّا نزل فيها الأَحباش، ورأوا مبانيها المشيَّدة من الحجارة! قالوا: هذه صنعة، ومعناها بلغتهم (حصينة)، وسُمِّيتْ بذلك صنعا أَو صنعاء كما نعرفها اليوم.

في صنعاء أَعلى قمَّةٍ جبليَّةٍ في اليمن، وشبه الجزيرة العربيَّة، وهي قمة (جبل النبيِّ شعيب).

بقيت عاصمة لليمن الشَّمالي حتى عام1990م. أَصبحت عاصمة الجمهوريَّة العربيَّة اليمنيَّة، بعد أَن تمَّ توحيد اليمن في 22 أَيّار عام 1990م.

تمتاز مدينة صنعاء القديمة بأَنَّها هي المدينة العربيَّة الإِسْلاميَّة الوحيدة التي بقيت على حالتها الأَصليَّة إِلى اليوم. ودراسة صنعاء القديمة اليوم تعطينا فكرةً عن نوع الحياة اليوميَّة في المجتمع الإِسلاميِّ، وترشدنا إِلى طبيعة العلاقات بين الأَفراد والمبادىء والقيم التي حكمت حياتهم.

يعمل كثيرٌ من سكان صنعاء في المدينة القديمة، ويسكنون في المدينة الحديثة. وهذا يُؤكد على حبِّ العرب للعلم والتطوُّر، والاحتفاظ -في الوقت نفسه- بالقديم.

أَولاً: أَجب عن الأَسئلة الآتية:

1. ما الذي يفصل بين صنعاء القديمة وصنعاء الحديثة؟

2. ماذا يوجد داخل المدينة القديمة؟

3. ما الذي يميز صنعاء القديمة عن غيرها من المدن الإِسلاميَّة؟

4. بِمَ تمتاز صنعاء الحديثة؟

5. متى تمَّ توحيد اليمن؟

6. هل زرت مدينةً فيها أَسواقٌ قديمةٌ؟

ثانياً: ضع علامة (✓) أو (×) أمام كلِّ جملةٍ ممّا يلي:

1. صنعاء القديمة وحدها هي النموذج الحيُّ للمدينة الإِسلاميّة القديمة. ( )
2. هناك مدنٌ عربيّةٌ إِسلاميّة كثيرة بقيت كما هي منذ القدم حتّى اليوم. ( )
3. المنازل في صنعاء القديمة ذات طرازٍ فريدٍ. ( )
4. دراسة صنعاء القديمة لا تعطينا فكرةً عن نوع الحياة اليوميّة في المجتمع الإِسلاميِّ القديم. ( )
5. بقاء صنعاء القديمة على حالتها الأَصليّة حتّى اليوم دليلٌ على احتفاظ أَهلها بشخصيَّتهم المميَّزة. ( )
6. يعود تاريخ صنعاء إِلى القرن العاشر قبل الميلاد. ( )
7. غيَّر الأَحباش اسم المدينة إِلى صنعاء. ( )
8. أَهمُّ منتوجات صنعاء: النسيج والجلود، وصناعة الخناجر رخيصة الثَّمن. ( )
9. قمَّة جبل النبيِّ شعيب، هي أَعلى قمَّةٍ في إِفريقيا. ( )

ثالثاً: املأ الفراغ فيما يلي بالمفردات والعبارات المناسبة:

دليل سياحيٍّ - فريدة - الطّابع - شبكة الصَّرف الصحّيِّ - العلاقات المشتركة - المدنيَّة.

1. تحاول الدول دائماً المحافظة على ________ بينها.
2. يحتاج السُّيّاح غالباً إِلى ________ عند زيارتهم للأَماكن الأَثريَّة.
3. يستطيع زائر مدينة دمشق أَن يلاحظ ________ الإِسلاميَّ فيها بشكلٍ واضحٍ.

4. تحتاج كل مدينة إِلى أَنابيب للمياه ونظام جمع القمامة ________.

5. ليس هناك تعارض بين الأَصالة القديمة و ________ الحديثة.

6. البيوت في صنعاء القديمة ________ من نوعها؛ فليس هناك ما يشبهها في العالم كلِّه.

رابعاً: أُكتب مرادف ما يلي من النَّصّ:

- في الحقيقة: ________
- منازل: ________
- طِراز: ________
- البُنْية التَّحْتِيَّة: ________
- حديثة: ________
- لم تتغيَّرْ: ________
- سيطرت على: ________
- نوع: ________
- يشتغل: ________
- يُقيمونَ: ________

خامساً: أُكتب عكس معنى ما يلي من النَّصّ:

- في الخيال: ________
- مُتَّصل: ________
- ضيِّقة: ________
- قديمة: ________
- قليل: ________
- كُرْه: ________
- الجَهْل: ________
- تغيَّرتْ: ________

أَدوات الرَّبط:

أَهمُّ أَدوات الرَّبط:

1. الواو:

ذهبتُ في العطلة إِلى البحر الميّت، سَبَحْتُ هُناكَ وَاسْتَمْتَعْتُ بِالجَوِّ الدّافىء.

2. الفاء:

أَدخلُ بيتي فَأَخلع حذائي، ثمَّ أَغسل وجهي وقدميَّ.

3. ثمَّ:

أَنهيتُ كتابة التَّقريرِ ثمَّ غادرْتُ مَكْتَبي.

4. حتَّى:

حضر كلُّ المدعُوِّين إِلى الحفلة حتّى كبار السِّنِّ منهم.

5. أَوْ:

سوف يَنْتهي المُؤْتمَرُ اليوم أَوْ غداً على الأَكثر.

اِلْتزِمْ بِمَواعيدِ الْعَمَلِ الرَّسْمِيَّةِ أَوِ اُتْرُكِ الفُرْصَة لِغَيْرِكَ.

6. أَمْ:

أَتريدون الامتحان شفوياً أَمْ كتابياً؟

7. إِمّا:

إِمّا أَنْ تدْفعَ الفاتورة أَو يُفْصَلَ عَنْكَ التَّيّار الكَهْرَبائيُّ.

8. أَمّا:

أُمّي رَبَّةُ بيتٍ أَمّا أَبي فهُوَ طبيبٌ.

9. لكنَّ:

هذا الطّالب ذكيٌّ لكنَّه يغيبُ كثيراً.

10. إلّا أنَّ / غير أنَّ / بَيْدَ أنَّ:

حاولتُ أَنْ أذهب إِلى الامتحان، إلاَّ أَنَّ الْمَرَضَ مَنَعَني.

انتظرت صديقي ساعَتَيْنِ في المطعم غَيْرَ أنَّه لم يحضرْ.

11. إذا / إذْ:

فتحتُ الباب فإِذا بأُمّي تَنْتَظِرُني.

تدريب (1): اربط العبارات الآتية مستخدماً (مع أَنَّ) مع تغيير ما يلزم كما في المثال:

مثال: جدّي نشيط / كبير السّن.

جدّي نشيطٌ مع أَنَّه كبير السِّنِّ.

1. قرأتُ الكتاب في ليلةٍ واحدةٍ / صفحاته كثيرة.

2. استيقظت لانا متأخِّرةً / نامت مبكِّرة.

3. الفندق مزدحمٌ / بعيد عن وسط المدينة.

4. نجح الطُّلّاب في الامتحان / الامتحان صعب.

5. اشتريت أَربعة حقائب / ثمنها مرتفع.

6. ذهبتُ إِلى العمل / أَنا مريض.

7. أُحبُّ دراسة العربيَّة / العربيَّة صعبة.

8. لا أَتكلَّم العربيَّة جيداً / درستُ العربيَّة لمدة عام.

9. يتكلَّم جون العربيَّة بِطَلاقَة / جون أَمريكيٌّ.

10. الأُمُّ سعيدةٌ بأَولادها / الأُمُّ تتعب كثيراً.

تدريب (2): اربط الجمل التّالية باسمٍ موصولٍ مناسبٍ كما في المثال:

المثال: هؤلاء موظَّفات. الموظَّفات يعملن في الشَّركة.
هؤلاء هنَّ الموظَّفات اللّواتي يعملن في الشَّركة.

1. هذا طالبٌ. الطّالب يدرس في مركز اللُّغات الحديثة.

____

2. هاتان معلِّمتان. المعلَّمتان تدرِّسان العربيَّة للأَجانب.

____

3. هذه هدايا. الهدايا اشتريتها أَمس من وسط البلد.

____

4. هؤلاء مدراء الشَّركات. المدراء يجتمعون في الفندق.

____

5. هذه أُمٌّ. الأُمُّ تربِّي رجال المستقبل.

____

6. هذا رَجُلٌ. الرَّجل انتظرته طويلاً.

____

7. هذا كتابٌ. الكتاب قرأته ليلة أَمس.

____

8. هذا سؤالٌ. السُّؤال صعب لم أَعرف إِجابته.

____

تدريب (3): ضع (قبل، بعد) في المكان المناسب:

1. أَطْرُقُ الْبابَ ________ أَنْ أَدْخُلَ.
2. أَغسلُ يَدَيَّ ________ الْأَكْل و ________.
3. أَغْسِلُ قَدَمَيَّ ________ أَنْ أَنَامَ.
4. ﴿لِلَّهِ الْأَمْرُ مِنْ ________ وَمِنْ ________﴾.
5. سَأُسافِرُ إِلى مِصْرَ ________ بِدايَةِ الْفَصْلِ الدِّراسِيِّ الثّاني.
6. أَدْفَعُ الأُجْرَةَ ________ أَنْ أَنْزِلَ مِنْ سَيّارة الْأُجْرَةِ.
7. يجب عليك أَن تُؤكِّد الحجز ________ السَّفر.
8. فَهِمَ الطُّلّاب الدَّرْسَ ________ أَنْ شَرَحَهُ الْمُدَرِّسُ.

تدريب (4): اقرأ الجمل الآتية ولاحظ استخدام (بالرُّغم من) و(رغم أَنَّ):

1. **بالرُّغم من** خروج الأُمِّ العربيَّة للعمل، إِلّا أَنَّها تجد وقتاً لتربية أَطفالها ورعايتهم.
2. وصلنا إِلى الجامعة في الوقت المحدد **بالرُّغم من** برودة الجوِّ.
3. وصلنا إِلى الجامعة في الوقت المحدد **رغم أَنَّ** الجوَّ كان بارداً وماطراً.
4. الفقر موجودٌ في بعض دول الخليج **بالرُّغم** من وجود النِّفط.
5. يوجد في الشَّرق الأَوسط أَخطاءٌ طبِّيَّةٌ كثيرةٌ **بالرُّغم من** تقدُّم الطِّبِّ في العالَم.
6. خرجت المرأة العربيَّة إِلى العمل **بالرُّغم من** معارضة الرَّجل لها.
7. الحياة في الشَّرق الأَوسط ممتعةٌ **بالرُّغم من** الأَوضاع السياسيَّة المتقلِّبة.
8. مشكلة الإِرهاب العالميِّ تكبر يوماً بعد يومٍ **رغم أَنَّ** معظم دول العالم قد تحالفت عسكرياً وسياسياً على محاربته أَينما وُجِدَ.

تدريب (5): اِربط العبارات الآتية مستخدما (كي / لِكي) وغيِّر ما يلزم:

1. يأكل الإِنسان / يعيش الإِنسان.

2. أَدرس اللُّغة العربيَّة / أَعمل في الشَّرق الأَوسط.

3. حضر السّائح إِلى الأُردنِّ / يزور السّائح مدينة البتراء.

4. أَزور البلاد العربيَّة / أَتعرَّف على العادات والتَّقاليد.

5. أَشتري الكتاب / أَذهب إِلى المكتبة.

6. المسلم يدرس العربيَّة / يقرأ المسلم القرآن الكريم، ويفهم أُمور الدِّين الإِسلاميِّ.

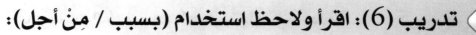

تدريب (6): اقرأ ولاحظ استخدام (بسبب / مِنْ أجل):

1. تأخَّرتُ اليوم عن المحاضرة بسبب ازدحام الشّوارع بالسّيارات.
2. يموت كثيرٌ من الأَطفال في العالم بسبب الفقر.
3. لم نذهب اليوم إِلى الجامعة بسبب تساقط الثُّلوج.
4. كلُّ إِنسانٍ يحبُّ وطنه ويضحِّي من أَجله.
5. اجتمع مجلس النّواب اليوم من أَجل انتخاب رئيسٍ للمجلس.
6. توافدت شخصياتٌ عالميَّةٌ مهمةٌ على العاصمة السويسريَّة من أَجل المشاركة في حفل التوقيع على اتِّفاقيَّة جنيف.
7. تضحِّي الأُمُّ براحتها من أَجل سعادة أَولادها.

استماع

Track - 32

أَولاً: استمع إِلى التَّسجيل، ثمَّ أَجب عن الأَسئلة الآتية:

1. مَنْ هي بلقيس؟

____

2. في أَيِّ قارةٍ تقع اليمن؟

____

3. كم سنةً حكمت بلقيس؟

4. كيف عاش أَهل اليمن في عهد بلقيس؟

5. ما أَهمُّ صفات بلقيس؟

6. ماذا يوجد في مدينة تدمر السوريَّة؟

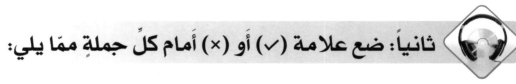

ثانياً: ضع علامة (✓) أَو (×) أَمام كلِّ جملةٍ ممّا يلي:

1. بلقيس هي أَجمل وأَشهر ملكات اليمن. ( )
2. بنى والد بلقيس سدَّ مأرب. ( )
3. كانت بلقيس ضعيفة الشخصيَّة. ( )
4. كانت بلقيس غايةً في الجمال والذكاء. ( )
5. وردت قصة بلقيس مع سليمان (عليه السَّلام) في سورة النَّمْل. ( )
6. اكتُشِفَ تابوت بلقيس في عهد عبد الملك بن مروان. ( )
7. كانت بلقيس وقومها يعبدون الشَّمس. ( )

ثالثاً: استخدم الكلمات الآتية في جملٍ توضِّح معناها:

تولَّى:

_____

عهد:

_____

سَدّ:

_____

تابوت:

_____

مَقْبَرَة:

_____

نشاطٌ كِتابيٌّ.....

كيف يؤثِّر الوضع الاقتصادي سلباً على الأُسرة اليمنيَّة.

الدرس السابع عشر

العــامِل

Track - 33

أَحتَرِمُ العامِلَ الذي يتعب من أَجل راحة الآخرين. فالفلّاح يحرث الأَرض، ويزرعها بأَنواع الحبوب المختلفة كالقمح والحمُّص والعدس والذُّرة، كما يزرع الأَشجار المثمرة كالتفاح والبرتقال والزيتون...إلخ (إِلى آخِره) ويزرع أَنواع الخضروات مثل البندورة والبطاطا والخيار والكوسا....إلخ (إِلى آخِره) وهو يعتني بها

دائماً، ويسقيها الماء. وإِذا نضجت، قطفها وأَرسلها إِلى السّوق وباعها لتجّار الخضار والفواكه. حيث يأتي النّاس ويشترونها، ويشعرون بسعادةٍ وهم يأكلونها.

أَمّا البنّاء فيبني القصور والبيوت الفخمة الَّتي يَسعَد الناس بالعيش فيها، بينما يعيش هو في بيتٍ صغيرٍ قديمٍ. وذلك النَّجار الذي يحوِّل الأَخشاب إِلى أَثاثٍ جميلٍ يُستخدَم في البيوت والشَّركات والمصانع والجامعات والمدارس. والخيّاط الذي يخيط من القماش ملابسَ جميلةً للرجال والنِّساء والأَولاد والأَطفال. والطبّاخ الذي يُعدُّ أَشهى وأَلذَّ المأكولات والحلويات.

أَحترم هذا العامل وأُحبه؛ يضحّي براحته من أَجل الآخرين، وهو راضٍ بدخله القليل، وحياته البسيطة. وهو يُؤمن أَنَّ العمل مهما كان دَخْلُهُ قليلاً، يبقى أَفضل من الجلوس وإِضاعة الوقت بانتظار فرصةٍ أَفضلَ قد لا تأتي أَبداً.

ومن الجدير بالذِّكر أَنَّ بعض المتعلِّمين يعملون عمالاً، لعدم وجود وظائف شاغرةٍ لهم. فالعمل ليس عيباً أَوْ عاراً مهما كان حقيراً. ولِنأخذ مثالاً عامل القمامة، فلو امتنع عن عمله لانتشرت الأَمراض بين النّاس.

لذلك يجب علينا أَنْ نحترم العمل مهما كان صغيراً؛ لأَنَّ لكلِّ إِنسانٍ عملاً يؤديه في المجتمع. وكلٌّ حسب استطاعته. فالدُّول الكبيرة تقدَّمت بِأيْدي أَبنائها، وإِخلاصهم في عملهم، وحُبِّهم له، واحترام مجتمعهم لهم.

جبران خليل جبران
(بتصرف)

أولاً: أجب عن الأسئلة الآتية:

1. لماذا تحترم العامل؟

2. ماذا يفعل الفلّاح؟

3. ماذا يصنع النَّجّار؟

4. هل العامل غنيٌّ جداً؟

5. هل العمل عيبٌ؟ لماذا؟

6. ما أَهميَّة عامل القمامة؟

7. هل المجتمع بحاجةٍ فقط إِلى المتعلِّمين؟

ثانياً: ضع علامة (✓) أو (×) أمام كلِّ جملةٍ ممّا يلي:

1. أُحبُّ العامل الذي يخلص في عمله. ( )
2. الفلّاح يصنع الأَثاث. ( )
3. الحدّاد يزرع الفاكهة والخضار. ( )
4. الفلّاح يحرث الأَرض. ( )
5. البنّاء يبني القصور فقط. ( )
6. العمل مفيدٌ مَهْما كان بسيطاً. ( )
7. العمّال يساعدون على تقدُّم بلادهم. ( )
8. "أَعطوا الأَجير أَجرَهُ قبل أَن يجفَّ عرَقه" حديثٌ نبويٌّ شريف. ( )

ثالثاً: هات مرادف ما يلي من النَّصِّ:

- يَقْلِبُ الأَرض: ______
- يَغْرِسُ الأَشجار: ______
- يَسْكُن: ______
- يجعل: ______
- الزَّبّال: ______
- بسرور: ______
- يَهْتَّمُّ: ______
- يَجيء: ______
- يُحسّون: ______
- يتناوَلونها: ______
- يُسَرُّ: ______
- يستعمل: ______
- يُحضِّر: ______
- راتِب: ______
- قُدرته: ______
- زِبالة: ______

رابعاً: صل كلَّ كلمةٍ بعكسها في المعنى:

• قَبيح	• يَتْعَبُ
• وافَقَ	• تَقَدَّمَتْ
• يَرْتاحُ	• جَميل
• تَأَخَّرت	• أُحِبُّ
• أَكْرَهُ	• اِمْتَنَعَ
• جَديد	• قَديم
• مُخْتَلفَة	• يَبْني
• يبَيعُ	• مُتَعَلِّم
• يَهْدِمُ	• مُتَشابِهَة
• جاهِل	• باعَ
• راحَة	• حَقيراً
• اِشْتَرى	• يَشْتَري
• عَظيماً	• تَعَب
• مُعَقَّدَة	• أَبَداً
• دائِماً	• يَسْعَدُ
• يَحْزَنُ	• بَسيطَة

خامساً: استخدم المفردات الآتية في جملٍ توضِّح معناها:

الْحُبوب:

يُحوِّل:

يَصْنَع:

أَحْتَرِمُ:

يُؤدّي:

الأَمْراض:

الخَيّاط:

البَنّاء:

الضَّمائر:

الضَّمائر نوعان:

1: منفصلة وهي:

(هو - هما - هم - هي - هما - هن) ضمائر الغائب للمذكَّر والمؤنَّث

(أنتَ - أَنتما - أَنتم - أَنتِ - أَنتما - أَنتن) ضمائر المخاطب للمذكَّر والمؤنَّث.

(أَنا - نحن) ضمائر المتكلِّم للمذكَّر والمؤنَّث

2: مُتَّصِلَة وهي:

أَولاً: (ضمائر الرَّفع) وهي:

أ. أَلِفُ الاثْنَيْنِ مثل: درسا - يدرسانِ - اُدرسا.

ب. واو الْجَماعَة مثل: درسوا - يدرسون - اُدرسوا.

ج. نون النِّسْوَة مثل: درسْنَ - يدرسْنَ - اُدْرُسْنَ.

د. نا الفاعلين مثل: درسْنا (الفعل الماضي فقط).

هـ. ياء المخاطبة مثل: تدرسين - اُدرسي.

و. التّاء الْمُتَحَرِّكَة (تاء الفاعل) مثل: دَرَسْتَ، دَرَسْتِ، دَرَسْتُ.

ثانياً: (ضمائر النَّصب والجرِّ) وهي:

(الهاء - الياء - الكاف - النون (تتصل هذه الضَّمائر بالأَفعال والأَسماء)

بالأَفعال مثل: علَّمه - علَّمها - علَّمني - علَّمك - علَّمنا.

بالأَسماء مثل: كتابه - كتابها - كتابي - كتابك - كتابنا.

ملاحظة: تكون هذه الضَّمائر في محل **نصب مفعول** به إِذا **اتصلت بالفعل.**
وفي محل **جرّ بالإِضافة** إِذا **اتَّصلت بالاسم.**
أَما **(نا)** فتأتي في **محل رفع أَو نصب أَو جرّ:**

أَمثلة: أَكلْنا طعاماً لذيذاً.	في محل رفع
قابلَنا صديقي في السّوق.	في محل نصب
هذه سيّارتنا الجديدة.	في محل جرٍّ

تدريب (1): حوِّل الأَسماء التي تحتها خطٌّ في الجمل الآتية إِلى ضمير متَّصل:

1. إِنَّ قرية أَحمد جميلةٌ. • ______________________
2. تَسَلَّمْتُ الجائزة من المدير. • ______________________
3. تكلَّمْتُ مع أَصدقائي. • ______________________
4. أَخذتُ القلم منْ سعاد. • ______________________
5. هل هذان الكتابان لأَحمد وعليّ؟ • ______________________
6. يلعب الأَولاد بالكرة. • ______________________
7. زارنا صديق أَخي أَمس. • ______________________
8. هل عاد أَبو أَحمد وعليّ؟ • ______________________

تدريب (2): اِقرأ:

كتاب (هو) =	كتابه	كتاب (أنتَ) =	كتابكَ
كتاب (هي) =	كتابها	كتاب (نحن) =	كتابنا
كتاب (هما) =	كتابهما	كتاب (أنتم) =	كتابكم
كتاب (أنا) =	كتابي		

أَمْثِلة على تصريف الفعل بصيغه الثَّلاث (ماضٍ، مضارع، أَمر) (صحيحٌ، معتلٌّ) مع الضَّمائر المنفصلة: مَلْحوظة: (يُصَرَّف فعل الأَمر مع ضمائر الخطاب فقط)

(دَرَسَ)

هو درس	هما درسا	هُمْ دَرَسوا
هِيَ دَرَسَتْ	هما درسَتا	هنَّ دَرَسْنَ
أَنتَ درسْتَ	أَنْتُما دَرَسْتُما	أَنْتُم دَرَسْتُمْ
أَنتِ درسْتِ	أَنْتُما دَرَسْتُما	أَنْتُنَّ دَرَسْتُنَّ
أَنا درسْتُ	نحن درسْنا	

هُوَ يَدْرُسُ	هما يَدْرُسانِ	هُمْ يَدْرُسونَ
هِيَ تَدْرُسُ	هُما تَدْرُسانِ	هُنَّ يَدْرُسْنَ
أَنْتَ تَدْرُسُ	أَنْتُما تَدْرُسان	أَنْتُمْ تَدْرُسونَ
أَنْتِ تَدْرُسينَ	أَنْتُما تَدْرُسانِ	أَنْتُنَّ تَدْرُسْنَ
أَنا أَدْرُسُ	نَحْنُ نَدْرُسُ	

أَنتَ اُدْرُسْ	أَنْتُما اُدْرُسا	أَنْتُمْ اُدْرُسوا
أَنتِ اُدْرُسي	أَنْتُما اُدْرُسا	أَنْتُنَّ اُدْرُسْنَ

(قال)

هو قال	هما قالا	هُمْ قالوا
هِيَ قالتْ	هما قالَتا	هنَّ قُلْنَ
أَنتَ قُلْتَ	أَنْتُما قُلْتُما	أَنْتُمْ قُلْتُمْ
أَنتِ قُلْتِ	أَنْتُما قلتما	أَنْتُنَّ قُلْتُنَّ
أَنا قُلْتُ	نحن قُلْنا	
هُوَ يقول	هما يقولان	هُمْ يقولون
هِيَ تقول	هُما تقولان	هُنَّ يَقُلْنَ
أَنْتَ تقول	أَنْتُما تقولان	أَنْتُمْ تَقولونَ
أَنْتِ تقولين	أَنْتُما تقولان	أَنْتُنَّ تَقُلْنَ
أَنا أَقول	نَحْنُ نقول	
أَنتَ قُلْ	أَنْتُما قولا	أَنْتُمْ قولوا
أَنتِ قولي	أَنْتُما قولا	أَنتُنَّ قُلْنَ

(اشْتَرى)

هو اشترى	هما اشْتَرَيا	هُمْ اشْتَرَوْا
هِيَ اشْتَرَتْ	هما اشْتَرتا	هنَّ اشْتَرَيْنَ
أَنتَ اشْتَرَيْتَ	أَنْتُما اشْتَرَيْتُما	أَنْتُمْ اشْتَرَيْتُمْ
أَنتِ اشْتَرَيْتِ	أَنْتُما اشْتَرَيْتُما	أَنْتُنَّ اشْتَرَيْتُنَّ
أَنا اشْتَرَيْتُ	نحن اشْتَرَيْنا	

هُوَ يشتري	هما يشتريانِ	هُمْ يشترون
هِيَ تشتري	هُما تشتريانِ	هُنَّ يشترين
أَنْتَ تشتري	أَنْتُما تشتريانِ	أَنْتُمْ تشترون
أَنْتِ تشترين	أَنْتُما تشتريانِ	أَنْتُنَّ تشترين
أنا أَشْتَري	نَحْنُ نشتري	

أَنتَ اشْتَرِ	أَنْتُما اشْتَرِيا	أَنْتُمْ اشْتَروا
أَنتِ اِشْتري	أَنْتُما اِشْتَرِيا	أَنتُنَّ اشْتَرينَ

(وَضَعَ)

هو وَضَعَ	هما وضعا	هُمْ وضعوا
هِيَ وضعت	هما وضعتا	هنَّ وضعن
أَنتَ وضعتَ	أَنْتُما وضعتما	أَنْتُمْ وضعتم
أَنتِ وضعتِ	أَنْتُما وضعتما	أَنْتُنَّ وضعتنَّ
أَنا وضعتُ	نحن وضعنا	

(يَضَعُ)

هُوَ يضع	هما يضعانِ	هُمْ يضعونَ
هِيَ تضع	هُما تضعانِ	هُنَّ يضعنَ
أَنْتَ تضع	أَنْتُما تضعانِ	أَنْتُمْ تضعونَ
أَنْتِ تضعينَ	أَنْتُما تضعانِ	أَنْتُنَّ تضعْنَ
أَنا أَضَعُ	نَحْنُ نَضَعُ	

(ضَعْ)

أَنتَ ضعْ	أَنْتُما ضعا	أَنْتُمْ ضعوا
أَنتِ ضَعي	أَنْتُما ضَعا	أَنْتُنَّ ضَعْنَ

تدريب (3): أَعد كتابة الفقرة الثّالثة من النَّصّ بصيغة الجمع:

نحترمُ هؤلاء ____________________

تدريب (4): اِقرأْ وَانْتبهْ لما تحته خطٌّ:

1. أَصبحت الحياة معقَّدةً بعد أَنْ كانت بسيطةً جداً في الماضي.
2. التّاجر هو الرَّجل الَّذي يبيع ويشتري.
3. ما أَجمل الرّاحة بعد التَّعب.
4. أُحِبُّ الصِّدْق و أَكْرَهُ الكذِبَ والنِّفاق.
5. في تدريس العربيَّة للنّاطقين بغيرها، لا بُدَّ من استبدال الطُّرق والأَساليب التَّقليديَّة القديمة بطرُقٍ حديثةٍ مُتطوِّرَةٍ.
6. الفرق كبيرٌ بين العالِم و الجاهل؛ لأَنَّ العِلمَ يبني والجهل يهدم.

الاســتماع

Track - 34

أَولاً: استمع إِلى التَّسجيل، ثمَّ أَجب عن الأَسئلة الآتية:

1. ماذا كان الفلّاح يعمل عندما مرَّ به الحاكم؟

2. لماذا تعجَّب الحاكم من عمل الفلّاح؟

3. ماذا قال الفلّاح للحاكم؟

4. لماذا أعطاه الحاكم مئة دينارٍ؟

____

5. كم ديناراً أَخذ الفلّاح من الحاكم؟

____

ثانياً: استمع إِلى التَّسجيل مرةً ثانيةً ثم املأ الفراغ بالكلمة المناسبة:

أَعجب ________ الشيخ وأَعطاه ________ دينار.

أَخذها ________ مسروراً و ________

وقال: ________ الحاكم لقد ________

________ بسرعة. ________ الحاكم من كلامه، وأَعجب

________ و ________ مئة ________ أُخرى.

ثالثاً: استخدم الكلمات الآتية في جملٍ توضِّح معناها:

نَخْل (نخيل):

فلّاح:

حاكِم:

أُعْجِبَ:

رابعاً: اكتب جمع المفردات الآتية:

- فلّاح: ______ • شيخ: ______
- دينار: ______ • حاكِم: ______
- نَخْلة: ______ • ذكيٌّ: ______

خامساً: نشاطٌ كتابيٌّ: اكتب في الموضوع التّالي:

(نُحبُّ مَن يعمل بيديه أَو بفكره لخدمة الإِنسانيَّة).

الدرس الثامن عشر

جـامعة الدُّول العربيَّــة

Track - 35

تأسَّست جامعة الدُّول العربيَّة في الثّاني والعشرين من آذار عام 1945م. وهي هيئةٌ سياسيَّةٌ تجمع بين الدُّول العربيَّة. ولكلِّ دولةٍ عربيَّةٍ مستقلةٍ الحقُّ فيْ الانضمام إِليها، وبذلك تصبح عضواً في جامعة الدُّول العربيَّة. وكانت القاهرة - عاصمة مصر- هي مقرَّ جامعة الدُّول العربيَّة عند تأسيسها ثمَّ انتقل مقرُّها إِلى

تونس -عاصمة الجمهوريَّة التونسيَّة- بسبب توقيع مصر اتفاقيَّة كامب ديفيد مع "إسرائيل" عام 1979م. وكامب ديفيد هو اسم اتفاقيَّة السَّلام التي وُقِّعت (في منتجع كامب ديفيد في الولايات المتَّحدة الأَمريكيَّة) بين جمهوريَّة مصر العربيَّة وبين "إسرائيل". ثمَّ عاد مقرُّ الجامعة مَرَّةً ثانيةً إِلى القاهرة ولا يزال هناك حتّى يومنا هذا.

للجامعة العربيَّة ميثاقٌ ينصُ على أَنَّ الهدف من هذه الجامعة هو تقوية العلاقات المشتركة بين الدُّول الأَعضاء (الدُّول العربيَّة) وتنمية التعاون في المجالات السِّياسيَّة والاقتصاديَّة. كما نصَّ الميثاق أَيضاً على ضرورة حلِّ أَي خلافٍ ينشأ بين دولتين عربيتين أَو أَكثر بالطرق الدبلوماسيَّة، ودون اللُّجوء إِلى القوَّة.

وقد صدر أَيضاً عن الجامعة العربية ميثاق العمل الاجتماعيِّ للدّول العربيَّة في القاهرة سنة 1971م؛ نظراً للروابط المشتركة بين الدُّول العربيَّة. ومن أَهمِّ هذه الروابط: الدِّين واللُّغة والعادات والتَّقاليد والتّاريخ.

لجامعة الدُّول العربيَّة مجلسٌ يتألَّف من ممثِّلي الدُّول الأَعضاء في الجامعة، ولكل منها صوتٌ واحدٌ مهما يكنْ عدد ممثِّليها. ووظيفة هذا المجلس هي تحقيق أَغراض الجامعة، وتنفيذ الاتِّفاقيات بين الدُّول العربيَّة، والتَّعاون مع الهيئات الدوليَّة لضمان الأَمن والسَّلام.

الأسئلة

أولاً: أجب عن الأسئلة الآتية:

1. متى تأسَّست جامعة الدُّول العربيَّة؟

2. أَين مقرُّ الجامعة العربيَّة الآن؟

3. لماذا انتقل مقرُّ الجامعة إِلى تونس سنة 1979م؟

4. على ماذا ينصُّ ميثاق جامعة الدُّول العربيَّة؟

5. ما أَهمُّ الرَّوابط المشتركة بين الدُّول العربيَّة؟

ثانياً: ضع علامة (✓) أَمام مرادف الكلمات التي تحتها خطٌّ في الجمل الآتية :

1. تأسست جامعة الدُّول العربيَّة عام 1945م.

أ. بُنيت　　ب. أُنشئت　　ج. أُقيمت

2. جامعة الدُّول العربيَّة هيئةٌ سياسيَّةٌ موحَّدةٌ.

أ. جمعيَّة　　ب. منظمة　　ج. حزب

3. تتكوَّن جامعة الدُّول العربيَّة من كلِّ الدُّول العربيَّة المستقلة.

أ. تتوسَّط　　ب. تضم　　ج. تتألَّف

4. تهدف جامعة الدُّول العربيَّة إِلى ضمان الأَمن والسَّلام للدُّول العربيَّة.

أ. تطبيق　　ب. كفالة　　ج. تهديد

5. تعمل جامعة الدُّول العربيَّة على توثيق الصِّلات بين الدُّول الأَعضاء.

أ. العلاقات　　ب. الاتِّصالات　　ج. المراسلات

6. تعمل جامعة الدُّول العربيَّة على توثيق الصِّلات بين الدُّول الأعضاء.

أ. تنظيم　　ب. إِضعاف　　ج. تقوية

7. للجامعة العربيَّة ميثاقٌ...

أ. نظام   ب. حق   ج. دستور

8. كانت القاهرة هي مَقَرُّ جامعة الدُّول العربيَّة عند تأسيسها.

أ. موقع   ب. مكان دائم   ج. عنوان مؤقت

9. انتقل مقرُّها إِلى تونس.

أ. بقيَ   ب. تحوَّل   ج. رَجَعَ

10. تنمية التعاون في المجالات السِّياسيَّة والاقتصاديَّة

أ. الأَماكن   ب. الموضوعات   ج. الميادين

11. ينصُّ ميثاق الجامعة العربيَّة على حلِّ أَيِّ خلافٍ.

أ. عكس ربط   ب. تسوية   ج إِلغاء

12. ينصُّ ميثاق الجامعة العربيَّة على حلِّ أَيِّ خلاف......

أ. مشكلة بسيطة   ب. مشاجرة   ج. نزاع

13. تتعاون الجامعة العربيَّة مع الهيئات الدوليَّة لضمان الأَمن والسَّلام.

أ. المؤسَّسات   ب. الجمعيَّات الخيريَّة   ج. مراكز الشُّرطة

ثالثاً: اكتب عكس المفردات الآتية من النَّصِّ :

- الحرب: ________ • اتِّفاق: ________
- تفرَّقَ: ________ • مشكلة: ________
- محتلَّة: ________ • استقرَّ: ________
- إِضعاف: ________ • أَقلُّ: ________

رابعاً: استخدم المفردات الآتيةِ في جملٍ توضِّح معناها:

مَقَرُّ:

____

اتِّفاقيَّة:

____

مَيادين:

____

خِلاف:

____

حَلُّ:

____

اللُّجوء:

____

الميزان الصرفيُّ:

هو **حروفٌ خاصَّةٌ توزَن بها الكلمات**. وهذه الحروف هي:
(فَ - عَ - لَ) وهي تقابل **حروف الجذر** (الأَصل، الماضي الثلاثي).

كلُّ زيادةٍ على حروف الجذر تقابلها زيادةٌ مماثلةٌ على الميزان الصَّرفيِّ مثل:

كَتَبَ	على وزن	فَعَلَ
كاتِب	على وزن	فاعِل
مكتوب	على وزن	مفعول

إِذا حذف حرفٌ من حروف الجذر حُذف ما يقابله في الميزان مثل:

وَقَفَ	على وزن	فَعَلَ
قِفْ	على وزن	عِلْ
وَضَع	على وزن	فَعَلَ
ضَعْ	على وزن	عَلْ

الميزان الصرفيُّ له نفس حركات الكلمة المقابلة.

والآن وحتّى تفهم أكثر اقرأ ما يلي:

الكلمة	الميزان الصرفي	الكلمة	الميزان الصرفي
دَرَسَ	فَعَلَ	اِنْتَبَهَ	اِفْتَعَلَ
دارِس	فاعِل	اِزْدَهَرَ	اِفْتَعَلَ
قِراءَة	فِعالَة	اِطَّلَعَ	اِفْتَعَلَ
تَعَلَّمَ	تَفَعَّلَ	اِضْطَرَبَ	اِفْتَعَلَ
سافَرَ	فاعَلَ	اِخْضَرَّ	اِفْعَلَّ
اِنْكَسَرَ	اِنْفَعَلَ		

تدريب (1): اكتب الميزان الصَّرفي للكلمات الآتية:

لاحَظَ		مُقابَلَة		اِمْتِحان	
اِسْتَقْبَلَ		اِحْتَفَلَ		مَجْلِس	
تَعاوُن		أَرْهَبَ		اِزدانَ	
إِرْهاب		ساعَدَ		أَلَمَّ	
إِصْدار		كَريم		اِسْتَضاف	
اِتِّفاق		مُسْتَقِلَّة		هَيْئَة	

تدريب (2): اكتب الميزان الصرفيَّ، ثمَّ اكتب الحرف المحذوف:

الفعل	الميزان الصرفي	الحرف المحذوف
قِفْ		
ضَع		
بِعْ		
قُلْ		
نَمْ		
صِلْ		
عُدْ		

تدريب (3): استخرج من النَّصّ كلماتٍ للأَوزان الآتية:

- فاعِلَة: ________ • اِنْفِعال: ________
- مَفْعَل: ________ • مِفْعال: ________
- فُعول: ________ • تَفاعُل: ________
- مُفْتَعَلَة: ________ • مَفْعِل: ________
- تَفَعَّلَ: ________ • أَفْعال: ________
- تَفْعيل: ________ • فَواعِل: ________

Track - 36

الاســتماع

أوَلاً: استمع إِلى التَّسجيل، ثمَّ أَجب عن الأَسئلة الآتية:

1. متى أُنشيء مجلس التَّعاون الخليجيِّ؟

2. اذكر أَسماء الدُّول الأَعضاء في هذا المجلس؟

3. بماذا تتشابه دول مجلس التَّعاون الخليجيِّ؟

4. ما عمل المجلس الأَعلى لمجلس التَّعاون؟

5. مِنْ أَين تنحدر المجتمعات الخليجيَّة؟

ثانياً: أجب بـِ (نَعَمْ أَوْ لا):

1. يتكوَّن مجلس التعاون الخليجيّ من عشر دولٍ عربيَّة. ( )
2. الأُردنُّ عضو في مجلس التعاون الخليجيّ. ( )
3. مقرُّ هيئة تسوية النِّزاعات في أَبوظبي. ( )
4. يجب أَلّا يقلَّ أَعضاء هيئة تسوية النزاعات عن ثلاثة. ( )
5. تعتمد دول مجلس التعاون على النِّفط بشكل أَساسيٍّ. ( )
6. النِّظام الْقَبَلِيُّ الْعَشائِرِيُّ يقوم على رابطة الدَّم (القرابة). ( )
7. دول مجلس التعاون هي دول منتجةٌ فقط للنِّفط. ( )
8. أَساس الحُكم في دول مجلس التعاون هو الدِّين الإِسلاميُّ. ( )

ثالثاً: استخدم المفردات الآتية في جملٍ توضِّح معناها:

تعاوُن: ______

أُنْشِئَ: ______

يتكوَّن: ______

قَبائِل: ______

هَيْئَة: ______

مَجْلِس: ______

النِّفْط: ______

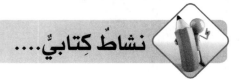

نشاطٌ كِتابيٌّ....

اكتب ما تعرفه عن إحدى المنظَّمات الدوليَّة.

_____

_____

_____

_____

_____

_____

_____

_____

_____

_____

_____

_____

_____

_____

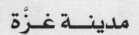

الدرس التاسع عشر

مدينـــة غــزَّة

Track - 37

تقع مدينة غزَّة على بعد مئةٍ وأَربعةِ كيلومتراتٍ إِلى الجنوب الغربيِّ من مدينة القدس. وهي من أَكبر المدن الفلسطينيَّة. ومعناها العزَّة والمنعة والقوة. وهي ذات موقع استراتيجيٍّ تجاريٍّ متميِّز منذ العصور القديمة. أَشهر موانئها القديمة: ميناء (أَنثيدون) منذ العصر الآشوريِّ. وميناء (مايوماس) في العصر الرومانيِّ البيزنطيِّ.

وهذان الميناءان كانا يربطان غزَّة وبلاد العرب بموانئ البحر الأَبيض المتوسط. قبل الإِسلام كانت قريشٌ تقصد غزَّة للتجارة في فصل الصَّيف، وقد ذكر القرآن الكريم ذلك في سورة قريش ﴿لإيلاف قريشٍ إيلافِهِمْ رحلة الشِّتاء والصَّيف﴾

دُفن فيها هاشم بن عبد منافٍ الجَدُّ الثّاني للنبيِّ محمدٍ (ص) وما زال قبرُهُ موجوداً حتّى الآن في مسجد السيِّد هاشم. وسُمِّيت غزَّة نسبةً إِليه باسم (غزَّة هاشم). في مدينة غزَّة وُلِدَ الإِمام الشافعيُّ، وهو أَحد كِبار أَئِمَّة وعلماء المسلمين. في مدينة غزَّة عددٌ كبيرٌ من المواقع والأَبنية الأَثريَّة ومن أَهمِّها:

1. المسجد العمريُّ الكبير ويقع في حيِّ الدَّرج، وأَقدم جزءٍ فيه يعود إِلى القرن الثّاني عشر الميلاديِّ. وقد بنى عمر بن الخطّاب مسجده في نفس المكان في القرن السابع الميلاديِّ.
2. حمّام السَّمْرَة ويقع في حيِّ الزيتون، وهو الحمّام التركيُّ الوحيد الباقي حتّى الآن. وفي هذا الحمّام ينتقل الزّائر من الغرفة السّاخنة إِلى الغرفة الدّافئة، ثمَّ إِلى الغرفة الباردة، والّتي سُقفت بزجاجٍ ملوَّنٍ ليسمح لأَشعَّة الشَّمس بالدُّخول إِليها، أَمّا الأَرضيَّة فهي من الرُّخام المتعدِّد الأَشكال والأَلوان من أَحمر وأَبيض وأَسود. كما توجد بِرْكة ماءٍ داخل الحمّام.

يشتغل معظم أَهل غزة بصيد السَّمك وتجارته. وبعضهم يهتمُّ بزراعة البرتقال والليمون والعنب. كما أَنَّ بعض السُّكّان يشتغلون في الصِّناعات التَّقليديَّة مثل: صناعة الخزف، والفَخّار، والبُسُط، والعباءات المصنوعة من وَبَرِ الجمال، وأَخيراً صناعة النسيج.

من أَشهر جامعاتها: الجامعة الإِسلاميَّة، وجامعة الأَزهر، وجامعة الأَقصى، وفرع جامعة القدس المفتوحة. وإِذا زرت غزَّة في هذه الأَيام فإِنَّك تشاهد البنايات العالية، والمراكز الثقافيَّة والمكتبات العامَّة والفنادق.

الأسئلة

أَولاً: أَجب عن الأَسئلة الآتية:

1. أَين تقع مدينة غزَّة؟

2. ما معنى غزَّة؟

3. لماذا كان موقع غزَّة مهماً بالنِّسبة للعرب؟

4. هل كان العرب قبل الإِسلام يذهبون إِلى غزَّة؟ ما دليلك على ذلك؟

5. ما أَهمُّ المواقع الأَثريَّة في غزَّة؟

6. بماذا يشتغل أَهل غزَّة؟

ثانياً: اكتب مرادف ما يلي من النَّصّ:

- موقعٌ جغرافيٌّ هامٌ: ____________
- الْحِمْضِيّات: ____________
- يَصِلُ: ____________
- يدويَّة: ____________
- تَرْتاد: ____________
- الْأَبْراج: ____________
- يَعْمل: ____________
- حَصين: ____________

ثالثاً: اكتب عكس ما يلي من النَّصّ:

- قُرْب: ____________
- منخفضة: ____________
- الشَّمال الشَّرقي: ____________
- صغار: ____________
- الضَّعْف: ____________
- المندثر: ____________
- يَفْصِلُ: ____________
- بعض: ____________

رابعاً: اقرأ الجمل الآتية وفرِّق في المعنى بين الكلمات التي تحتها خطٌ:

1. تعاقبت على أَرض غزَّة حضاراتٌ عديدةٌ منذ العصور الحجريَّة حتّى العصر الحديث. ____________
2. أَشرب التفاح بعد العصر. ____________
3. عندي موعدٌ بعد العصر غداً. ____________
4. فَتَحَ المسلمون غزَّة بقيادة عمرو بن العاص. ____________
5. فَتَحَ المُعَلِّمُ النّافِذَةَ. ____________

6. فَتْح من أَكبر الأَحزاب السِّياسيَّة في فلسطين. ______
7. تضُمُّ مدينة غزَّة عدداً من الأَحياء. ______
8. الشهداء أَحياءٌ عند ربِّهم. ______
9. على المسلمين إِحياء الحضارة الإِسْلاميَّة. ______
10. للثروة السَّمَكِيَّة في غزَّة قيمةٌ اِقتصادِيَّةٌ كَبيرَةٌ. ______
11. كَمْ قيمةُ هذا الكتاب؟ ______
12. الصِّدْقُ قيمَةٌ إِسْلامِيَّةٌ مُهِمَّةٌ. ______
13. يَقعُ حَيُّ الدَّرَج في قلب مَدينَة غَزَّة. ______
14. أَرْجوكَ، لا تَعْمَلْ على قَلْبِ الحَقيقة. ______
15. إِذا تَوَقَّف قلبُ الإِنسان عن الخَفَقان فَإِنَّهُ يَموتُ. ______

خامساً: اكتب جمع المفردات الآتية من النَّصِّ:

- عَصْر: ______ • موقع: ______
- مدينة: ______ • بناء: ______
- ميناء: ______ • شكل: ______
- حيّ: ______ • لون: ______
- برتقالة: ______ • ليمونة: ______
- صناعة: ______ • عباءة: ______
- جَمَل: ______ • مكتبة: ______
- مركز: ______ • بناية: ______

المصدر:

• **مصادر الأَفعال الثلاثيَّة** (من ثلاثة حروف) ليس لها أَوزان محددة، ويُفضَّل العودة إِلى القاموس (المعجم).

• **مصادر الأَفعال فوق الثلاثيَّة** (أَكثر من ثلاثة حروف) من أَهمِّ أَوزانها:

1. فَعَّلَ	تَفْعيل	درَّس: تدريس
2. فاعَلَ	مُفاعَلَة / فِعال	كاتَبَ: مُكاتبة، قاتَلَ: قِتال (مُقاتلة)
3. أَفعَلَ	إِفْعال	أَكْرَمَ: إِكْرام
4. تَفَعَّلَ	تَفعُّل	تَقَدَّمَ: تَقَدُّم
5. تَفاعَلَ	تَفاعُل	تَعاوَنَ: تعاوُن
6. اِنْفَعَلَ	اِنْفِعال	اِنْكَسَرَ: اِنْكِسار
7. اِفْتَعَلِ	اِفْتِعال	اِقْتَرَبَ: اِقْتِراب
8. اِفْعَلَّ	اِفْعِلال	اِحْمَرَّ: اِحْمِرار
9. اِسْتَفْعَلَ	اِسْتِفْعال	اِسْتَقْبَلَ: اِسْتِقْبال

تدريب (1): اِقرأ الأَفعال الثلاثيَّة التّالية ومصادرها:

الفعل	المصدر	الفعل	المصدر
فَتَحَ	فَتْح	حَلَّ	حلٌّ
دَرَسَ	دَرْس / دِراسَة	حَسُنَ	حُسْن
قالَ	قَوْل	دَفَعَ	دَفْع

الفعل	المصدر	الفعل	المصدر
بَثَّ	بَثٌّ	قَرَأَ	قِراءة
عَلِمَ	عِلْمٌ	مَنَحَ	مَنْح
كَتَبَ	كِتابَة	رَمى	رَمْي
رَكِبَ	رُكوب	قَفَزَ	قَفْز
حَمَلَ	حَمْل	جَرى	جَرْي
مَرِضَ	مَرَض	سَأَلَ	سُؤال
قَبِلَ	قُبول	رَجَعَ	رُجوع
ذَهَبَ	ذَهاب	عادَ	عَوْدة
مَضى	مَضاء	قَضى	قَضاء
صامَ	صَوْم / صِيام	دَعا	دُعاء / دَعْوَة
صَعِدَ	صُعود	نَزَلَ	نُزول
خافَ	خَوْف	قام	قِيام
نامَ	نَوْم	صَحا	صَحْو
قادَ	قِيادَة	هَجَمَ	هُجوم
غَزا	غَزْو	هَدَمَ	هَدْم
عَزَلَ	عَزْل	فَصَل	فَصْل
ضَرَبَ	ضَرْب	قَسَمَ	قِسْمَة

تدريب (2): اكتب مصادر الأفعال الآتية:

- إزْدَحَمَ: ______________ • تأَخَّرَ: ______________
- اِمْتَثَلَ: ______________ • لاحَظَ: ______________
- عَلَّمَ: ______________ • تعَلَّمَ: ______________
- مَثَّلَ: ______________ • اِسْتَفادَ: ______________
- نَمّى: ______________ • حاوَلَ: ______________

تدريب (3): عُدْ إلى النَّصّ واستخرج منه خمسة مصادرٍ، ثمَّ اكتب ميزانها الصَّرفيَّ:

المصدر	الميزان الصَّرفي	المصدر	الميزان الصَّرفي
.1		.2	
.3		.4	
.5			

تدريب (4): املأ الفراغ بالمصدر الذي تراه مناسباً:

يشتغل بعض سكان غزَّة بِـ ______ الحِمضيّات، أَمّا معظم السُّكان فيشتغلون بِـ ______ السَّمك، ويعمل قليلٌ منهم في ______ التقليديَّة مثل: العباءات ______ من وبر الجِمال وصناعة ______ والبُسُط والفَخّار.

Track - 38

الاســتماع

أَولاً: استمع إِلى التَّسجيل، ثمَّ أَجب عن الأَسئلة الآتية:

1. ما معنى كلمة (حيٍّ) في النَّصِّ؟

2. ما اسم أَقدم حيٍّ في غزَّة؟

3. لماذا سمِّي حيُّ الشجاعيَّة بهذا الاسم؟

4. أَين يقع حيُّ الزَيْتون؟

5. أَين يقع حيُّ التُّفاح؟ وما سبب التَّسمية؟

6. ما أَهمُّ شوارع مدينة غزَّة؟

7. ماذا يوجد في هذه الشّوارع؟

ثانياً: ضع علامة (✓) أَو (×) أَمام كلِّ جملةٍ ممّا يلي:

1. تقع مدينة غزَّة على شاطئ البحر الأَبيض المتوسِّط. (   )
2. يشتغل معظم سكّان غزَّة بالتِّجارة. (   )
3. معنى (غزَّة) المنعة والقوَّة. (   )
4. ميناء (انثيدون) من الموانئ الحديثة في غزَّة. (   )
5. دُفن هاشم بن عبد مناف الجَّد الثّاني للنبيِّ محمدٍ صلى اللَّه عليه وسلَّم في غزَّة. (   ) (   )
6. حمّام السَّمرة هو الحمّام التُّركي الوحيد في غزَّة. (   )
7. صناعة الفخّار من الصناعات الحديثة. (   )
8. يصنع أَهل غزَّة العباءات من القطن. (   )
9. كان العرب قبل الإِسلام يذهبون إِلى غزَّة للتِّجارة. (   )
10 تتمتَّع غزَّة بموقعٍ استراتيجي تجاري ممتازٍ. (   )

ثالثاً: استخدم المفردات الآتية في جملٍ توضِّح معناها:

- الدَّرَج:

____

- مُغَطّى:

____

- الزيتون:

____

• شيَّدَ:

_____

• جزء:

_____

• الرِّمال:

_____

• يَقَعُ:

_____

• مَصارِف:

_____

نشاطٌ كِتابيٌّ....

ذهبتَ في عطلة نهاية الأُسبوع مع أَصدقائك إِلى شاطئ البحر صِفْ هذه الرحلة.

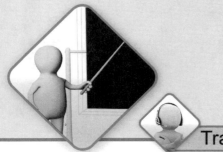

الدرس العشرون

البـــدْو

Track - 39

يعيش البدو في الصَّحراء، ويسكنون الخيام التي يَصْنَعونَها من وبر الإِبل (شَعْر الجِمال)، وهم يرحلون من مكانٍ إِلى مكان بحثاً عن العشب والماء، لهذا السبب كثُرت الحروب بينهم، وكانت هذه الحروب تسمّى أَيّام العرب لأَنَّ العرب كانوا يقاتلون في النَّهار فقط.

من أَشهر أَيَّام العرب: يوم البسوس، يوم داحس والغبراء، يوم ذي قار. لكلِّ قبيلةٍ رئيسٌ يسمّى (شيخ القبيلة)، وهو رجلٌ عاقلٌ، كريمٌ، شجاعٌ، غنيٌّ، متواضعٌ. ووظيفته ليست وراثيَّة، فهو يبقى في وظيفته طوال حياته ما دام قادراً على الدِّفاع عن القبيلة وحمايتها. وإذا مات ولم يكن ابنه مثله، اختاروا غيره.

وكلُّ بدويٍّ يجب أَن يتدرَّب على القتال بالسَّيف والسَّهم والرُّمح، كما يتدرَّب على ركوب الخيل، لأَن أَبناء القبيلة هم جنودها الذين يدافعون عنها، ويقاتلون أَعداءها. ويُسَمّى أَبناء القبيلة (فرسان القبيلة). أَمّا الآن فالبدو يعيشون داخل الدّولة التي تتولى حمايتهم.

البدويُّ معروفٌ بالكرم، إِذا جاءه ضيفٌ يستقبله أَحسن استقبال، ويُقدِّمُ له الطَّعام والشَّراب والفِراش لمدَّة ثلاثة أَيامٍ، دون أَن يسأله عن اسمه أَو حاجته. ولعلَّ أَكرم العرب هو حاتم الطائيُّ الذي عاش قبل الإِسلام.

البدويُّ لا يحبُّ المدينة، لأَنَّ الحياة فيها مختلفةٌ، ففيها اِزْدحامٌ وقوانين، أَمّا الصَّحراء ففيها حريةٌ، وليس فيها شوارع مزدحمةٌ بالسَّيارات والنَّاس. ويذهب بعض البدو إِلى المدينة للتِّجارة أَو التَّسوق.

الأسئلة

أَولاً: أَجب عن الأَسئلة الآتية:

1. أَين يسكن البدو عادةً؟

2. لماذا ينتقلون من مكانٍ إِلى مكان؟

3. ما أَهمُّ صفات شيخ القبيلة؟

4. ما أَهمُّ صفات البدويّ؟

5. هل يحبُّ البدويّ المدينة؟ لماذا؟

6. لماذا يذهب بعض البدو إِلى المدينة؟

ثانياً: ضع علامة (×) أمام المرادف الصَّحيح لما تحته خطٌ:

1. يعيش البدو في الصحراء.

أ. ينام　　ب. يسكن　　ج. يزور

2. إذا جاءه ضيفٌ أكرمه.

أ. وصل إليه　　ب. أعطاه　　ج. أتاه

3. البدويُّ معروفٌ بالكرم.

أ. مجهول　　ب. مشهور　　ج. معلوم

4. إكرام الضَّيف من أَخلاق البدويِّ.

أ. الصديق　　ب. الغريب　　ج. الزّائر

5. الصَّحراء واسعةٌ لا نهاية لها.

أ. أوَّل　　ب. آخِر　　ج. آخَر

6. يتدرَّب البدويُّ على ركوب الخيل.

أ. السِّباحة　　ب. الرِّماية　　ج. الفروسية

7. يستقبل البدويُّ ضيفه أَحسن استقبال.

أ. يسأل　　ب. يرحِّب　　ج. يُسلِّم عليه

8. أيّام العرب كثيرةٌ.

أ. جمع يوم　　ب. حوادث　　ج. حروب

ثالثاً: رتِّب الكلمات الآتية لتكوِّنَ جملةً مفيدةً:

1. الخِيام - في - يَسْكُنونَ - الْبَدْو.

2. الْعَرَبِيُّ - ضَيْفَهُ - يُكْرِمُ.

3. مَشْهورٌ - الْكَرَمِ - بِـ - الْعَرَبِيُّ.

4. يُفَضِّلُ - الْمَدينَةِ - حَياةَ - الصَّحْراءِ - عَلى - الْبَدَوِي - حَياةِ.

5. الْبَدَوِيُّ - النّار - لَيْلاً - يُشْعِلُ - الصَّحْراءِ - في.

6. واسِعَةٌ - نِهايَةَ - لا - لَها - الصَّحْراءُ.

7. الْقَبيلَةِ - لَيْسَتْ - رِئاسَةُ - وِراثِيَّةً.

8. مِنْ - أَيّام - الْمَشْهورَةِ - الغَبْراء - داحِس - و - الْعَرَبِ.

رابعاً: هات عكس معنى ما يلي من النَّصّ:

• الحَضَر: ______ • متكبِّر: ______
• يستقرُّون: ______ • بخيل: ______
• قَلَّتْ: ______ • نتيجة: ______
• فقير: ______ • هجوم: ______
• أَصدقاء: ______ • يُجيبُ: ______

خامساً: فرِّق في المعنى بين الكلمات التي تحتها خطٌ في الجمل الآتية:

(1) أ. العربيُّ <u>معروفٌ</u> بالكرم. ______
ب. <u>معروف</u> فلاحٌ نشيط. ______

(2) أ. يرحل البدويُّ من مكانٍ إلى آخر <u>بَحْثاً</u> عن العشب والماء. ______
ب. يُعِدُّ صديقي <u>بَحْثاً</u> عن الاقتصاد في الشَّرق الأَوسط. ______

(3) أ. في الأُسبوع سبعة <u>أَيام</u>. ______
ب. حرب البسوس من <u>أَيّام</u> العرب المشهورة في التّاريخ. ______

(4) أ. يقدّم البدويُّ لضيفه الطَّعام والشَّراب و<u>الفِراش</u>. ______
ب. <u>الفَراش</u> يحوم دائماً حول الضوء. ______

سادساً: اِقرأ ما يلي، ثمَّ أجب عن الأسئلة التي تليه:

كان المسافر قديماً يحتاج دائماً إِلى مساعدةٍ أَو استراحةٍ أَثناء سفره الطَّويل؛ لأَنَّ الصَّحراء واسعةٌ لا نهاية لها. المسافرُ المسكينُ قد يفقدُ طريقَهُ، ويمشي وحيداً في نهار الصَّيف الحارِّ، أَو في ليل الشِّتاء البارد. لذلك كان العربُ القُدماءُ يُشعِلونَ النّار في اللَّيل أَمام ديارهم؛ كي يراها المسافر، فيأتي على نورها، وينزل ضيفاً على أَصحابها؛ حيث يلقى عندهم الرّاحة والأَمن. يقدِّم له ربُّ البيت اللَّبن، ويذبح له خروفاً أَو جملاً أَو حصاناً، حتّى لو كان فقيراً لا يملك غيره.

أَعد كتابة النَّصِّ السّابق بصيغة جمع المذكَّر هكذا...

كان المسافرون قديماً ________________________________

____

____

____

____

____

____

____

____

(ما / مَنْ / متى / لا):

أَولاً: ما:

1. اِسم موصول لغير العاقل مثل: وجدتُ ما أَبحث عنه.
2. اِسم استفهام لغير العاقل مثل: ما عُنْوانُكَ؟
3. اسم شَرْط جازِم لغير العاقل مثل: ما تفعلْ مِنْ خَيْرٍ تَجِدْهُ.
4. حرف نفي:
   أ. الجملة الفعليَّة إِذا كان الفعل ماضياً مثل: ما سَمِعْتُ الأَخبار أَمس.
   ب. الجملة الاسميَّة مثل: ما عندي سيارة هنا.
5. حرف تَعَجُّب مثل: ما أَجْمَلَ هذا المنظر!

ثانياً: مَنْ:

1. اسم موصول للعاقل مثل: حَضَرَ مَن اِنْتظرْتُهُ أَمس.
2. اسم استفهام للعاقل مثل: مَنْ يحبُّ أَنْ يقرأ الدَّرس؟
3. اسم شرط جازم للعاقل مثل: مَنْ يدرسْ ينجحْ في الامتحان.

ثالثاً: متى:

1. اسم استفهام (للزمان) مثل: متى وصلتَ إِلى عمّان؟
2. اسم شرط جازم مثل: متى تقرأ الجريدة العربيَّة تفهم المجتمع العربيَّ.

رابعاً: لا:

1. حرف نفي للفعل المضارع مثل: لا أَشربُ القهوة كثيراً.
2. حرف نهي (الفعل المضارع) مثل: لا تتأَخَّرْ عن الموعد.
3. نافية للجنس مثل: لا إِلهَ إِلّا اللَّه. لا شكَّ أَنَّ العربيَّة لغةٌ جميلةٌ.
4. حرف عطف: جاء خالدٌ لا محمدٌ.

تدريب (1): ما نوع (لا) في الجمل الآتية؟

1. البدويُّ لا يحبُّ حياة المدن. ______________
2. لا يسأل البدويُّ ضيفه عن اسمه أَو حاجته إِلّا بعد ثلاثة أَيامٍ. ______________
3. لا شكَّ أَنَّ البدويَّ كريمٌ. ______________
4. الصَّحراء الأُردنيَّة لا تختلف كثيراً عن صحراء الرُّبع الخالي في السعوديَّة. ______________
5. لا تقلْ شيئاً إِلّا بعد أَنْ تسمع ما أَقول. ______________
6. لا تعبثْ مع الحيوانات لأَنَّها قد تُؤْذيكَ. ______________

تدريب (2): ما نوع (ما / مَن) في الجمل الآتية؟

1. ما صفات شيخ القبيلة؟ ______________
2. أَعجبني ما شاهدت من آثارٍ في مدينة جَرَش. ______________
3. ما اسم صديقك؟ ______________
4. ما كان عندي امتحانٌ أَمس. ______________
5. ما قرأتُ جريدة (القُدْس العربيِّ) مِنْ قبل. ______________
6. ما اسم الجريدة الَّتي تقرأها؟ ______________
7. ما تُقَدِّمْ مِن خير تجدْ ثَوابَهُ عند اللّه. ______________
8. مِنَ الصَّعب أَنْ تحصل على ما تريد دائماً. ______________
9. ما فازَ الفريق بمباراة أَمس. ______________

10. ما تُشاهِدْ في سفركَ يَزِدْ معلوماتِكَ.

11. أَوافق على ما قُلتَ.

12. ما أَجمل السَّلام في الشَّرق الأَوسط.

13. ما عندي أَولاد.

14. ما أَحسنَ الوفاء بالْعَهْد.

15. ما أَقلَّ الأَصدقاء عند الحاجة.

الاستماع

Track - 40

أَولاً: استمع إِلى التَّسجيل، ثمَّ أَجب عن الأَسئلة الآتية:

1. بماذا كان يُكَنّى حاتم الطّائيُّ؟

2. لماذا كان حاتم الطائيُّ يُشْعِلُ النار ليلاً؟

3. مَن هي ماوية؟

4. ماذا قالت المرأة لحاتم؟

5. ماذا فعل حاتم؟

6. لماذا طلّقت ماوية زوجها؟

ثانيا: ضع علامة (✓) أَو (×) أَمام كلِّ جملةٍ ممّا يلي:

1. لا يسمح حاتم لضيفه بالدُّخول قبل أَن يعرف اسمه واسم قبيلته. (   )
2. كان حاتم ينفق على نفسه وأُسرته حتّى أَصبح فقيراً. (   )
3. كانت كلاب حاتم تنبح على الضيوف. (   )
4. ذبح حاتم فرسه، وأَطعم المرأة وأَطفالها، ثمَّ أَيقظ أَطفاله ليأكلوا. (   )
5. رجعت ماوية إِلى زوجها بعد أَن عرفت أَنَّ طبعه لن يتغيَّر. (   )
6. كان حاتم يشعل النار ليلاً حتّى يراها المسافر في الصحراء. (   )
7. لعلَّ أكرم العرب جميعاً هو "حاتم الطّائيّ". (   )
8. يُضْرَبُ المثل في الكرم فيُقال: "أَكرم من حاتم". (   )
9. الصَّحراء واسعةٌ لا نهاية لها. (   )
10. المسافر في الصَّحراء يحتاج دائماً إِلى مساعدةٍ أَو استراحةٍ أَثناء سفره الطّويل. (   )
11. من عادات العرب أَن يذبح العربي لضيفه خروفاً أَو جملاً حتّى لو كان فقيراً. (   )
12. كانت المرأة (قديماً) إِذا أَرادت أَن تطلّق زوجها حوّلت باب منزلها. (   )

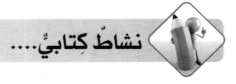

نشاطٌ كِتابيٌّ....

اكتب ما تعرفه عن عادات العرب.

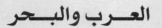

الدرس الواحد والعشرون

العــرب والبــحر

Track - 41

استخدم العرب البحر قديماً لنقل تجارتهم. وبعد الإِسلام نقلوا عبره دينهم وحضارتهم وثقافتهم إِلى الإِنسانيَّة في كلِّ مكانٍ، وقد ساعدهم على ذلك الموقع الجغرافيُّ المتميِّز؛ فهم يقيمون في شبه الجزيرة العربيَّة التي تحيط بها المياه من الجهات الثَّلاث (جنوباً وشرقاً وغرباً).

عرف العرب الملاحة أَيضاً، فقد عرفوا الرِّياح الموسميَّة في المحيط الهنديِّ، والَّتي مكَّنت سفنهم الشِّراعيَّة الصَّغيرة من القيام برحلاتها في أَوقاتٍ معيَّنةٍ من السَّنة، وقد اخترع العرب الشِّراع المثلَّث للسَّفينة، والذي مكَّن سفنهم من الإِقلاع والسَّير في الرِّيح العاصفة، وقد نُقل هذا الشِّراع المثلَّث إِلى البحر الأَبيض المتوسّط في نهاية القرن التّاسع الميلاديِّ.

هذا وقد ساعدت معرفة العرب بالبحر والملاحة على نشر الدَّعوة الإِسلاميَّة إِلى المتوسِّط والسّواحل الأُوروبيَّة. وقد أَنشأ عمر بن الخطاب أَوَّل أُسطولٍ إِسلاميٍّ لحماية شواطئ مصر والشّام بعد فَتْح المسلمين لها. إِلّا أَنَّ انتشار الأَساطيل الإِسلاميَّة في البحر الأَبيض المتوسّط يعود الفضل فيه للأمويِّين، وقد كانت معركة (ذات الصَّواري) بالقرب من الإِسكندريَّة، هي المواجهة البحريَّة الأولى بين المسلمين والروم البيزنطيِّين، وقد انتصر المسلمون في هذه المعركة البحريَّة. ونَقل العرب دينهم وثقافتهم وفنَّهم إِلى جزر المتوسّط، ولا سيَّما جزيرة صقليَّة، وجزيرة كريت، وبعض مدن إِيطاليا. وانتشرت الحضارة العربيّة الإِسلاميَّة بشكلٍ واسعٍ في شبه جزيرة أَيبريا (الأَندلس)، الَّتي فتحها الأمويّون بقيادة طارق بن زياد وموسى بن نصير.

مِن أَهمِّ الممرّات المائيَّة في العالم العربيِّ: قناة السّويس في مصر، ومضيق هرمز في الخليج العربيِّ، ومضيق جبل طارق، الذي يربط بين المغرب وإِسبانيا. ويُعتبَر ميناء جبل علي في مدينة دبي الآن من أَكبر الموانئ في العالم.

اشتهر العرب منذ القدم بصيد السَّمك والغوص على اللُؤلُؤ. ومن العادات الَّتي كانت شائعةً أَنَّ أُسَرَ الصَّيّادين تنتظر عودتهم بفارغ الصَّبْر، فكانوا يتجمَّعون على

الشاطئ، ويستقبلونهم بالأغاني والأهازيج الشَّعبية الَّتي أَصبحت الآن جزءاً من التُّراث العربيِّ. وكان العرب يَخْشَوْنَ البحر ويسمّونه بِالغدّار؛ لأَنَّه كان يبتلع كثيراً من الصَّيّادين؛ ممّا يُسَبِّبُ الخوف العميق لأُسر هؤلاء الصَّيّادين؛ لأَنهم فقدوا مُعيلَهُمُ الوحيد.

وقد كان الصَّيّادون يصنعون شِباكَهُمْ بأنفسهم، كما كانوا يتفقَّدونها جيِّداً، وَيُصْلِحونَها بِاسْتِمْرار، قبل أَن يُلقوا بها إِلى البحر، وهذا العمل جعل الصَّيّادين متعاونين دائماً، فالصَّيّاد وحده لا يستطيع أَن يقوم بهذه الأَعمال؛ لأَنَّ الشبكة كبيرةٌ وطويلةٌ، وتحتاج إِلى مجموعةٍ من الصَّيّادين لحملها، وإِلقائها في البحر بشكلٍ صحيحٍ، وفي المكان الذي تتجمَّع فيه الأَسماك حسب حركة الجَزْر والمَدِّ لمياه البحر.

كذلك الحال بالنِّسبة لمراكب الصَّيد حيث كان الصَّيّادون يتعاونون في صُنْعِها. وإِذا نزلوا إِلى البحر، فإِنَّهم ينزلون مجموعاتٍ ويقتسمون العمل فيما بينهم، وهم يعملون تحت قيادة رُبّان المركب، وهو البَحّار المسؤول عن المركب والصَّيّادين.

وقد تغيَّر حال العرب في الخليج العربيِّ بعد اكتشاف النِّفط؛ حيث انصرف النّاس عن العمل بالصَّيد إِلى التِّجارة والأَعمال الحُرَّة، بالإِضافة إِلى الوظائف الحكوميَّة.

الأسئلة

أَولاً: أَجب عن الأَسئلة الآتية:

1. لماذا استخدم العرب البحر؟

_____

2. ما الذي ساعد العرب على معرفة البحر والملاحة؟

_____

3. كيف ساهمت معرفة العرب بالبحر في نشر الدَّعوة الإِسلاميَّة؟

_____

4. ما فضل اكتشاف الشِّراع المثلث على المِلاحَة؟

_____

5. مَنْ أَنشأ أَوَّل أُسطولٍ في الإِسلام؟

_____

6. ما اِسم أَول معركةٍ بحريَّةٍ خاضها المسلمون؟

_____

7. إِلى أَينَ نَقَلَ المسلمون حضارتهم؟

_____

8. ما أَهمُّ الممرّات المائيَّة في العالم العربيِّ؟

---

9. لماذا كان العرب يُسَمّون البحر (بالغدّار)؟

---

10. هل تَغَيَّرَتْ علاقة العربيِّ بالبحر بعد اكتشاف النِّفط؟ كيف؟

ثانياً: ضع علامة (✓) أَو (×) أَمام كلِّ عبارةٍ من العبارات الآتية:

1. عرف العرب البحر قديماً. ( )
2. اشتهر سكّان شبه الجزيرة العربيَّة بالصِّناعة والزِّراعة. ( )
3. ساعدت معرفة العرب بالملاحة والتِّجارة على نشر الدَّعوة الإِسلاميَّة. ( )
4. اخترع اليونان القدماء الشِّراع المثلَّث. ( )
5. فتح طارق بن زياد وموسى بن نصير جزيرة أَيبريا. ( )
6. يُعتبَر عمر بن الخطاب مؤسِّس الدَّولة الإِسلاميَّة وقد أَنشأ أَوَّل أُسطولٍ في الإِسلام. ( )
7. كانت معركة (ذات الصّواري) من أَهم المعارك البحريَّة الَّتي انتصر فيها المسلمون. ( )
8. انتصر المسلمون على الفرس في معركة (ذات الصواري). ( )
9. نقل العرب لغتهم فقط عبر البحر. ( )
10. مِن أَهمِّ جزر البحر الأَحمر: جزيرة صقلِّية وجزيرة كريت. ( )

ثالثاً: استخدم الكلمات الآتية في جملٍ توضِّح معناها:

شِراع:

______

إقْلاع:

______

الْمِلاحَة:

______

أُسْطول:

______

الْحَضارَة:

______

جُزُر:

______

رابعاً: هات مرادف الكلمات الآتية من النَّصّ:

- اسْتَعْمَلَ: ______
- اسْتراتيجِيٌّ: ______
- خِلالَهُ: ______
- القَوِيَّة: ______
- بَنى: ______
- يُعَدُّ: ______
- الْحَرْب: ______
- مَعْروفَة: ______
- الأَغاني: ______
- يَخافونَ: ______
- يَأْكُل: ______
- يَرْمي: ______

خامساً: هات عكس الكلمات الآتية من النَّصِّ:

- بَرِّيٌّ: ....
- بِدايَة: ....
- حَديثاً: ....
- انْهَزَمَ: ....
- الهادِئَة: ....
- ضَيِّق: ....
- السَّعادَة: ....
- الْمَدُّ: ....

الفعل المبنيُّ للمعلوم والفعل المبنيُّ للمجهول:

الفعل **المبنيُّ للمعلوم** هو ما **ذُكر فاعله** (أَي فاعله معروف)

مثل: كتبَ الطالبُ الواجبَ.

الفعل **المبنيُّ للمجهول** هو ما كان **فاعله غير معروف**

مثل: كُتِبَ الواجبُ.

كيف نُحوِّل من المعلوم إِلى المجهول؟؟

1. تغيير صورة الفعل؟

- إِذا كان الفعل ماضياً فغالباً ما يُضمُّ أَول حرف فيه (وضع ضمَّة فوق الحرف الأَول من الفعل) ويُكسَر ما قبل الآخر (وضع كسرة فوق الحرف الأَخير من الفعل) مثل:

كَتَبَ	كُتِبَ	دَرَسَ	دُرِسَ
شَرِبَ	شُرِبَ	أَكَل	أُكِلَ
وَجَدَ	وُجِدَ	وَضَع	وُضِعَ

• إذا كان الفعل الماضي معتلاً، وكان الحرف الثاني منه أَلفاً، فغالباً ما **تصبح الألف في المبني للمجهول ياءً** مثل:

قالَ	قيلَ	باعَ	بيعَ
صارَ	صيرَ	حاكَ	حيكَ

• إذا كان الفعل الماضي معتلاً، وكان الحرف الأَخير منه أَلفاً، غالباً ما **تصبح الألف في المبني للمجهول ياءً** مثل:

مَشى	مُشِيَ	دَعا	دُعِيَ
طَوى	طُوِيَ	رَمى	رُمِيَ

• إذا كان الفعل مضارعاً فغالباً ما يُضمّ أوله ويُفْتَح ما قبل الآخر مثل:

يَكْتُبُ	يُكْتَبُ	يَدْرُسُ	يُدْرَسُ	يَأْكُلُ	يُؤْكَلُ

- غالبا ما تصبح الياء والواو (في المعلوم) أَلفاً (في المجهول) مثل:

يَقول	يُقال	يَبيع	يُباع	يَزور	يُزار
يَمشي	يُمشى	يَرمي	يُرمى	يَطوي	يُطوى
يَرجو	يُرجى	يَحكي	يُحكى	يَشتري	يُشتَرى

2. حذف الفاعل، ويصبح المفعول به مكانه ويُسمّى (نائب فاعل)، مثل:

زَرعَ الفلّاحُ شجرةً. زُرِعَتْ شجرةٌ.

تَشرَح المعلمةُ الدرسَ. شُرِحَ الدرسُ.

3. حذف أَي ضمير يعود على الفاعل، مثل:

زَرعَ الفلّاح أرضهُ. زُرعَتِ الأرضُ.

يَكتبُ الطالبُ واجبَهُ دائماً. يُكتَبُ الواجبُ دائماً.

تدريب (1) : اقرأ مايلي:

مبني للمعلوم	مبني للمجهول	مبني للمعلوم	مبني للمجهول
وَعَدَ	وُعِدَ	امْتَحَنَ	امتُحِنَ
أَمَرَ	أُمِرَ	تَرَكَ	تُرِكَ
لاحَظَ	لوحِظَ	قاتَلَ	قوتِلَ
اسْتعمَلَ	اسْتُعمِلَ	انْتَبهَ	انتُبِهَ
استَخْدَمَ	استُخْدِمَ	عالَجَ	عولِجَ
يُوَدِّع	يُوَدَّع	عامَلَ	عومِلَ
صافَحَ	صوفِحَ		

تدريب (2): حوّل الجمل الآتية من المعلوم إلى المجهول:

1. أَعطى الإِسلامُ المرأةَ حقوقها. 1. ________________

2. يشرب الضُّيوفُ الشّاي والعصيرَ. 2. ________________

3. كتبتُ رسالةً إِلى صديقي. 3. ________________

4. يشتري النّاس الملابسَ الجديدةَ في الأَعياد.

4. ________________________________

5. يشاهِدُ النّاس مباريات كرةِ القدمِ على شاشةِ التِّلفاز.

5. ________________________________

6. أَقامَ أَخي حفلةً كبيرةً ليلةَ أَمسِ.

6. ________________________________

الاســتماع

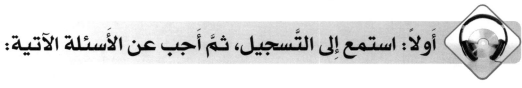

أَولاً: استمع إِلى التَّسجيل، ثمَّ أَجب عن الأَسئلة الآتية:

1. متى حُفِرت أَوَّل قناةٍ في مصر؟

2. متى اكتشف البرتغال طريق رأْس الرَّجاء الصالح؟

3. ما تأثير اكتشاف رأْس الرَّجاء الصالح على مصر؟

4. ماذا فعل نابليون عندما احتلَّ مصر؟

5. من هو فرديناند دي لسيبس؟

6. متى بدأ حفر القناة؟

7. متى افتتحت قناة السّويس رسمياً للملاحة؟

8. لماذا تحوَّلت أَطماع بريطانيا نحو مصر والقناة؟

---

9. مَن الذي أَمَّمَ قناة السّويس؟

---

10. ماذا كانت نتيجة هذا التأميم؟

ثانياً: ضع علامة (✓) أَمام العبارة الصَّحيحة وعلامة (×) أَمام العبارة الخاطئة، ثمَّ صحِّح الإِجابة الخاطئة:

1. قناة السّويس مَمَرٌّ مائِيٌّ مهمٌ. (   )
2. زادت قناة السّويس من أَطماع الغرب الاستعماريَّة. (   )
3. قناة السّويس تربط بين النِّيل والبحر الأَحمر. (   )
4. لم تتأَثَّر أَهميَّة القناة باكتشاف النِّفط في الشَّرق الأَوسط. (   )
5. أَمَّمَ الخديوي إِسماعيل قناة السّويس. (   )
6. حدث العدوان الثُّلاثيُّ على مصر عام 1967م. (   )
7. استفادت بريطانيا من قناة السّويس في الحرب العالميَّة الثّانية. (   )
8. تعتبر قناة السّويس من أَهمِّ مصادر الدَّخل القوميِّ في مصر. (   )

ثالثاً: هات مرادف ما يلي من النَّصِّ:

• موقع مهم: _____ • النِّفط: _____

• مرت بها: _____ • حفرت: _____

• ضيق ماليٌّ: _____ • شديدة: _____

• زمن: _____ • سَبَّبَ: _____

• محادثات: _____ • الانسحاب: _____

• مرور: _____ • مشكلة: _____

رابعاً: استخدم ما يلي في جملٍ مفيدةٍ:

تَأْميم:

_____

أَزْمَة:

_____

شَقَّ:

_____

عُبور:

_____

اسْتراتيجِيَّة:

_____

مَمَرّات:

_____

قَناة:

اتِّفاقِيَّة:

خامساً: كيف تكشف عن معنى الكلمات الآتية في المعجم:

فُقْدان:

تَأْميم:

اِتِّفاقِيَّة:

اِخْتِبار:

تَسْتَثْمِرُ:

اِشْتِراط:

حاكِم:

اِكْتِشاف:

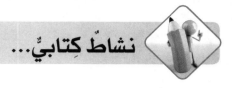

نشاطٌ كِتابيٌّ...

اكتب ما تعرفه عن ممر مائي مشهور.

_____

_____

_____

_____

_____

_____

_____

_____

_____

_____

_____

_____

_____

_____

_____

_____

الدرس الثاني والعشرون

من الأمثال العربيَّة (جَنَتْ عَلى نَفْسِها بَراقِش)

Track - 43

جَنَتْ عَلى نَفْسِها بَراقش

يقولون إِنَّ براقش كانت كلبة. و لكن كيف جَنَتْ على نفسها، وعلى أَصحابها؟ و ما قصَّتها؟

تقول كتب الأَمثال: إِنَّ براقش كانتْ كلبة لقومٍ في بلاد المغرب العربيِّ. وكانت تقوم بحراسة المنازل و الحقل خير قيام...

تنبح و تطارد المارَّة من الغرباء. وتكاد تفترس اللصوص و الأَشقياء. لم يكن أَحدٌ يجرؤ على الاقتراب منها أَو المرور في طريقها!

و كان صاحبها قد علَّمها أَن تسمع وتطيع أَوامره. إِن أَشار إِليها بالسَّبابة سمحت لضيوفه و معارفه. و إِن لم يُشِرْ بها، انطلقت كالصّاروخ فلا تعود إِلّا

والفريسة بين يديها ممزقة الأشلاء.

أَطفال الحيِّ يحبّونها... و هي تحبُّهم و تحرسهم.

تخرج معهم و تلاطفهم... تسبقهم تارةً و تتأخَّر عنهم تارةً أُخرى. تستكشف الطَّريق، و تشمُّ رائحة العدوِّ من بعيد... و كأنَّها جهاز إنذارٍ أَو طائرة استكشافٍ. و أَحياناً تتوسَّطهم و هم يلتفّون حولها فتقوم بعرض أَلوانٍ من الأَلعاب البهلوانيَّة، والحركات اللَّطيفة، فيضحكون و يمرحون و يعودون من رحلتهم سعداء مسرورين. فإذا ما أَقبل اللَّيل ناموا و هم آمنون؛ لأَنَّ براقش تحميهم و تسهر طول اللَّيل تحرسهم!

و في ليلةٍ ظلماءَ. هجم الأَعداء على بيوت أَصحابها و منازلهم.

فصاحت براقش و نبحت نباحاً متواصلاً، فاستيقظ قومها وفرّوا إِلى مغارةٍ في الجبل القريب من قريتهم. و جرت براقش معهم... و بحث الأَعداء عنهم فلم يجدوهم.. فأَرادوا العودة من حيث أَتوا و اطمأنَّ أَصحابها, و أَيقنوا أَنَّهم قد أَمنوا شرَّ الأَعداء بفضل براقش. لكن براقش راحت تنبح. فأَشار إِليها أَصحابها بالسُّكوت لكنَّها لم تفهم الإِشارة و راحت تنبح نباحاً متواصلاً، وعاد الأَعداء و عرفوا مكانهم وقضوا عليهم.

وكانت براقش هدفاً لضربةٍ قاتلةٍ مزَّقتها شرَّ ممزَّق، وهكذا كانت سبباً في القضاء على قومها.

لقد كانت كمن يُضيء الأَنوار في وقت الغارة.. ولا يزال يُضرب هذا المثل لمن يتسبَّب في إِيذاء نفسه.

الأسئلة

أولاً: أجب عن الأَسئلة الآتية:

1. مَنْ هي براقش؟

---

2. أَين كان يسكن أَصحابها؟

---

3. ما الأَعمال التي كانت تقوم بها؟

أ. ______

ب. ______

ج. ______

4. هل كانت مُطيعةً لصاحبها؟ كيف؟

---

5. أُكتب العبارة الَّتي تدلُّ على سرعة براقش.

---

6. لماذا كان أَطفال الحيِّ يحبّونها؟

---

7. مَن الذي هجم في اللّيل على أَهل براقش؟

____

ثانياً: اُكتب مُرادف ما يلي من النَّصّ:

- أَهلكت: ______ • تلحق بـ ـِ: ______
- تقتلُ: ______ • ذهبت مسرعة: ______
- فُكاهيَّة: ______ • يلعبون: ______
- شديدة الظَّلام: ______ • هربوا: ______
- رَكَض: ______ • فتَّش: ______
- رجَعَ: ______ • جاء: ______
- تأكَّد: ______ • بدأت: ______
- مستمراً: ______ • يُقال: ______

ثالثا: اكتب عكس معنى ما يلي من النّصّ:

- أَنقذتْ: ______ • الابْتعاد: ______
- تعصي: ______ • رفضت: ______
- يكرهونها: ______ • صديق: ______
- حزين: ______ • نام: ______
- ذهاب: ______ • شكَّ: ______
- خير: ______ • مُتقطِّع: ______

رابعاً: اكتب الميزان الصَّرفيَّ للكلمات الآتية:

الفعل	الميزان الصَّرفي	الفعل	الميزان الصَّرفي
• صاروخ		• فَريسَة	
• أَشْلاء		• شَمَّ	
• اِسْتِكْشاف		• سُكوت	
• أَيْقَنَ		• مَغارَة	
• آمِنونَ		• سُعَداء	

خامساً: اكتب مصادر الأَفعال الآتية من النَّصِّ:

الفعل	المصدر	الفعل	المصدر
• حَرَسَ		• اِقْتَرَبَ	
• مَرَّ		• أَنْذَرَ	
• نَبَحَ		• عادَ	
• سَكَتَ		• قضى	
• آذى		• استكشَفَ	

سادساً: اقرأ:

(**المثَل:** عبارةٌ موجزةٌ (قليلة الكلمات) تحتوي فكرةً أَو رأياً أَو نصيحةً)

من الأَمثال المشهورة:

1. رضا النّاس غايةٌ لا تُدرك.
2. مَنْ شبَّ على شيءٍ شابَ عليه.
3. خَيْرُ الكَلامِ ما قلَّ وَدَلَّ.
4. الحَديثُ ذو شُجون.
5. العَفْوُ عند المَقْدِرَة.
6. عَلامَة الأَحْمَقِ ثلاث: سُرْعَةُ الْجَواب، وَكَثرَةُ الالْتِفات، وَالثِّقَة بِكُلِّ أَحَدٍ.
7. القناعة كنْزٌ لا يَفْنى.
8. الصَّمْتُ عَوْنٌ لِلْفَهْمِ، وَدينٌ لِلْعالِمِ، وَسَتْرٌ لِلْجاهِلِ.
9. كُلُّ فتاةٍ بِأَبيها مُعْجَبَةٌ.
10. تَجْري الرِّياحُ بِما لا تَشتَهي السُّفُنُ.
11. صَنْعَةٌ في اليَدِ أَمانٌ مِنَ الفَقر.
12. الحُبُّ أَعْمى.
13. الرَّفيق قبل الطَّريق.
14. مَنْ شابهَ أَباه ما ظلَمَ.
15. يَدُ اللَّهِ مَعَ الجَماعَةِ.

العدد: تذكيره وتأنيثه:

- (1،2) العدد يطابق المعدود.

- (3،4،5... 9) العدد يخالف المعدود.

- (10) المفردة تخالف المعدود.

- (11،12) العدد يطابق المعدود.

- (13،14،15... 19) الجزء الأَوَّل يخالف والثّاني يطابق.

- (100،200،300... 1000) صيغةٌ واحدةٌ مع المذكَّر والمؤنَّث.

- (20،30،40... 90) تُسمّى ألفاظ العُقود وتلزم صيغةً واحدةً مع المذكَّر والمؤنَّث، (العَقد = 10 سنوات).

(اقرأ الجدول التّالي لفهم ما صعب عليك)

الأَعداد المفردة	الأَعداد المركبة	الأَعداد المعطوفة
(1 - 10)	(11 - 19)	(21 - 99)
عندي قلم (واحد)	عندي أَحد عشر قلماً	عندي واحد وعشرون قلماً
عندي قلمان (اثنان)	عندي اثنا عشر قلماً	عندي اثنان وعشرون قلماً
عندي ثلاثة أَقلامٍ	عندي ثلاثةَ عشرَقلماً	عندي ثلاثةٌ وعشرون قلماً
عندي أَربعة أقلامٍ	عندي أَربعةَ عشرَ قلماً	عندي أَربعةٌ وعشرون قلماً
عندي خمسةُ أَقلامٍ	عندي خمسةَ عشرَ قلماً	عندي خمسةٌ وعشرونَ قلماً
عندي ستَّة أقلامٍ	عندي ستَّة عشرَ قلماً	عندي ستَّةٌ وعشرون قلماً
عندي سبعةُ أَقلامٍ	عندي سبعةَ عشرَ قلماً	عندي سبعةٌ وعشرون قلماً
عندي ثمانيةُ أَقلامٍ	عندي ثمانيةَ عشرَ قلماً	عندي ثمانيةٌ وعشرون قلماً
عندي تسعةُ أَقلامٍ	عندي تسعةَ عشرَ قلماً	عندي تسعةٌ وعشرون قلماً
عندي عشرةُ أَقلامٍ	عندي عشرةُ أقلامٍ	عندي تسعةٌ وتسعونَ قلماً
عنده مِسطرةٌ (واحدة)	عنده إِحدى عشرةَ مسطرةً	عنده إِحدى وعشرون مسطرةً
عندها مسطرتان (اثنتان)	عندها اثنتا عشرةَ مسطرةً	عندها اثنتان وعشرون مسطرةً
عندك ثلاثُ صديقاتٍ	عندك ثلاثَ عشرةَ صديقةً	عندك ثلاثٌ وعشرونَ صديقةً
في الصَّفِّ أَربعُ طالباتٍ	في الصف أَربعَ عشرةَ طالبةً	في الصف أَربعٌ وعشرون طالبةً
قرأتُ خمسَ قصصٍ	قرأتُ خمسَ عشرةَ قصَّةً	قرأتُ خمساً وعشرينَ قصَّةً
قرأتُ ستَّ رواياتٍ	قرأتُ ستَّ عشرةَ روايةً	قرأتُ ستّاً وعشرين روايةً
أكلنا عشرَ تفاحاتٍ	أكلنا تسعَ عشرةَ تفاحةً	أكلنا تسعاً وتسعين تفاحةً

تدريب (1): استبدل الأَرقام بالحروف في الجمل الآتية:

1. لي (4) بنات و (5) أَولاد.

____

2. صلاة الفجر (2) ركعة وصلاة الظُّهر (4) ركعة وصلاة المغرب (3) ركعة.

____

____

3. يعمل في المدرسة (20) مدرِّساً و (30) مدرسة.

____

4. ستقلع الطّائرة بعد (3) ساعة و (10) دقيقة.

____

5. وصلت إِلى الجامعة (7) حافلة، بداخل كل حافلة (29) طالبة.

____

____

6. كتبتُ اليوم (10) صفحة.

____

7. اشتريتُ أَمس (6) قلم و (3) مسطرة.

---

8. معي (100) دينار.

---

9. نجح في الامتحان (8) طالب، ورسب (2) طالبة.

---

10. انتظرت صديقي (3) ساعة و(20) دقيقة.

تدريب (2): ضع دائرةً حول رمز الإِجابة الصحيحة:

1. اشتريتُ من السّوق

أ. أَربعة فستاناً. ب. أَربعة فساتين. ج. أَربع فساتين.

2. حضر اليوم

أ. خمس عشرة زائراً. ب. خمسة عشر زائراً. ج. خمس عشرة زائرٍ.

3. أَقلعت الطائرة قبل

أ. ثلاثة ساعات. ب. ثلاثَ ساعاتٍ. ج. ثلاثِ ساعاتٍ.

4. في الأُسبوع

أ. سبعةُ أَيامٍ.　　ب. سبع أَيامٍ.　　ج. سبعة يومٍ.

5. زرتُ في عمّان

أ. إِحدى وعشرين مكتبةً.　　ب. واحداً وعشرون مكتبةً.

ج. إِحدى وعشرون مكتبات.

6. عالجَ الطَّبيبُ

أ. خمسون مريضاً.　　ب. خمسين مرضى.　　ج. خمسين مريضاً.

7. يتألَّف هذا الكتاب من

أ. مائتان صفحة.　　ب. مائتيْ صفحةٍ.　　ج. مائتين صفحات.

8. يشرف المهندس على

أ. ستِّ مشاريع.　　ب. ستَّةِ مشاريعَ.　　ج. ستة مشروعٍ.

9. يعمل في هذه الشَّركة

أ. ثلاث آلاف عامل.　　ب. ثلاثة آلاف عاملٍ.　　ج. ثلاثة آلاف عاملاً.

10. بقيت في زيارة صديقي

أ. سبعة عشرة يوماً.　　ب. سبع عشر يومٍ.　　ج. سبعة عشر يوماً.

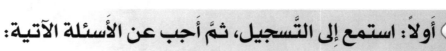

Track - 44

الاســتماع

أَولاً: استمع إِلى التَّسجيل، ثمَّ أَجب عن الأَسئلة الآتيـة:

1. ماذا كان يعمل حُنَيْن؟

---

2. ماذا أَراد القرويُّ أَن يشتري؟

---

3. لماذا غضب حُنين من القرويِّ؟

4.ماذا فعل حُنين عندما ارتحل القروي؟

---

5. مَنْ أَخذ راحلة القرويِّ؟

---

6. بماذا رجع القرويُّ من سفره؟

---

7. لِمَنْ يُضرَبُ هذا المَثَل (رجع بخُفَّيْ حُنين)؟

ثانياً: ضع علامة (✓) أَو (×) أَمام كلِّ عبارةٍ ممّا يلي، ثمَّ صحِّح الخطأ:

1. أَراد القرويُّ أَن يشتريَ سيارةً. ( )
2. غضب حُنين لأَنَّ القرويَّ ساومه كثيراً. ( )
3. اشترى القرويُّ الخُفَّينِ. ( )
4. رمى حُنين الخُفَّين معاً في الطَّريق الذي سلكه القرويُّ. ( )
5. أَخذ حُنين راحلة القرويِّ مقابل الخُفَّين. ( )
6. رجع القرويُّ إِلى أَهله مسروراً. ( )
7. يوصَفُ القرويُّ بأنه ذكيٌّ. ( )
8. يُضْرَب هذا المَثَل عند الشُّعور باليأس والرُّجوع بالخيبة. ( )

ثالثا: استخدم الكلمات الآتية في جملٍ توضِّح معناها:

ساوَمَ:

_____

خُفٌّ:

_____

قرويٌّ:

_____

مَضى:

_____

راحِلة:

_____

خائِباً:

_____

نشاطٌ كِتابيٌّ....

اكتب فقرةً أَو أَكثر عن الأَمثال الشَّعبيَّة في بلدك.

الدرس الثالث والعشرون

جـــزاء سنمّـــار

Track - 45

أَراد أَحد الملوك أَن يبني لنفسه قَصْراً عظيماً، فاستدعى كُلَّ المهندسين في مملكته، وأَخبرهم بما يريد. ثمَّ اختار مهندساً مشهوراً ليبني ذلك القصر. وكان اسمه سِنِمّار.

أَخذ المهندس يفكِّر طوال الوقت، وبعد تفكيرٍ طويلٍ، وضع خطَّةً للبناء، وبدأ

العمل في نشاطٍ. بنى سنمّار قصراً عظيماً، وكان النّاس يأتون من البلاد البعيدة ليشاهدوا جمال هذا البناء.

أُعجب الملك بالقصر، وشكر المهندس على عمله العظيم، ففرح المهندس وأَخذ يفكِّر في الجائزة الكبيرة التي سيأخذها من الملك. وفي أَحد الأَيّام استدعى الملك المهندس، فأسرع إِليه في نشاطٍ. طلب الملك من المهندس أَن يشرح له كلَّ شيءٍ عن بناء القصر. ثمَّ صعدا إِلى سطح القصر، فرأى الملك من السَّطح منظراً رائعاً، فسأل المهندس: هلْ هُناك قصرٌ مثل هذا؟

أَجابه المهندس: كلا.

ثمَّ سأله: هل هناك مهندسٌ غيرك يستطيع أَن يبني مثل هذا القصر؟ أَجاب المهندس: كلا.

فكَّر الملك سريعاً... إِذا عاش هذا المهندس فسيبني قصوراً أُخرى أَجمل من هذا القصر. طلب الملك من جنوده أَن يُلقوا بالمهندس من سطح القصر. أَلقى الجنود بالمهندس من السَّطح، فانكسرت عنقه ومات. وصار النّاس يضربون هذا المثل (جزاء سنمّار) لمن يقدِّم خيراً للنّاس فيجزونه شراً.

الأسئلة

أولاً: أجب عن الأسئلة الآتية:

1. ماذا أَراد الملك أَن يبني؟

2. ما اسم المهندس الذي اختاره الملك؟

3. أَين بنى المهندس القصر؟

4. لماذا كان النّاس يأتون من البلاد البعيدة؟

5. ماذا شاهد الملك من سطح القصر؟

6. ماذا طلب الملك من جنوده أَن يفعلوا بسنمّار؟ لماذا؟

7. لِمَنْ يُقال هذا المَثَل؟ (جَزاءُ سِنِمّار)؟

ثانيا: اكتب مرادف ما يلي من النَّصّ:

- طلبَ: ____________ • مُكافأة: ____________
- بَدَأ: ____________ • أَحَبَّ: ____________
- جميلاً: ____________ • رمى: ____________

ثالثاً: اكتب عكس معنى ما يلي من النَّصّ:

- مغموراً: ____________ • يهدِم: ____________
- كَسَلٌ / خُمولٌ: ____________ • سألَ: ____________
- ماتَ: ____________ • أَقْبح: ____________

رابعاً: استخدم الكلمات الآتية في جُمَلٍ تُوَضِّحُ معناها:

اِسْتَدْعى:

____

خُطَّة:

____

قَصْر:

____

جائِزَة:

____

رائِع:

جَزاء:

مَثَل:

خامساً: اُكْتُبْ مَصْدر الأفعال الآتية:

الفعل	المصدر	الفعل	المصدر
• اِسْتَدْعى		• فكَّرَ	
• بَنى		• كافَأَ	
• أَلْقى		• ماتَ	
• شاهَدَ		• أَجابَ	
• شكَرَ		• قَدَّمَ	
• فَرِحَ		• طَلَبَ	
• جَزى		• سأَلَ	
• طافَ		• تَجَوَّلَ	

سادساً: حَوِّل المبتدأ في الجمل الآتية إلى الجمع، وغَيِّرْ ما يحتاج إلى تغيير:

1. **المهندسُ** بنى قصراً جميلاً.

___

2. **المَلِكُ** استدعى المهندس لِيُكافِئَهُ.

___

3. **الجُنْدِيُّ** أَلقى بالمهندس من سطح القصر.

___

4. **السّائِحُ** وقف أَمام القصر.

___

5. **القصْرُ** جميلٌ جِداً.

___

سابعاً: اُكتب جذر الكلمات الآتية:

الكلمة	الجذر	الكلمة	الجذر
• استدعى		• اِسْتَمْتَعَ	
• مَشهور		• حُصول	
• سَريعٌ		• يَسْتَطيعُ	

ثامناً: اِقْرأ:

(أ) مِنْ مَعاني (أَخَذَ)

- أَخذ القلم: **تناوَلَ** (عكس أَعطى)
- أَخذ درساً في العربيّة: **دَرَسَ**
- أَخذ صورَةً في الصَّيف الماضي: **الْتَقَط**
- خُذْ حَذَرَكَ يا بُنَيَّ: **اِنْتَبِهْ**
- أَخذني النّوم: **اِسْتغرَقْتُ** في النّوم
- أَخذ بِرَأيهِ: **قَبِلَ**
- أَخذَ بِثأرِهِ: **اِنْتقمَ**
- أَخذ بِخاطري: **عَزّاني**
- أَخذتُ بِيَدِ الْمَريض: **ساعَدْتُهُ**
- أَخذ على خاطِرِهِ مِنْ كلامِ زميلِهِ: **غَضِبَ**

(ب) اِقْرأ:

- حُدوث هذا التَّطوُّر العلميّ الكبير، **اِسْتَدْعى** ظُهورَ حياةٍ جديدةٍ على كوكب الأَرض.
- هل القانون **استدعى** ذلك أَم العادات والتَّقاليد؟
- اِتَّصلْ بالشُّرْطَةِ إِذا **استدعى** الموقفُ ذلك.
- **استدعى** النَّجاشيُّ (ملك الحبشة) المهاجرين من المسلمين للوُقوف على حقيقة دينهم.
- **استدعتِ** الشُّرطة المتَّهَمَ للتَّحْقيق مَعَهُ.
- تساقطتِ الثُّلوج بغزارةٍ؛ ممّا **استدعى** تأجيل الامتحان إِلى موعدٍ لاحقٍ.

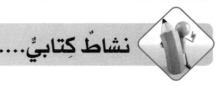

نشاطٌ كِتابيٌّ....

اكتب قصةً مشابهةً لقصة هذا المهندس إِنِ استطعت..

_____

_____

_____

_____

_____

_____

_____

_____

_____

_____

_____

_____

_____

_____

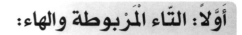

من الأخطاء الإملائية الشائعة

أَوّلاً: التّاء المْرَبوطة والهاء:

من المعروف أَنَّه عند الوقف على التّاء المربوطة، فإنَّ القارىءَ يلفظُها هاءً. لكنَّ هذا لا يعني عدم وضع النقطتيْنِ عليها. لأَنَّ هذا مهمٌّ؛ للتفريق بينها وبين الهاء.

مثلاً: نكتب (فاطمة) بنقطتين على التّاء المربوطة. نكتب (إِله) بدون نقطتين؛ وذلك لأَنَّ الأُولى تاء مربوطة، بينما الثّانية هاء.

ثانياً: التّاء المربوطة والتّاء المفتوحة:

يمكن التَّفريق بينهما بسهولةٍ: التّاء المربوطة تُلفظ هاءً عند الوقف عليها، أَمّا التّاء المفتوحة فتُلفظ دائماً تاءً، سواء أَكانت متحرِّكةً أَم ساكنةً للتّأنيث.

مثل: جامعة - درستُ - درستَ - درستْ.

ملحوظة: تاء الأَفعال تكتب دائماً مفتوحة.

ثالثاً: الأَلف بعد الواو:

(أ) لا يَكتُبُ كثيرٌ من الطَّلبة الأَلف بعد واو الجماعة المتَّصلة بالأَفعال مثل:

(دَرَسوا- أُدْرُسوا - لمْ يدْرُسوا - لنْ يَدْرُسوا)

(ب) يكتب بعض الطَّلبة الألف خطأ بعد الواو مثل:

(أَرجو - يسمو) التفسير بسيط وهو أَنَّ الأَلف تُكتب بعد واو الجماعة المتصلة بالأَفعال ولا تكتب بعد واو الفعل الأَصليَّة.

تُكتب الأَلف بعد واو الجماعة المتصلة بالأَفعال (أ) ولا تكتب بعد واو الجمع، الَّتي هي علامة رفع جمع المذكر السّالم. مثل:

موظَّفو الحكومة - مُدَرِّسو المدْرَسَة.

رابعاً: اللّام الشَّمسيَّة:

سبب الخطأ أَنَّ الطُّلّاب كتبوها كما لفظوها. ومن المعروف أَنَّ اللّام الشمسيَّة تُكْتبُ ولا تُلفظ.

مثلاً يكتب الطّالب (ارِّسالة - اصَّف - اشَّمس)

والصحيح (الرِّسالة – الصَّفُّ - الشَّمس).

خامساً: همزةُ الوصلِ وهمزةُ القطعِ:

• همزةُ القطعِ تُكْتَبُ وَتُنْطقُ مثل: إِنَّ - أَخَذَ - إِسْعاف - أَساس.

• همزةُ الوصلِ تكتب أَلفاً دون همزة، ولا تُنْطَقُ عند وصل الكلام، وهي الَّتي تسبق اللام في (الــ) التعريف.

أَمثلةٌ على همزةِ الوصلِ:

• الـ، اسم، ابن، ابنة، امرأة، امرؤ، اثنان، اثنتان.

• أَمر الفعل الثُّلاثي، مثل: اُكْتُب، اِنْزِل، اِرْكَبْ، اِفْتحْ، اُدْخُلْ، اُدْرُسْ.

• الفعل الماضي وفعل الأَمر والمصدر إِذا كان الفعل خُماسِياً أَو سُداسِياً (يتكوَّنُ الفعل الماضي من خمسةِ حروفٍ أَو ستَّةٍ) أَوَّله همزةٌ زائدةٌ. مثل:

ماضٍ	أَمر	مصدر
اِسْتعمَلَ	اِسْتعْمِلْ	اِسْتعمال
اِنْتبَهَ	اِنتبِهْ	اِنْتباه
اِمْتحَنَ	اِمْتحِنْ	اِمْتحان

وما عدا هذا فهمزته همزة قطع مثل: أَكْرَمَ، أَعْطى، إِحْسان .

سادِساً: الهمزةُ المتوسِّطةُ والهمزةُ المتطرِّفةُ

من أَكثرِ الأَخطاءِ الشائعةِ على الإِطلاق!! لذلك سأتناول قواعد سهلة؛ لتساعد الطَّلبة وغيرهم على كتابة الهمزة بشكلٍ صحيحٍ.

الهمزةُ المتوسِّطة

عند كتابة الهمزة المتوسِّطة نُقارنُ بين حركتها، وحركة الحرف الذي قبلها. أَقوى الحركات هي الكسرة، ثمّ الضَّمَّة، ثمَّ الفتحة، وأَضعف الحركات هي السُّكون.

- **الكسرة تناسبها النبرة (ئ)**
- **الضَّمَّة تناسبها الواو (ؤ)**
- **الفتحة تناسبها الألف (أ)**

أَمثلةٌ:

- **بِئْرٌ:** حركة الهمزة هي السُّكون. حركة الحرف الذي قبل الهمزة هي الكسرة، الكسرة أقوى من السُّكون، إِذن نكتب الهمزة على نبرة.
- **سُئِلَ:** حركة الهمزة هي الكسرة، حركة السِّين هي الضَّمَّة، الكسرة أَقوى من الضَّمَّة، إِذن نكتب الهمزة على نبرةٍ.
- **سَئِمَ:** حركة الهمزة هي الكسرة، حركة ما قبلها الفتحة، الكسرة أَقوى من الفتحة، إِذن نكتب الهمزة على نبرةٍ.

- **نائِلٌ:** حركة الهمزة هي الكسرة، حركة الألَف هي السُّكون، الكسرة أَقوى من السُّكون، إِذن نكتب الهمزة على نبرةٍ.

- (بِئْسَ - يَئِسَ - قائِمٌ - نائِمٌ - قائِلٌ - جُزْئِيٌّ - مُتَفائِلٌ - مُتَشائِمٌ - مَرْئِيٌّ)
- (لُؤْلُؤ - بُؤْبُؤٌ - تَفاؤُلٌ - تَشاؤُمٌ - مَسْؤولٌ - شُؤونٌ - شُؤْمٌ - سُؤالٌ)
- (سَأَلَ - رَأْسٌ - ثَأرَ - زَأرَ - هَيْئَة - بيئَة - سَيِّئَةٌ - تفاءَلَ - تَساءَلَ - فَأْلٌ)

- إِذا جاءت الهمزة بعد حرف مدٍّ (واو أو ألف) كُتبت على السَّطر.

  مثل: مُروْءَة، لن يَسوْءَهُ، عباْءَة، ساْءَلَ (حرفُ المدِّ دائماً ساكنٌ)
- إذا جاءت الهمزة بعد حرف المدِّ (ياء).
- أو جاءت بعد ياءٍ ساكنةٍ أو كسرةٍ كتبت على ياءٍ.

  مثل: بيئَة، خَطيئة، هَيْئَة، حُطَيْئَة، مِئَة، فِئَة، برِئَتْ.

الهمزةُ المتطرِّفة

• إِذا كانت الهمزة في الأَصل متطرفةً ثم اتَّصل بها أَحد الضَّمائر، أَو أَلف الاثنين أَو واو الجماعة، اعتُبرت همزةً متوسِّطةً.

مثل: مَدينَةُ الْعَقَبَةِ شاطِئُها جَميلٌ. يَقْرَؤونَ، مَلؤوا، في جزْأَيْنِ .

• تُكتب الهمزةُ المتطرِّفةُ على ما يناسب حركة الحرف الذي قبلها بِغَضِّ النَّظر عن حركتها.

مثل: بدَأ، أبطَأ، ملأ، قرأ، تباطَأ، تواطَأ، لؤلؤ، التباطؤ.

• إِذا كان الحرف الذي قبلها ساكناً فإِنَّها تُكتب منفصلةً على السَّطر.

مثل: كُفْء، مِلْء، بَدْء، عِبْء، نَشء، شيْء، جُزْء، المرء، بريْء، يُسيء

• إِذا نُوِّنت الهمزةُ المتطرِّفةُ، وكان ما قبلها ساكناً يتصل بما بعده، تكتب على ياء.

مثل: عِبْئاً، بُطْئاً، شَيْئاً، بَريئاً، هَنيئاً.

• إِذا نُوِّنتِ الهمزةُ المتطرِّفةُ، وكان ما قبلها ساكناً لا يتصل بما بعده، تكتب الهمزةُ على السَّطرِ وتُضاف الأَلف بعدها.

مثل: بَدْءاً، جُزْءاً.

• إِذا نُوِّنت الهمزةُ المتطرِّفةُ، وكان ما قبلها أَلفاً ممدودةً، تكتب الهمزةُ على السَّطر، ودون زيادة أَلفٍ بعدها.

مثل: ماءً، جَزاءً، مَساءً، أَسماءً.

قائمة ببعض الأخطاء الشَّائعة وتصويبها

الخطأ	الصَّواب
نَرْجوا	نَرْجو
أَرْجوا	أَرْجو
تَخْلوا	تَخْلو
عامِلوا النَّظافَةِ	عاملو النَّظافة
مَسْئوليَّة	مَسْؤوليَّة
مَسْئول	مَسْؤول
شُئون	شُؤون
(هُما) قَرآ	قَرَأا
جُزْئيْن	جُزْأيْنِ
اطّالب	الطّالب
شَرِبَةْ	شرِبَتْ
ماضي	ماضٍ (تنوين كسرٍ تحت الضاد)
إسْم / إبْن / إمْرَأة	اِسْم / اِبْن / اِمْرَأة

الخطأ	الصَّواب
أَنْتي	أَنْتِ
لَكي	لَكِ
كذالِكَ	كذلِكَ
ذالِكَ	ذلِكَ
هاذا	هذا
هاذِهِ	هذِهِ
لاكِنْ / لاكِنَّ	لكِنْ / لكِنَّ
قَراء	قرَأَ
أولائِكَ	أُولئِكَ
هاؤلاءِ	هؤلاءِ
إِلا / إِلي	إِلى
إِنْشاءَ اللَّه	إِنْ شاءَ اللَّه
(شاءَ بمعنى أَراد، وليست جزءاً من كلمة واحدة هي (إِنشاء)	
حقيقه	حقيقة

الخطأ	الصَّواب
أَرا	أَرى
الْمَوْدوع	الْمَوْضوع
نَباء	نَبَأ
مَساءاً	مَساءً
أَسْماءاً	أَسْماءً
ماءاً	ماءً
سوءال	سُؤال
خَطاء	خَطَأ
كَتَبْتي	كَتَبْتِ
تَفَدَّلْ	تَفَضَّلْ
سَغير	صَغير
أَبوذبي	أَبوظَبي
علي	عَلى

اختبر معلوماتك

التَّدريب الأوَّل: ضعْ دائرةً حول الإِجابة الصَّحيحة:

1. أ. أَجبت على الأَسئلة.
ب. أَجبت عن الأَسئلة.
ج. أَجبت من الأَسئلة.

2. أ. تتكوَّن شقَّتي من غرفتيْ نَوْمٍ.
ب. تتكوَّن شقَّتي من غرفتيْنِ نومٍ.

3. أ. أَسكن قريبةً على السّوق.
ب. أَسكن قريبةً عن السّوق.
ج. أَسكن قريبةً من السّوق.

4. أ. بيته بعيدٌ عن المدرسة.
ب. بيته بعيدٌ من المدرسة.
ج. بيته بعيدٌ على المدرسة.

5. أ. أَنا موظَّفاً في وزارة الخارجيَّة.
ب. أَنا موظَّفٌ في وزارة الخارجيَّة.

6. أ. أَبحث عن شقَّةٍ مفروشةٍ.
ب. أَبحث في شقَّةٍ مفروشةٍ.

7. أ. سافرتُ في الطّائرة إلىمصر.

ب. سافرتُ بالطّائرة إلى مصر.

8. أ. أَشعر بِصُداعٍ شديدٍ.

ب. أَشعر في صُداعٍ شديدٍ.

9 . أ. انتهى الطّالب منالامتحانِ.

ب. انتهى الطّالب إلى الامتحانِ.

10. أ. نُقِلَ المريض إلى المستشفى.

ب. نُقِلَ المريض للمستشفى.

11. أ. اتَّصلتْ فاطمة في المكتب.

ب. اتَّصلت فاطمة بالمكتب.

ج. اتَّصلتْ فاطمة مع المكتب.

12. أ. نَحْنُ طالبانِ في الجامعةِ.

ب. نَحْنُ طالبيْنِ في الجامعةِ.

13. أ. الطِّفلُ نائماً.

ب. الطِّفلُ نائمٌ.

14. أ. هما شربا العصير.

ب. هما شربانِ العصير.

15. أ. أَنتَ تَشرَبْتَ القهوة.

ب. أَنتَ تشرَبُ القهوة.

16. أ. أَنا عُدْتَ من القاهرةِ اليوم.

ب. أَنا عُدْتُ من القاهرةِ اليوم.

17. أ. هي تدفعُ الفاتورة.

ب. هي تدفعو الفاتورة.

18. أ. نحن مشغولونَ.

ب. نحن مشغولينَ.

ج. نحن مشغوليْنِ.

19. أ. هذا مكتبٌ.

ب. هاذا مكتب.

20. أ. هذه مكاتبٌ.

ب. هؤلاء مكاتب.

21. أ. هؤلاء رجالٌ.
ب. هذه رجال.

22 أ. هاتان شجرتانِ.
ب. هاتيْنِ شجرتانِ.

23. أ. أَكتبُ بِالقلمِ.
ب. أكتبُ في القلمِ.

24. أ. المُترْجمُ سريعٌ.
ب. المُترْجمُ سريعٍ.

25. أ. يشرب الطفلان الحليب.
ب. تشرب الطفل الحليب.
ج. يشربان الطفلان الحليب.

26. أ. يشربُ الرَّجلانِ القهوة.
ب. يشربَان الرَّجلانِ القهوة.

27. أ. أَتغدّى في المطعم كل يومٍ.
ب. أَتغدّى في المطعم الأُسبوعَ الماضيَ.

28. أ. سافرتُ إلى بيروت الأُسبوعَ القادمَ.
ب. سأُسافرُ إلى بيروت الأُسبوعَ القادمَ.

29. أ. ذهبنا أَمس إلى السينما.
ب. سوف نذهب إلى السينما الليلة الماضية.
ج. نذهب إلى السينما أَوَّل أَمْس.

30. أ. الطّالبان نجحان في الامتحانِ.
ب. الطّالبان نجحا في الامتحانِ.

31. أ. الطُّلّاب الأَجانب سافرو أَمْسِ.
ب. الطُّلّاب الأَجانب سافروا أَمس.

32. أ. هؤلاء هنَّ تذاكر السَّفر.
ب. هذه هي تذاكر السَّفر.

33. أ. لا شُكْرَ عن واجِبٍ.
ب. لا شُكر على واجبٍ.
ج. لا شُكر إلى واجبٍ.

34. أ. كَمْ ديناراً معك؟
ب. كَمْ دينارٌ معك؟
ج. كم دنانيرَ معك؟

35. أ. أَنتَ كنتَ غائبٌ أَمس.
ب. أَنتَ كنتَ غائباً أَمس.

36. أ. هُنَّ تذهبْنَ إِلى مدينة البتراء الأَثريَّة.
ب. هُنَّ يذهبْنَ إِلى البتراء كُلَّ أُسبوعٍ.

37. أ. هما ينتظرا الحافلة.
ب. هما ينتظران الحافلة.

38. أ. الموظَّفانِ ذهَبانِ إِلى مكتبهما.
ب. الموظَّفانِ يذهبانِ إِلى مكتبهما.

39. أ. الطبيبات فحصنا المرضى.
ب. الطبيبات فحصْنَ المرْضى.

40. أ. يكتبُ المديرُ تقاريرَ أسبوعيَّة.
ب. يكتبُ المديرُ تقاريرَ أُسبوعيّات.

41. أ. هذه المعلِّمة المخلصة.
ب. هذه معلِّمة المخلصة.
ج. هذه المعلَّمة مخلصة.

42. أ. هاتانِ الوردتانِ جميلتان.
ب. هاتانِ الوردتانِ جميلتين.
ج. هاتانِ الوردتينِ جميلتين.

43. أ. التلميذانَ لا يكتبونَ الواجب.
ب. لا يكتبُ التلميذانَ الواجب.
ج. لا يكتبانِ التلميذانِ الواجب.

44. أ. لعلّ المعلّمينَ مشغولون.
ب. لعلَّ المعلّمونَ مشغولين.
ج. لعلَّ المعلّمونَ مشغولون.

45. أ. حضرت الطّالبات جميعهنَّ.
ب. حضرت الطّالبات جميعهم.
ج. حضرنَ الطّالبات جميعاً.

46. أ. قرأت البنت أَربع قصصٍ.
ب. قرأت البنت أَربعة قصصٍ.
ج. قرأت البنت أَربع قصصاً.

47. أ. اعترف السّارق بجريمته.
ب. اعترف السّارق من جريمته.
ج. اعترف السّارق في جريمته.

48. أ. فَرحتُ عن الخبر.
ب. فرحتُ في الخبر.
ج. فرحتُ بالخبر.

49. أ. أَنتَ: - لا ترمي الأَوراق على الأَرض.
ب. لا ترمِ الأَوراق على الأَرض.
ج. الأَوراق لا ترميها على الأَرض.

50. أ. تكلَّم المسؤول مع الزّوار اللذين وصلوا أَمس.
ب. تكلَّم المسؤول مع الزّوار الذين وصلون أَمس.
ج. تكلَّم المسؤول مع الزّوار الذين وصلوا أَمس.

51. أ. اِجْتَمَعَ مُدرِّسو اللُّغة العربيَّة.
ب. اجتمع مدرِّسي اللُّغة العربيَّة.
ج. اجتمع مدرِّسوا اللُّغة العربيَّة.

52. أ. سألتُ المدرِّسَ عن الإِجابة.
ب. سألتُ المدرِّسَ على الإِجابة.
ج. سألتُ المدرِّسَ في الإِجابة.

53. أ. اشتريتُ كتابانِ جديدانِ.
ب. اشتريتُ الكتابينِ الجديدانِ.
ج. اشتريتُ كتابيْنِ جديديْنِ.

54. أ. أَنتُمْ طلاباً في المستوى الثّالث.
ب. أَنتُمْ طلابٍ في المستوى الثّالث.
ج. أَنتُمْ طلابٌ في المستوى الثّالث.

55. أ. يمشون الموظَّفون إِلى الجامعةِ.
ب. تمشي الموظَّفون إِلى الجامعةِ.
ج. يمشي الموظَّفون إِلى الجامعةِ.

56. أ. البنت اللتي حضرَتْ صديقتي.
ب. البنت التي حضرْتُ صديقتي.
ج. البنت التي حضرَتْ صديقتي.

57. أ. هذه أَقلامٌ قدماءُ.
ب. هؤلاء أَقلامٌ قديمةٌ.
ج. هذه أَقلامٌ قديمةٌ.

58. أ. المسافرانِ سافرانِ أَمس.
ب. المسافرانِ سافرا غداً.
ج. المسافرانِ سافرا أَمس.

59. أ. المقاعدُ يجلس عليه الطُّلّاب.
ب. المقاعدُ يجلس عليهم الطُّلّاب.
ج. المقاعدُ يجلس عليها الطُّلّاب.

60. أ. هما يمشانِ كل يومٍ.
ب. هما يمشينَ كل يومٍ.
ج. هما يمشيانِ كل يومٍ.

61. أ. الطّالبات كتبنا الواجبَ.
ب. الطّالبات كتبتنَّ الواجبَ.
ج. الطَّالباتُ كتبنَ الواجبَ.

62. أ. الجُنْديّان يُدافعا عن الوَطَنِ.
ب. الجُنْدِيّان يُدافِعانِ عن الوطنِ.
ج. الجنديّان تُدافِعانِ عن الوطنِ.

63. أ. الامتحانُ سهلاً لكنَّه طويلٌ.
ب. الامتحانُ سهلٍ لكنَّهُ طويلٌ.
ج. الامتحانُ سهلٌ لكنَّهُ طَويلٌ.

64. أ. ليت السَّلامُ موجودٌ في الشَّرق الأَوسط.
ب. ليت السَّلامَ موجودٌ في الشَّرق الأَوسط.
ج. ليت السَّلامُ موجوداً في الشَّرق الأَوسط.

65. أ. ظلَّ الطِّفلُ نائماً.
ب. ظلّ الطِّفلَ نائمٌ.
ج. ظلَّ الطِّفلُ نائمٌ.

66. أ. إنَّ الطَّقسَ بارداً.
ب. إنَّ الطَّقسَ باردٌ.
ج. إنَّ الطَّقسُ بارداً.

67. أ. كان المعلِّمونَ غائبونَ أَمس.
ب. كان المعلِّمونَ غائبينَ أَمس.
ج. كانوا المعلِّمونَ غائبينَ أَمس.

68. أ. ما زالت الحضارةُ الإسلاميَّة باقيةً.
ب. ما زالت الحضارةِ الإِسلاميَّةِ باقية.
ج. ما زال الحضارة الإِسلاميَّة باقية.

69. أ. يُعالج الأَطبّاء المرضى.
ب. يُعالجون الأَطبّاء المرضى.
ج. تُعالج الأَطبّاء المرضى.

70. أ. هذا هو مدرِّسُ اللُّغة العربيَّة.
ب. هذه هي مدرِّسةُ اللُّغة العربيِّ.

71. أ. حضرت الطّالبتان اللَّذان ستدرسان في الجامعةِ.

ب. حضرت الطّالبتان اللَّتان ستدرسان في الجامعةِ.

ج. حضرتا الطّالبتان اللَّتان ستدرسان في الجامعةِ.

72. أ. هذه غُرفٌ واسعاتٌ.

ب. هذه غُرفٌ واسعةٌ.

ج. هؤلاء غُرفٌ واسعةٌ.

73. أ. الدِّراسة يبدأ بعد أُسبوع.

ب. الدِّراسة بدأت بعد أُسبوع.

ج. الدِّراسة ستبدأ بعد أُسبوع.

74. أ. صارَ الولدُ رجلٌ.

ب. صارَ الولدَ رجلٌ.

ج. صارَ الولدُ رجلاً.

75. أ. الطّالبان يكتبا الامتحان.

ب. الطّالبان يكتبان الامتحان.

ج. يكتبان الطّالبان الامتحان.

76. أ. أَجابَ المدرِّس عن الأَسئلةِ.
ب. أَجابَ المدرِّس على الأَسئلةِ.
ج. أَجابَ المدرِّس في الأَسئلةِ.

77. أ. هذا الامتحانُ سهلاً.
ب. هذا الامتحانُ سهلٌ.
ج. هذا الامتحانُ سهلٍ.

78. أ. الأَزهارُ كثيراتٌ في الحديقةِ.
ب. الأَزهارُ كثيرٌ في الحديقةِ.
ج. الأَزهارُ كثيرةٌ في الحديقةِ.

79. أ. ما أَدرسُ للاِمتحان أَمس.
ب. لمْ أَدرُسْ للاِمتحان أَمس.

80. أ. لنْ يُسافرُ صديقي غداً.
ب. لنْ سَيُسافِرُ صديقي غداً.
ج. لنْ يُسافِرَ صديقي غداً.

التَّدريب الثّاني: أَجبْ بنعم أَو لا:

1. أَنا شعرتِ بألمٍ. (   )
2. الطبيبُ فَحَصَ المَريضَ. (   )
3. فحَصْنَ الطبيبات المَرْضى. (   )
4. ركب الطُّلّاب الحافلة إِلى العَقبَةِ. (   )
5. ركبَ الطّالبات الحافلة إِلى العَقبَةِ. (   )
6. أَعْطيْتُ الفقيرُ نقوداً. (   )
7. أَنتِ تدرسي اللُّغة العربيَّة. (   )
8. أَنتم يدرسون اللُّغة العربيَّة. (   )
9. حضر المديرة الاجتماع. (   )
10. الموظَّفون حضَرون الاجتماع. (   )
11. كتبا الطّالبان الواجب. (   )
12. شرح المعلِّم الدَّرس. (   )
13. أَدانت الأُمَمُ المُتُّحدة الإِرْهابَ في العراقِ. (   )
14. اسْتنكرَ الحكومة عَمليّات التَّفجير في العراقِ. (   )
15. قرأتِ المُذيعَة نشرة الأَخبار كُلَّ يَوْم. (   )
16. المسؤولون يتكلَّموا في المؤتمر. (   )

17. هؤلاء أَشجارٌ عالياتٌ. (   )

18. هؤلاء بناتٌ ذكياتٌ. (   )

19. في كُلِّ بَلدٍ سفاراتٌ كثيراتٌ. (   )

20. هم طلابٌ ذكيّون. (   )

21. هو غنيٌّ يَعْني عندها نقود كثيرة. (   )

22. المسؤول لا مَوْجود. (   )

23. لا عندي اِمْتحان. (   )

24. لم سافرْتُ إلى لبنان. (   )

25. لنْ أَنسى مَوْعِدَ الاجْتِماع القادم. (   )

26. سيتعشّى الطُّلّاب في مطعم كشمير أَمس. (   )

27. دفعت البناتُ الفاتورة. (   )

28. الصديقتان عادا من الرِّحْلة اللَّيلة الماضِية. (   )

29. الأَجنبيّون يُحبُّون الآثار. (   )

30. هذه الأَجنبيَّة يدرس العربيَّة لأَنَّ زوجها عربيَّة. (   )

التَّدريب الثّالث: اُكْتُبْ جَذرَ الْكَلِماتِ التّالِيَة:

الكلمة	جذرها	الكلمة	جذرها
اِسْتِماع		مُحادَثة	
قِراءَة		تعْبير	
مَرْكَز		أَجانِب	
مُسْتَوى		جامِعَة	
إِرْهابٌ		تَفْجير	
تَفْسير		تَعْذيب	

التَّدريب الرّابع: اُكْتُبْ حرفَ الجرِّ المناسب في الفراغِ:

1. لماذا لا تُصْغي ــــــــــــ شرح الأُستاذ؟
2. أَنا قَلِقٌ ــــــــــــ نتيجة الامتحان.
3. اِهْتَدى الرَّجل ــــــــــــ حلِّ المشكلة.
4. أَرجو أَنْ تُعيدَ الكتاب ــــــــــــ مكانه.
5. اِستمعْ ــــــــــــ التَّسجِّيل قبل الإِجابة ــــــــــــ الأَسئلة.
6. أَعتذر ــــــــــــ ك ــــــــــــ التأخير.
7. الطّالب المُجتهد يتدرَّب دائماً ــــــــــــ المُحادَثة.

8. أَنْظُرُ ______ السَّبّورة دائماً.
9. أَتَمَنّى ______ كم حظاً سعيداً.
10. التَّدْخين يضُرُّ ______ الصِّحَّة، وهو ______ أَسباب سرطان الرِّئة.
11. مَرَّتْ سنةٌ ______ وَفاة رئيس الدَّولة.
12. حضرتُ ______ الجامعة ______ أُكْمِلَ دراسة اللُّغة العربيَّة.
13. تعلَّمتُ العربيَّة ______ يَد أُستاذٍ مُخلصٍ.
14. ______ مركز اللُّغات يلتقي الطُّلّاب ______ اِختلاف لغاتهم وجنسياتهم.
15. هل ستسافر ______ بلدكَ بعد الامتحان؟
16. يقرأُ المدرِّس النَّصّ مرَّة واحدةً ______ الأَقلِّ.
17. هل علاقتك جيِّدةٌ ______ زملائكَ؟
18. لا شُكْرَ ______ واجِب.
19. كُلُّ شيءٍ ______ ما يُرام.
20. أُحبُّ السَّفر ______ الطّائرة.
21. أَنتَ تتكلّم العربيَّة ______ طَلاقَة.
22. عندي رسالةٌ ______ كَ يا أَحمد.
23. الشَّوارع مُزدَحِمةٌ ______ السَّيّارات.
24. أَنا سعيدةٌ ______ لِقائكَ.
25. يهتمُّ الشَّباب ______ الرِّياضة كثيراً.
26. آكُلُ ______ الملعَقةِ و الشَّوْكَةِ والسِّكّين.
27. كُلُّ فَتاةٍ ______ أَبيها مُعْجَبَةٌ.
28. لا شَيْءَ يعلو ______ الحَقِّ.
29. اِشتريْتُ رِوايَةً ______ ي وأُخرى ______ صديقي.
30. ضَرَبَ زِلْزالٌ قويٌّ مِنْطَقةً أَثرِيَّةً ______ إِيطاليا.

التَّدريب الخامس: اِملأْ الفراغ بما يناسب ممّا يلي :

(مع أَنَّ - بسبب - أَكثر - بعد أَنْ - لا تقلُّ - أُلْقِيَ - إِلاَّ أَنَّ - بالرُّغم مِنْ - تقريباً)

1. ______ القَبْضُ في الثالث عشر من كانون الثاني عام 2004م على الرَّئيس العراقيّ المخلوع صدّام حسين ______ مضى على اِختفائه ______ من ثمانيةِ أَشهر.

2. لا يتكلَّم الأَجنبيُّ لغةً عربيَّةً سليمةً ______ درسها سنة ______.
لم يحصلِ الفريقُ على الكأس ______ التَّدريب المستمرِّ.

3. لم أَخرجِ اليوم ______ تساقُط الثُّلوج.

4. فلسطينُ صغيرةٌ ______ أَهمِّيَّتها الدينيَّة كبيرةٌ.

5. معرفة الثَّقافة العربيَّة الإِسلاميَّة ______ أَهمِّيَّةً عن دراسة العربيَّة.

التَّدريب السّادس: صَحِّح الأَخطاء في الجملِ الآتية:

1. إِنَّ محمَّدٌ رسولٌ.

______

2. الفقرُ ليسَ عيبٌ.

______

3. الطُّلّاب غائبانِ.

______

4. حضروا المعلِّمون اليوم.

______

5. أَجاب الطّالب على السُّؤال.

6. أُسافرُ في الطّائرة دائماً.

7. اِشتريتُ تذكرةً إِلى لبنان بخمسٍ وتسعينَ ديناراً.

8. في المستوى المتوسِّط سبعة طالباتٍ وأَربعَ عشرةَ طالباً.

9. سائقون الحافلات مسرعون.

10. وَصلَ اليوم إِلى الجامعة الدّارسون اللُّغة العربيَّة من الأَجانب.

11. طلبَ منِّي صديقي أَنْ أَتَّصل فيه عندما أَكون مستعداً للرِّحلة.

12. أَستمعُ دائماً إِلى نشرة الأَخبار باللُّغة العربيِّ.

13. يا فاطمة اِذهبينَ بسرعة فقد تأَخَّرتي كثيراً.

14. هل هذا كتاب أَنتَ؟

15. تُحبُّ الأَطفال الحلوى كثيراً.

التَّدريب السّابع: اِملأْ الفراغ بكلمةٍ مناسبةٍ مشتقَّةٍ من الجذر الذي بين القوسين:

1. كيف ________ معنى هذه الكلمات من القاموس؟ (خ ر ج)
2. يُؤَدّي المسلمون الصَّلاة ________ في ________. (ج م ع)
3. يذهب النّاس إلىعملهم بعد ________ الشَّمس. (ط ل ع)
4. اِنتبهْ، ممنوع ________ هنا أَكثر من رُبع ساعة. (و ق ف)
5. يسكن صديقي في هذه ________. (ب ن ي)
6. هل يمكن ________ الوضع في الشَّرق الأَوسط؟ (ص ل ح)
7. وزارة التَّربية و________ هي المسؤولة عن المدارسِ. (ع ل م)
8. عندي ________ رسميَّة بعد ظُهْرِ اليومِ. (ق ب ل)
9. لم يكُنْ ________ اللُّغة العربيَّة صعباً. (م ح ن)
10. أُعْلِنَ عن موعد ________ الطّائرة. (و ص ل)
11. ________ هي أَساس الدِّيموقراطيَّة. (ن خ ب)
12. كمْ ________ هذه ________. (ع م ر)
13. لا بُدَّ مِنْ ________ هذا الكتاب. (ق ر أ)
14. هل تفهم كلَّ ما ________؟ (س م ع)

15. كمْ طالباً في ______ المتوسِّط؟ (س و ي)

16. التَّفاهُمُ بَيْنَ ______ وَ ______ (ز و ج)

ضَروريٌّ لاسْتِمْرارِ الْحَياةِ ______.

17. مَنْ كَتَبَ مَحْضَرَ ______. (ج م ع)

18. ______ التَّدْخين. (م ن ع)

19. أَسْتَمِعُ إِلى نَشْرَةِ ______ كُلَّ مساءٍ. (خ ب ر)

20. اِشْتريْتُ قميصاً مُلَوَّناً من مَحَلِّ ______. (ل ب س)

التَّدريب الثّامن: اِملأ الفراغ بكلمةٍ مناسبةٍ مشتقَّةٍ من الجذر (ج م ع)

1. أَدرس اللُّغة العربيَّة في مركز اللُّغات في ______ الأُردنيَّة.
2. عندي ______ بعد غدٍ.
3. حضر ______ الطُّلّاب اليوم.
4. قَسَّم المدرِّس الطُّلّاب إِلى ______ صغيرة.
5. أَنا عُضْوٌ في ______ الرِّفْق بالحيوان.
6. أُحبُّ بعض عادات ______ العربيِّ.
7. يُصلِّي المسلمون في ______.
8. ______ المدير بالموظَّفين أَمس.
9. مِن الهوايات المعروفة ______ طوابع البريد.
10. ______ الدّارسون على أَهمِّيَّة اللُّغة العربيَّة.

التَّدريب التّاسع: هات مصدرَ الأَفعال الَّتي تحتها خطٌّ في الجملِ التّالية:

1. خرجتُ لأَستقبلَ صديقي في المطار.
2. أُحبُّ أَنْ أُساعدَ أَصدقائي.
3. أَذهب كلَّ يومٍ إِلى الجامعة لأَدرسَ اللُّغة العربيَّة.
4. أَستخدم القاموس لأَعرف معاني المفردات الجديدة.
5. من الأَفضل للدّارس الأَجنبيِّ أَن يقرأَ الجريدة العربيَّة.
6. ذهب أَخي إِلى السّوق ليشتريَ فواكه وخضراوات.
7. أَطلبُ منك أَن تفتحَ النافذة.
8. طلب الأُستاذ من طلّابه أَن يُغلقوا الكتب.
9. لا يحبُّ الأُستاذ أَن يُسْتعملَ القاموس في الامتحان.
10. اِجْتمعَ الوُزراءُ لِيُوَقِّعوا على القرارات الجديدة.
11. قرَّرَ مَجْلِسُ الأَمْنِ أَنْ يُدينَ النِّزاعات المُسَلَّحة أَينما كانت.
12. تُحبُّ الأُسْرَةُ العربيَّة أَن تُرَبِّيَ أَبناءَها على اِحترامِ تراثِهم.

.1	.5	.9
.2	.6	.10
.3	.7	.11
.4	.8	.12

التَّدريب العاشر: اقرأ النَّصّ التّالي ثمّ أجبْ عن الأَسئلةِ الّتي تليه:

تقع مدينة بيت لحم الفلسطينيَّة جنوب مدينة القدس . كانت تُسمّى بيت (ايلولاها) أَي بيت الإِله (لاهاما) أَو (لاخاما) والأَرجح أَنَّ اسم المدينةِ الحاليِّ مشتقٌّ من اسم هذا الإِله. وهي مدينةٌ مقدَّسة عند المسيحيِّين؛ لأَنَّ المسيح عليه السَّلام وُلدَ فيها. بنى الامبراطور الرّومانيُّ قسطنطين كنيسة المَهْد فوق المغارةِ الَّتي وُلد فيها السَّيد المسيح. هُدمت هذه الكنيسة، فأعاد بناءها الامبراطور (جوستنيان) بشكلها الحاليِّ.

يأتي المسيحيُّون سنوياً من كلِّ أَنحاء العالَم إِلى هذه المدينة للاحتفال بعيد الميلاد المجيد.

تشتهر بيت لحم بالصِّناعات السِّياحيَّة مثل: الحفر على الخشب (خشب الزَّيتون) والصَّدف والنُّحاس والتَّطريز. يُباع قسمٌ منها للسُّياح، ويُصدَّر قسمٌ آخرٌ إِلى بعض دول العالم.

أوَّلاً: استخرج من النّصّ السّابق:

1. اسماً موصولاً: ________.
2. ضميراً منفصلاً وآخر متَّصلاً: ________ ________.
3. اسم إِشارةٍ للقريب: ________.
4. حرفاً ناسخاً:________ وفعلاً ناسخاً: ________.
5. ثلاثة أَفعالٍ صحيحةٍ:________ ________ ________.
6. ثلاثة أَفعالٍ مُعتلَّةٍ: ________ ________ ________.

7. ثلاثة أَفعالٍ مبنيةٍ للمجهول ______ ______ ______.

8. ثلاثة جموعٍ واذكر نوعها.

1. ____________________

2. ____________________

3. ____________________

ثانياً: أَعدْ كتابة الجملة الآتية مع الضَّمائرِ الَّتي تليها:

(السّائح زارَ مدينةَ بيت لحْم في فلسطين، واشترى هدايا جَميلةً)

هم: ____________________

أَنتُما: ____________________

أَنتِ: ____________________

أَنا: ____________________

نحن: ____________________

هُنَّ: ____________________

فاطِمَة وَمُنى: ____________________

سامي وَسعيد: ____________________

التَّدريب الحادي عشر: اقرأْ النَّصَّ التّالي، ثمَّ أَجبْ عن الأَسئلة الَّتي تليه:

جُبْران خليل جُبْران

وُلِدَ هذا الفيلسوفُ، والأديب والشّاعر والرَّسّام، في أُسْرَةٍ صَغيرَةٍ فَقيرَةٍ، في بلدة بشري في لبنان، في السّادس من كانون الثّاني 1883م. كانتْ أُمُّهُ لبنانِيَّةً. وأَبوه سوريٌّ يَعْمَلُ راعِياً لِلْماشِيَة.

لم يذهبْ جُبْران إِلى المدرسةِ؛ لأَنَّ والده لم يُعْطِ لهذا الأَمر أَهميَّةً! ولذلك كان يذهب من حينٍ إِلى آخر، إِلى كاهن البلدة الذي علَّمه القراءة والكتابة، ممّا فتح أَمامه مجال المطالعة، والتعرُّف إِلى التّاريخ والعلوم والآداب. في العاشرة من عمره، وقع جُبْران عن إِحدى صخور وادي قاديشا، وأُصيب بكسرٍ في كتفه اليسرى، عانى منه طوال حياته.

وبفضل أُمِّهِ، تعلَّم الصَّغير جُبْران العربيَّة، وتدرَّب على الرسم والموسيقى. ولمّا لاحظتْ مَيْلَهُ للرسم، زوَّدَتْهُ بأُلبوم صوَرٍ لـ (ليوناردو دافنشي)، الذي بَقِيَ معجباً به بصمت. لكنَّه كتب بعد وقتٍ طويلٍ يقول: "لم أَرَ عملاً لليوناردو دافنشي إِلاَّ وانْتابَ أَعْماقي شعورٌ بأَنَّ جزءاً من روحه تتسلل إِلى روحي..."

تركت أُمُّه بصماتٍ عميقةٍ في شخصيَّته، ولم ينسَ أَن يُشيدَ بها في (الأَجنحة المتكسرة): "إِنَّ أَعْذَبَ ما تُحَدِّثُهُ الشِّفاهُ البَشريَّة هو لفْظة (الأُمِّ)، وأَجمل مناداة هي يا أُمي". "كلمةٌ صغيرةٌ كبيرةٌ مملوءةٌ بالأَمل والحُبِّ، وكلُّ ما في القلب البشريِّ من الرِّقَّة والحلاوَة والعُذوبةِ. الأُمُّ هي كلُّ شيءٍ في هذه الحياة، هي التَّعْزية في الحُزْنِ، والرَّجاءُ في اليَأْسِ، والقُوَّة في الضَّعْفِ، هي يُنبوعُ الحُنُوِّ والرَّأفة والشفقة والغُفْران، فالَّذي يفْقِدُ أُمَّه يفقد صَدْراً يَسْنِدُ إِليهِ رأسَهُ ويَداً تُبارِكُهُ وعَيْناً تَحْرُسُهُ...".

توفي في نيويورك، في العاشر من نيسان 1931 م بِداءِ (مَرَض) السُّلِّ. سافر مع أُمِّه وإخوته إلى أَمريكا عام 1895، درس فنَّ التَّصوير وعاد إِلى لبنان، وبعد أَربع سنواتٍ قصد باريس لمدَّة ثلاث سنواتٍ، وهناك تعَمَّقَ في فنِّ التَّصوير. عاد إلى الولايات المتَّحدة الأَمريكيَّة مَرَّةً أُخرى وتحْديداً إِلى نيويورك، وأَسَّس مع رفاقه (الرَّابِطة القلمِيَّة) وكان رَئيسَهَا. جُمِعَتْ بعضُ مقالاته في كتاب (البدائع والطرائف).

أَولاً: أَجبْ عن الأَسئلة الآتية شفويّاً:

1. أَين وُلِدَ جبران؟

2. هل كان أَبوه لبنانياً؟

3. ماذا كان يعمل (الأَب)؟

4. هل ذهب جُبْران إِلى المدرسة؟ لماذا؟

5. أَين تعلَّم القراءة والكتابة؟

6. إِلى أَين هاجر مع أُمِّه وإِخوته؟

_____

7. لماذا سافر إِلى فرنسا؟

_____

8. ماذا أَسَّس في نيويورك؟

_____

9. كيف تُوُفِّيَ؟ ومتى؟

_____

ثانياً: اقرأ النَّصَّ مرَّة ثانيةً، ثمَّ استخرجْ ما يلي:

1. جملةً فعليَّةً، واذكر الفاعل والمفعول به.

الجملة: _____ .

الفاعل: _____ المفعول به: _____ .

2. اسم إِشارةٍ: _____ .

3. ضميراً منفصلاً: _____ .

4. اسماً موصولاً: _____ .

5. ثلاثة أَفعالٍ مبنيَّةٍ للمجهول: _____ _____ _____ .

6. فعلاً ناسخاً وبَيِّنْ اسْمَهُ وخَبَرَهُ: ______________ .

اسم النّاسخ: ______________ خبره: ______________ .

٧. حَرْفاً ناسِخاً وَبَيِّنْ اسْمَهُ وخبرَهُ ______________ .

اِسم النّاسخ: ______________ خبره: ______________ .

ثالثاً: ما نوع الفعل الَّذي تحته خطٌّ في النَّصِّ:

فعلٌ صحيحٌ	فعلٌ مُعْتَلٌّ	فعلٌ صحيحٌ	فعلٌ مُعْتَلٌّ

رابِعاً: أُكتبْ مصادرَ الأَفعالِ الآتية:

الفعل	المصدر	الفعل	المصدر
صَوَّر		أَسَّسَ	
نادى		تَسَلَّلَ	
نَسِيَ		رَأى	
لاحَظَ		قَرَأَ	
كَتَبَ		عَمِلَ	
سَقطَ		يَئِسَ	

خامساً: أُكْتُبْ الميزانَ الصَّرْفيَّ لما يلي:

الكلمة	الميزانُ الصَّرْفيُّ	الكلمة	الميزانُ الصَّرْفيُّ
جُبْران		مَشْهور	
رَسّام		راعٍ	
عُلوم		اِنْتاب	
تَدَرَّبَ		أَجْنِحَة	
قُوَّة		بارَكَ	
طَرائِف		قائِل	

سادساً: كيْفَ تسْتخرج معاني المفردات الآتية من القاموس: (أُكْتُبْ الجَذر)

الكلمة	الجَذر	الكلمة	الجَذر
جُبْران		أَجْنِحَة	
طَرائِف		مُتابَعَة	
مُحادَثة		عُلوم	
مُطالعَة		مُناداة	
مُعارَضَة		رَسّام	
قائل		بِنايَة	

التَّدريب الثّاني عشر: الاِحْتِباس الحَراريُّ

يؤكِّدُ العُلماءُ أَنَّ ظاهرة الاِحْتِباس الحَراريِّ، سَتَصِلُ خِلالَ فَتْرَةٍ قَصيرَةٍ إلى نُقْطَةِ اللّاعَوْدَة. وهذه الظّاهرة تُقلِقُ العلماءَ كثيراً؛ لأَنَّهم يتَّفقون على أَنَّ الاحتباس الحراريَّ، رُبَّما كان هو السَّبب في تدميرِ جميعِ أَشكالِ الحياةِ على الأَرضِ قبل 250 مليون سنة، والَّتي سُمِّيَتْ بِحُقْبَةِ (الموت العظيم).

المُشكِلة الكُبْرى يُسبِّبها اِرْتِفاع مُسْتوى غاز ثاني أُكسيد الكَرْبون الذي قدْ يُؤَدّي إلى:

1. تدميرِ الغابات.
2. اِرتفاع مستوى مياه البِحار.
3. اِنْخِفاضِ مستوى الإنتاجِ الزِّراعيِّ بسَبَبِ تغيُّراتِ البيئة.
4. اِنخفاض مستوى السِّياحة في العالَم.

يُضاف إلى ذلك أَنَّ التَّلوُّث بكلِّ أَشكاله يزيد من هذه الظّاهرة.

أوّلاً: اِسْتخرجْ من النَّصِّ السَّابق:

- ثلاثةَ أَفعالٍ صحيحةٍ ____________ ____________ ____________.
- ثلاثةَ أَفعالٍ معتلَّةٍ ____________ ____________ ____________.
- فعلاً مبنياً للمجهول ____________________________.
- اِسم إِشارةٍ للقريب ____________ اسم إِشارةٍ للبعيد ____________.
- ضميراً منفصلاً وآخر متَّصلاً ____________ ____________.
- اِسْماً موصولاً ____________________________.
- مضافاً إِليه ____________________________.
- ثلاثَ صفاتٍ ____________ ____________ ____________.
- حرفاً ناسخاً ، واذْكر اِسمه وخبره:

حرف ناسخ: ____________ اسمه: ____________ خبره: ____________.

- جاراً ومجروراً: ____________ ____________.

ثانياً: أُكتبْ الميزانَ الصَّرفيَّ للكلماتِ الآتية:

الكلمة	الميزانُ الصَّرفيُّ	الكلمة	الميزانُ الصَّرفيُّ
• اِحْتِباس		• تَلَوُّث	
• مُسْتَوى		• تَدْمير	
• بيئَة		• قَصيرَة	
• ظاهِرَة		• أَكَّدَ	
• اِرْتِفاع		• كُبْرى	
• حَرارَة		• تَغْيير	
• اِتَّفَقَ		• حُقْبَة	

ثالثاً: أُكتبْ الفعلَ الماضي والجذرَ للمصادرِ الآتية:

المصدر	الفعل الماضي	الجَذر
مثال: اِنْخِفاض	اِنْخَفَضَ	خَفَضَ
تَدْمير		
اِرْتِفاع		
تَلَوُّث		
إِنْتاج		
اِحْتِباس		

تَغَيُّر		
تأكيد		
اِتّفاق		

رابعاً: حَوِّل الجملَ الآتية من صيغةِ المبنيِّ للمعلومِ إلى صيغةِ المبنيِّ للمجهولِ:

1. دَعاني صديقي لِحُضورِ نَدْوَةٍ عَنْ أَسْبابِ التَّلوُّثِ.

2. اِتَّفَقَ العُلماءُ على خُطورةِ ظاهِرَةِ الاِحْتباسِ الحَراريِّ.

3. يقولُ العلماءُ: إنَّ سبَبَ الاحْتِباسِ الْحَرارِيِّ هُوَ اِرْتِفاعُ مُسْتَوى غاز ثاني أُكسيد الكَرْبون.

4. سَمّاني جدّي أَحْمد.

5. عالَجَ الطَّبيبُ المَرْضى.

6. قالَ المُعَلِّم لِطُلّابِهِ: كونوا مُتفائلين، وحاوِلوا دائِماً.

.

7. اِشْتَرَيْتُ هَدِيَّةً ثمينةً لِصَديقي.

.

8. تُغْلِقُ المدارسُ أَبْوابَها في الْعُطَلِ الرَّسْمِيَّةِ.

.

9. أَعْلَنَ المُديرُ نتائِجَ الاِمْتِحانِ.

.

10. اِختارَتْ مَيْسون فُسْتانَ زِفافِها.

.

11. هَنَّأَ الْمَدْعُوّون الْعَروسَيْنِ، وَقَدَّموا لهُما الْهَدايا.

.

12. فَرِحَ الْوالِدانِ كثيراً بِزَواجِ اِبْنِهِما أَحْمَد.

.

التَّدريب الثّالث عشر: فَرِّقْ في المَعْنى بين الكلمات التي تحتها خطٌّ:

1. (أ) يَخْرُجُ الرَّجُلُ إلى عَمَلِهِ مُبَكِّراً.

(ب) تُخَرِّجُ الجامعاتُ آلافَ الشَّبابِ كُلَّ عامٍ.

2. (أ) توجَدُ آياتٌ كثيرةٌ على قُدْرَةِ اللَّه.

(ب) تَتَكَوَّنُ السّورة في القُرْآنِ الْكريمِ مِنْ عِدَّةِ آياتٍ.

3. (أ) ما زالتِ الآثارُ باقِيَةً مُنْذُ العَهْدِ الرّومانيِّ.

(ب) مِنَ العَيْبِ أَنْ يَنْقُضَ الإِنْسانُ العَهْدَ.

4. (أ) سَأُسافِرُ في مُهِمَّةٍ رَسْمِيَّةٍ.

(ب) دِراسَةُ اللُّغاتِ مُهِمَّةٌ؛ لأَنَّها تُعَرِّفُكَ عَلى ثقافاتِ الشُّعوبِ.

5. (أ) قيمَةُ هذا الكتاب عشْرَةُ دَنانير.

(ب) الصِّدْقُ في الْقَوْلِ والعَمَلِ قيمَةٌ إنْسانِيَّةٌ سامِيَة.

6. (أ) عَدَلَ القاضي بينَ النَاسِ.

(ب) عَدَلَ أَخي عنِ السَّفَرِ.

7. (أ) حَرَّرْتُ الرِّسالة يومَ أَمْسِ.

(ب) حَرَّرَ صَلاحُ الدّين الأَيّوبيّ مَدينَةَ القُدْسِ مِنَ الصَّليبِيّين.

8. (أ) شَرَعَ المُهَنْدِسُ يَرْسُمُ مُخَطَّطاً لِلْقصْرِ.

(ب) شَرَعَ الإِسْلامُ الطَّلاقَ.

9. (أ) باتَ الإِخْلاصُ في العَمَلِ نادِراً.

(ب) باتَ صَديقي في الفُنْدُقِ.

10. (أ) يَقْضي صَديقي مُعْظَمَ وَقْتِهِ في المَكْتَبَةِ.

(ب) يَقضي الْحاكِمُ بَيْنَ النّاس بِالعدْلِ.

11. (أ) رَكِبْتُ سيّارة الأُجْرَةِ.

(ب) رَكِبْتُ الصِّعابَ.

12. (أ) يَشُقُّ العُمّال الطَّريقَ.

(ب) يَشُقُّ عَلَيَّ فِراقُ أَصْدِقائي.

13. (أ) وَقَّعْتُ عَقْدَ الْعَمَلِ قَبْلَ أُسْبوعٍ.

(ب) اِشْتَرَيْتُ عِقْداً جَميلاً.

14. (أ) أَلقى الإمامُ خُطْبَةَ الجُمُعَةِ.

(ب) حَضَرْتُ خِطْبَةَ صديقي أَمْسِ.

15. (أ) لِلْمَشاكِلِ الزَّوْجِيَّةِ آثارٌ سَلْبِيَّةٌ على الأَطْفالِ.

(ب) في الشَّرْقِ الأَوْسَطِ آثارٌ رومانِيَّةٌ كَثيرَة.

16. (أ) يَتبادَلُ النّاس الحَديثَ.

(ب) تختارُ الفتاةُ العربيّةُ زَوْجَها في العَصْرِ الحَديثِ.

17. (أ) تناوَلْتُ طَعامَ الغداءِ مَعَ صَديقتي في المَطْعَمِ.

(ب) تناوَلْتُ القَلَمَ لِأَكْتُبَ واجبي.

18. (أ) أَخَذْتُ الدَّواءَ في مَوْعِدِهِ.

(ب) أخَذْتُ بِيَدِ صَديقي.

---

19. (أ) كُنْتُ مَسْروراً بِالحُلُمِ الَّذي رَأَيْتُهُ أَثناءَ نَوْمي لَيْلَةَ أَمْس.

(ب) الْحِلْمُ سَيِّدُ الْأَخْلاقِ.

---

20. (أ) مِنْ فَضْلِكَ اِدْفَعِ الْفاتورَةَ.

(ب) مِنْ فضلك اِدْفع الْبابَ.

---

21. (أ) كَمْ سِعْرُ السَّهْمِ اليوم؟

(ب) اِتْبَعِ السَّهْمَ حتّى تصِلَ إِلى الْمُخْتَبَرِ.

---

22. (أ) أَرْغَبُ في دِراسَةِ العربيَّةِ.

(ب) أَرْغبُ عَنِ الْكَذِبِ.

التَّدريب الرّابع عشر :صحِّحْ الأَخطاءَ في الجملِ الآتية:

1. الموظَّفانِ يقرآنِ الجريدة كلَّ صباحٍ.

2. تقع مسئوليَّة تربية الأَولاد على عاتق الأُسْرَة.

3. هل إِنتهيتَ من كتابة التَّقرير؟

4. أَخطأت المُذيعَة الجديده في لفظ الاسماء الأَجنبيَّة.

5. ما رأيك في هاذا الموضوع؟

6. هلْ درسْتي للامتحان؟

7. يبدأ الدّوام يَومياً من السّاعة التّاسعة صباحاً، وينتهي في الخامسةِ مساءاً.

8. سوف أَعود إِلى بلدي بعد الامتحان إِنشاء اللَّه.

9. الاِمتحان طويلٌ لاكنَّهُ سهلٌ.

10. أَرجوا أَن تتَّصل بأبيك بعد ساعه.

11. تفضَّلو اِجْلسوا.

12. أَنا سعيدُنْ جداً بهذه المقابلة.

13. أَرجو أَن تُجيبَ عن سوءالي.

14. مَنْ يقراء الدَّرس الجديد.

15. تُعاني الأُسرة العربيَّة مِنْ تدَخّل الأَقارب في شئونها الخاصَّة.

16. أَأَمَلُ أَن أَجدَ عَمَلاً في الشَّرق الاوسط.

17. كان الزَّواج شائعاً بين إبن العمِّ وبنت العمِّ.

18. ما إسم العالِم الَّذى إكتشف اليورانيوم.

19. مدينة أَمّان هي غاصمة الأُردنِّ.

التَّدريب الخامس عشر: تَرْجِمْ ما يلي إِلى اللُّغةِ الإِنجليزيَّةِ:

• أَسْهَمَتِ وَسائِلُ الاِتِّصالاتِ الْحَديثة -لا سِيَّما شَبَكَة المعلومات الدَّوليَّة- في تَقارُب الشُّعوب، وتبادلِ المعلومات والثَّقافات، والتَّعاون بين الجامعات والمستشفيات.

• تُعاني مُعْظم دول العالم من أَزمة ماليَّةٍ حادَّةٍ بدأت في الرُّبع الأَخير من العام المُنْصَرِم 2008م. وقد ازداد الوضع سوءاً هذا العام 2009م. نَتَجَ عن هذه الأزمة،

رُكودٌ اقتصاديٌّ، لم يَسْبقْ له مثيل مُنْذُ نِهايَةِ الحرب العالميَّة الثَّانية عام 1945م.

• قد تُؤدِّي التَّغيُّرات المُناخِيَّة إِلى ارتفاعٍ كبيرٍ في دَرَجات الحرارة؛ ممّا يؤدي إِلى الجَفاف، ونقصٍ حادٍّ في مياهِ الشُّرْب.

• تنتقلُ التَّسرُّبات النَّوويَّة المُشِعَّة بسهولةٍ وسرعةٍ من منطقةٍ جغرافيةٍ إِلى منطقةٍ أُخرى بعيدةٍ، عَبْرَ الهواءِ حتّى تصل إِلى معظمِ دولِ العالمِ، ودون أَنْ يحسَّ بها الإِنسان. وقد يؤدِّي ذلك إِلى تلوُّث الهواء، ثمَّ ماء المطر، ثمَّ التُّرْبَة، وبعد ذلك الحشائش والنباتات، ومنها إِلى الحيوانات وأَخيراً إِلى الإِنسان، الَّذي قد يُصابُ بِمَرَضِ السَّرَطان.

• نَجَحَ العُلماء في إِيجاد علاجٍ لبعض الأَمراض، الَّتي كانت تُعتبَرُ مُسْتعْصِيةً فيما مضى، وأَهمُّها مرض السَّرطان، والفشل الكلويِّ.

• النِّساءُ والأطفال هم أَكثر ضحايا النِّزاعات والحُروب.

• تُحَرِّمُ كُلُّ القوانينِ الإِنسانيَّةِ الاِتِّجارَ بالبَشَر بِشكْلٍ عامٍّ. وبالأَطفال بِشكْلٍ خاصٍّ.

الملحق الأول

قاموس عربي/إنجليزي

رُتِّبَت المفردات حسب ورودها في الدروس، وليس حسب الترتيب الأَلفبائيّ؛ بهدف التَّسهيل على الدّارس، وتوفير وقته وجهده.

Lesson 1 | الدَّرس 1

English	Arabic
To come	حَضَرَ / يَحْضُر
Beginning	بداية
Year	عام / سَنَة
Academic Year	عامٌ دِراسِيٌّ
To Join	الْتَحَقَ / يَلْتَحِق + بِـ
Program	بَرْنامج
Arabic as a Foreign Language	العربيَّة للنّاطقين بغيرها
To meet	قابَلَ / يُقابِل
Any	أَحَد
You	حَضْرَتُكَ
NGO	مُنظَّمة غير حُكومِيَّة
Course	دورة
Intensive	مكثَّفة
Volunteer	مُتطوِّع
I mean	أَعْني
Meaning	مَعْنى
Sunday	الأَحَد
Monday	الاثْنين
Tuesday	الثُّلاثاء
Wednesday	الأَربعاء
Thursday	الخَميس
Holiday	عُطْلَة
Friday	الجُمُعَة

السَّبْت	Saturday
مُحاضَرَة	Lecture
ظُهْراً	At Noon
لأنَّني	Because I am
أرادَ / أُريد	To Want
قَرَأَ / يَقْرَأ	To Read
فَهِمَ / يَفْهَم	To Understand
دين	Religion
سِلْكٌ دِبْلوماسِيٌّ	Diplomatic Corps
سَأَعْمل	I will work
مُوَظَّف	Employee
رُبَّما	Maybe
أَصْبَحَ / يُصْبِح	To Become
سَفير	Ambassador
أَراك	I See You

قَريباً	Soon
مُسْتَقْبَل	Future
الْجَريدَة	Newspaper
عالَمِيَّة	International
مَحَلِّيَّة	Local
أَخْبار	News
أَتَمَنّى أَنْ	I Hope That
حُجْرَة	Room
دَفْتَر	Notebook
طَريق	Way / Road
مَنْزِل	Home
تِلْميذ	Student
مَقْعَد	Seat
تَناوَلَ / يَتَناوَل	To Take
والِدة	Mother
أَب	Father

Secret	سِرٌّ
To Help	ساعَدَ / يُساعِد
Foreign Ministry	وزارَة الخارِجِيَّة
Between Brackets	بَيْنَ الْقَوْسَيْنِ
To Go	ذَهَبَ / يَذْهَب
To Wash	غَسَلَ / يَغْسِل
Clothes	مَلابِس
Paper	وَرَق
Underlined	تَحْتَها خَطٌّ
Text	نَصٌّ
To Leave / Exit	خَرَجَ / يَخْرُج
To See	رَأى / يَرى
To Say	قالَ / يَقول
To Walk	مَشى / يَمْشي
To Return	رَجَعَ / يَرْجِع
To Move Away	بَعُدَ / يَبْعُدُ
To Set (Sunset)	غابَت / تَغيب (الشَّمس)
To Approach	اِقْتَرَبَ / يَقْتَرِب
Card	بِطاقَة
Name	الاسم
Sex	الْجِنْس
Male	ذَكَر
Female	أُنْثى
Nationality	الْجِنسِيَّة
Date of Birth	تاريخ الميلاد
Place of Birth	مكان الميلاد
Occupation	المِهْنَة
Social Status	الْحالَة الاجْتِماعِيَّة
Residence	عُنْوان السَّكَن
Address	رَقم الهاتِف

خليَويٌّ	Phone Number Mobile (Cellular) Phone Number
اِسْتَمِعْ	Listen
شَريط	Cassette Tape
تَخَرَّجَ في	Graduated in
رَسْمِيَّة	Official
اِسْتَخْدِمْ	Use
تُوَضِّح	To Clarify
كُلِّيَّة	Faculty
دِراسات عُلْيا	Higher Studies (Postgraduate)
حُكومِيَّة	Public
خاصَّة	Private
شهادَة	Degree / Certificate
فِقْرَة	Paragraph

Lesson 2 الدَّرس 2

To Think	فَكَّرَ / يُفَكِّر
Therefore	لِذلِكَ
Duration	مُدَّة
First Term / Semester	الْفَصْل الأَوَّل
Past	الْماضي
To Arrive	وَصَلَ / يَصِل
Arrival	وُصول
Hospital	مُسْتَشْفى
Did not Find	لَمْ يَجِدْ
Difficulty	صُعوبَة
Writing	كِتابَة
Visa	تَأْشيرَة
Entry	دُخول
Reading	قِراءَة

Street	شارع
Hotel	فُنْدُق
List	قائِمَة
Price	سِعْر
Restaurant	مَطْعَم
Lease (Rent Contract)	عَقْد إيجار
Furnished Apartment	شَقَّة مَفْروشَة
To Inhabit / Live in	سَكَنَ / يَسْكُن
Husband	زَوْج
Wife	زَوْجَة
To Add	أَضافَ / يُضيف
To Use	اِسْتَخْدَمَ / يَسْتَخْدِم

To Forget	نَسِيَ / يَنْسى	Dictionary	قاموس
To Learn	تَعَلَّمَ / يَتَعَلَّم	Dictionary	مُعْجَم
To Buy	اِشْتَرى / يَشْتَري	Office	مَكْتَب
Everyday	كُلَّ يوم	Public Relations	عَلاقات عامَّة
Anything	أَيُّ (شيء)	Information / Data	بَيانات
Daytime	نَهار	Manager / Director	مُدير
Expensive	غالٍ	Happy	سعيدٌ
Cheap	رَخيص	Male Nurse	مُمَرِّض
To Laugh	ضَحِكَ / يَضْحَك	To Make	جَعَلَ / يَجْعَل
To Enter	دَخَلَ / يَدْخُل	Easier	أَسْهَل
Short	قَصير	Most of	مُعْظَم
Tall / Long	طَويل	Patient	مَريض
Fat / Obese	سَمين	Only	فَقَط
Slim / Thin	نَحيف	To Talk	تَحَدَّثَ / يَتَحَدَّث
Wrong / Mistake	خَطَأ	Colleague	زَميل
Correct	صَحيح	To Ask	طَلَبَ / يَطْلُب

داخِلِيَّة	Internal / Interior	ضَمير	Pronoun
خارِجِيَّة	External / Exterior	مُفْرد	Singular
حِوار	Dialogue	مُثَنّى	Dual
أَخ	Brother	جَمْع	Plural
سافَرَ / يُسافِر	To Travel	قِرْد	Monkey
مُسافِر	Passenger (Airplane)	قَمَر	Moon
مِفْتاح	Key	فيل	Elephant
مُزْدَوَج	Double	لاحَظَ / يُلاحِظ	To Notice
كَنَبَة	Couch	مُلاحَظَة	Note
مُؤَجِّر	Landlord	حاضِر	Present
مُسْتَأْجِر	Tenant	غائِب	Absent
قيمَة	Value	مَوْجود	Present
شَهْرِيّ	Monthly	عاقِل	Sane / Rational
غُرْفَة	Room	غير عاقل	Insane
تَوْقيع	Signature	مَجْموعة	Group
أَعِدْ كِتابَة	Rephrase / Rewrite	مِثْل	Like

مُذَكَّر	Masculine
مُؤَنَّث	Feminine
ديك	Rooster
حِمار	Donkey
ثور	Bull
كلب	Dog
قِطٌّ	Cat
رَجُل	Man
حِصان	Horse
خَروف	Sheep
جَمَل	Camel
أَسَد	Lion
غَزال	Deer
مُهِمٌّ	Important
أهَمِّيَّة	Importance
الأمَم الْمُتَّحِدَة	United Nations
أُمور	Issues
سِياحَة	Tourism
سائح	Tourist
اِسْتِثْمار	Investment
شَرِكَة	Company / Firm
واجَهَ	Confronted
النَّحْو	Grammar
حَلٌّ	Solution

الدَّرس 3 Lesson 3

نَصَحَ / يَنْصَح	To Advise
صَديق	Friend
تَكَلَّمَ / يَتَكَلَّم	To Talk
مكان	Place
سَمِعَ / يَسْمَع	To Hear
شَعَرَ / يَشْعُر	To Feel
غَريب	Foreigner
عَدَم	Nonexistence / Nonbeing
لِكِنَّ / لِكِنْ	But
اِحْتاجَ / يَحْتاج	To Need
مُمارَسَة	Practice
وَحْدَهُ	Alone
لا يَكْفي	Insufficient
النّاس	People
لا تَخْجَلْ	Do not be shy
صَحَّحَ / يُصَحِّح	To Correct
سِياسِيَّة	Political
خاصَّة	Especially
الشَّرْق الأَوْسَط	Middle East
حَدَثَ / يَحْدُث	To Happen
مُثَقَّف	Educated
دائِماً	Always
نَشْرَة الأَخْبار	Newscast
شاهَدَ / يُشاهِد	To Watch
فَهْم	Comprehension
مُجْتَمَع	Society
جَزيلاً	A lot
ذَكَرَ / يَذْكُر	To Mention
بِسُرْعَة	Quickly
فَعَلَ / يَفْعَل	To Do

سَهْلَة	Easy
صَعْبَة	Difficult
مِنْهاج	Curriculum
رَأْي	Opinion
هاتْ	Give
مُرادِف	Synonym
الآتِيَة	The Following
صَفٌّ	Class
تَدْريب	Exercise
أَحَسَّ / يُحِسُّ	To Feel
نَبَأ	News
حارٌّ	Hot
مُرْتَفِع	High
عالٍ	High
قَديم	Old
مُنْذُ	Since

قَبْل	Before
عِنْدَ	At / About
عِنْدي	I have
عِنْدَما	When
حَمَلَ / يَحْمِل	To Carry
ثَقافَة	Culture
سِعْر	Price
لَيْسَ	Is not
رَمَضان	Ramadan
صامَ / يَصوم	To Fast
غَيِّرْ	Change
ما يَلْزَم	What is necessary
اِمْلأ	Fill
فَراغ	Blank
نَجَحَ / يَنْجَح	To succeed
اِحْتَفَلَ / يَحْتَفِل	To celebrate

وَدَّعَ / يُوَدِّع	To bid farewell
رَصيف	Sidewalk/Pavement
جُنْدِيٌّ	Soldier
دافَعَ / يُدافِع	To Defend
وَطَن	Homeland
مُلَوَّنَة	Colored
ذَكِيٌّ	Intelligent
تَعارُف	Making an Acquaintance
اِتِّفاق	Agreement
دائِرَة	Circle
رَمْز	Symbol
دَفَعَ / يَدْفَع	To Pay
ثُلُث	One Third
رُبع	Quarter
نِصْف	Half (n.)
كُلِّيَّة الحُقوق	Faculty of Law
صَحافَة	Journalism
إِعْلام	Media
الأَدَب العربيُّ	Arabic Literature
مُحادَثَة	Conversation
اِسْتِقْبال	Reception
حَفْلَة	Party

Lesson 4 الدَّرس 4

Duality	اِزْدِواجِيَّة
Student	دارس
Problem	مُشْكِلة
Difference	اِخْتِلاف
Dialect	لَهْجَة
Colloquial	عامِّيَّة
Fusha	فُصْحى
Common	مُشْتَرَكَة
Restricted to	اِقْتَصَرَ / يَقْتَصِر (على)
Daily life	حَياة يَوْمِيَّة
To be Proficient at	أَتْقَنَ / يُتْقِن
To Appear	ظَهَرَ / يَظْهَر
Issue	أَمْر
Of Course	بِالطَّبْع

To Form	شَكَّلَ / يُشَكِّل
Shape	شَكْل
Connected	مُتَّصِل
Disconnected / Isolated	مُنْفَصِل
Pronunciation Indicators (Vowels)	حَرَكات (ُ ـَ ـِ ْ)
Sound	صَوْت
Language Laboratory	مُخْتَبَر اللُّغة
Skill	مَهارَة
Functional	وَظيفِيَّة
As Much As Possible	قَدر الإِمْكان
Perhaps	لَعَلَّ
In Charge of	قائِم على

To Believe	اِعْتَقَدَ / يَعْتَقِد	Institute	مَعْهَد
To Excel in	أَجادَ / يُجيد	To think	ظَنَّ / يَظُنُّ
To Cause	سَبَّبَ / يُسَبِّب	Communication	اِتِّصال
Official	مَسْؤول	History	تاريخ
Familiarity	إلْمام	Geography	جُغْرافيا
Unilateral	أُحاديَّة	To follow	تابَعَ / يُتابِع
To Disappear	اِخْتَفى / يَخْتَفي	Event	حَدَثٌ
Less	أَقَلُّ	Development	تَطَوُّر
Interrupted	مُتَقَطِّع	Simple	بَديهِيٌّ
Failure	فاشِل	Specialized	مُتَخَصِّص
To Suffer	عانى / يُعاني	Human Attribute	صِفَة (للإنسان)
To Remember	تَذَكَّرَ / يَتَذَكَّر	Magazine	مَجَلَّة
To Forget	نَسِيَ / يَنْسى	Informed	مُطَّلِع
To Converse	حاوَرَ / يُحاوِر	To Complain	شَكا / يَشْكو
Date/Appointment	مَوْعِد	Street Language	اللُّغة الْمَحْكِيَّة
Type	نَوْع	Official Language	اللُّغة الرَّسْمِيَّة

Vowels	حُروفٌ صائِتَةٌ
Consonants	حُروفٌ صامِتَةٌ
Exit	مَخْرَج
Tooth	سِنٌّ
Lip	شفَة
Subject	مَوْضوع

Lesson 5 — الدَّرس 5

Continent	قارَّة
Asia	آسْيا
Africa	أفريقيا
North America	أَمريكا الشَّماليَّة
South America	أَمريكا الجنوبيَّة
Australia	أُستراليا
Located	يَقَع
To extend	اِمْتَدَّ / يَمْتَدُّ
Ocean	مُحيط
Indian Ocean	المحيط الهِنْديُّ
Pacific Ocean	المحيط الهادي
Atlantic Ocean	المحيط الأَطلسيُّ
Custom	عادَة
Traditions	تقاليد
History	تاريخ
Culture	ثقافة
To meet	اِجْتَمَعَ / يجتمِع
Association	هَيْئة
Arab League	الجامعة العربيَّة
Headquarter	مَقَرٌّ
Case \ Issue	قَضِيَّة
Location	مَوْقِع
Strategic	استراتيجيٌّ
Link	حَلْقَة الْوَصْل
Middle	وَسَط
Treasure / Wealth	ثَرْوَة
Natural	طَبيعِيَّة
Oil	النِّفط
River	نَهْر
Tigris	دِجْلَة

الْفُرات	Euphrates
النِّيل	Nile
بَرَدى	Barada
اللِّيطاني	Litani
تَعَمَّدَ / يتعمَّد	To Baptize
الْمَسيح	Jesus Christ
مَهْد الدِّيانات	Origin of religions
أماكن مُقَدَّسة	Holy sites / Shrines / Sanctuaries
حَضارَة	Civilization
جُزْء	Part
أُمَّة	Nation
الْعاصِمَة الرُّوحِيَّة	Spiritual Capital
رَئيسيٌّ	Main
مَجْلِس الأمْن	Security Council
عُضْو	Member
جزيرة	Island
صَحْراء	Desert
مَمَرٌّ	Passage
قَناة	Channel
غَنِيَّة	Rich
حَديثَة	Modern
تَفْتَرِق	Parts (v.) / Separates
رُكْن	Pillar
فاعِل	Perpetrator / Doer
مَفْعول به	Direct object
ضَمير مُتَّصِل	Suffix
طارَ / يَطير	To fly
صاحَ / يَصيح	To yell
حَرَثَ / يَحْرُث	To plow
شَرَحَ / يَشْرَح	To explain
صادَ / يَصيد	To hunt

To hunt	اِصْطادَ / يَصْطاد
To water	سَقى / يَسْقي
To climb	تَسَلَّقَ / يَتَسَلَّق
To draw	رَسَمَ / يَرْسُم
Noun sentence	جُمْلَة اِسْمِيَّة
Active	نَشيط
Subject	مُبْتَدَأ
Predicate	خَبَر
Dome of the Rock	قُبَّة الصَّخْرَة
Jerusalem	الْقُدْس
Wide spread	مُنْتَشِرَة
View / Landscape	مَنْظَر
Comfortable	مُريح
Beneficial	مُفيد
Fence	سور
To influence	أَثَّرَ / يُؤَثِّر
To produce	أَنْتَجَ / يُنْتِج
Production	إِنْتاج
Nerve	عَصَب
To mine / Excavate	نَقَّبَ / يُنَقِّب
Export	تَصْدير
Import	اِسْتيراد
Standard of living	مُسْتَوى الْمَعيشَة
Unemployment	بِطالَة
Gross National Income	دَخْل قَوْمِيّ
Role	دَوْر

الدَّرس 6 Lesson 6

نِظام	System
مَلَكِيٌّ	Monarchy
مَلِك	King
مَلِكَة	Queen
جَلالَة	Highness
جُمْهورِيَّة	Republic
دَوْلَة	State
حاكِم	Governor / Ruler
مَجْلِس الوُزَراء	Cabinet
وَزير	Minister
وَزارَة	Ministry
وزارة التَّرْبِيَة والتَّعْليم	Ministry of Education
وزارة التَّعليم العالي والْبَحْث العِلْميِّ	Ministry of Higher Education and Scientific Research
وزارة المالِيَّة	Ministry of Finance
وزارة التِّجارة	Ministry of Commerce
وزارة الزِّراعة	Ministry of Agriculture
وزارة الرَّيِّ	Ministry of Irrigation
وزارة الخارجِيَّة	Foreign Ministry
وزارة الدَّاخليَّة	Interior Ministry
وزارة الدِّفاع	Ministry of Defense

وزارة الصِّحَّة	Ministry of Health
وزارة التَّخْطيط	Ministry of Planning
وزارة الصِّناعَة	Ministry of Industry
وزارة العَدْل	Justice Ministry
وزارة الأَوْقاف	Ministry of Religious Endowments
وزارة الإِسْكان	Housing Ministry
وزارة الإِعلام	Information Ministry
وزارة المُواصَلات	Transportation Ministry
وزارة السِّياحَة	Ministry of Tourism
وزارة الشُّؤون الاجْتِماعيَّة	Ministry of Social Affairs
وزارة التَّمْوين	Ministry of Supplies
وزارة الشَّباب والرِّياضة	Ministry of Youth and Sports
وزارة الثَّقافة	Ministry of Culture
رَأَسَ / يَرْأَس	To head / Preside
رَئيس	President / Head
الأَمين العامُّ	Secretary General
جَيْش	Army
سِلاح	Weapon
قُوَّات برِّيَّة	Land Forces
قوات بَحْرِيَّة	Naval Forces
قوات جَوِّيَّة	Air Force

مُتَشابِه	Alike / Similar
إِمارة	Emirate
ديموقْراطِيَّة	Democracy
بَرْلَمان	Parliament
نائِب	Member of parliament
مُرَشَّح	Candidate
اِنْتَخَبَ / يَنْتَخِب	To elect
صَوَّتَ / يُصَوِّت	To vote
مَجْلِس الأعْيان	Senate House
أَعْلَنَ / يُعْلِن	To announce
إِعْلان	Announcement / Advertisement
حَقّ	Right
حُقوق الإِنسان	Human rights
خَلَّصَ / يُخَلِّص	To set free
ظُلْم	Injustice
عُبودِيَّة	Slavery
وافَقَ / يُوافِق	To agree
اعْتَبَرَ / يَعْتَبِر	To consider
قاوَمَ / يُقاوِم	To resist
تَمَتَّعَ / يتَمَتَّع	To enjoy
عِنايَة	Care
رِعايَة اجْتِماعِيَّة	Social care
احْتَرَمَ / يَحْتَرِم	To respect
مُواطِن	Citizen
واجِب	Duty
مُساواة	Equality
هُجوم	Attack
مُنَظَّمَة	Organization

Lesson 7 الدَّرس 7

To start	بَدَأَ / يبْدأ
Daily work	عَمَل يَوْمِيٌّ
Early	مُبَكِّراً
Factory	مَصْنَع
Field	حَقْل
Store	مَحَلٌّ
Governmental bureau	دائِرَة حُكومِيَّة
To rest	اسْتَراحَ / يَسْتَريح
Rest / Recess	استِراحة
Meal	وَجْبَة
Café	مَقْهى
To meet	قابَلَ / يُقابِل
Meeting / Interview	مُقابَلَة
Chess	شَطْرَنْج
Soft drinks	مُرَطِّبات
To smoke	دَخَّنَ / يُدَخِّن
Nargileh / Hubbly Bubbly	نَرْجيلَة
To exchange	تَبادَلَ / يتبادل
family	أُسْرَة
Relative	قَريب
Common	شائِعَة
To serve	قَدَّمَ / يُقَدِّم
Type	نَوْع
Without	بِدون
Match	مُباراة
Team	فَريق
Soccer	كُرَة الْقَدَم
Basketball	كُرة السَّلَّة

كَأْس الْعالَم	World Cup
سُكّان	Inhabitants / Residents
قَرْيَة	Village
سِنٌّ مُبَكِّرَة	Early age
عيد	Eid / Religious Occasion
عيد الفِطْر	Eid Al-Fitir
عيد الأَضْحى	Eid Al-Adha
عيد الميلاد المجيد	Christmas
عيد الفِصْح (عيد القِيامَة)	Easter
فَريضَة	Duty
حاجٌّ	Religious Pilgrim
أَعَدَّ / يُعِدُّ	To prepare
كَعْك	Cake / Cookies
حَلْوَيات	Sweets
وَزَّعَ / يُوَزِّع	To distribute
فقير	Poor

فَقْر	Poverty
وَطَنِيَّة	Nationalism / Patriotism
عيد الاستِقْلال	Independence Day
مُناسَبَة	Occasion
مُناسِبَة	Suitable
تُراث	Heritage
أَلْعاب	Games / Toys
اسْتِفْهام	Interrogation
نَفْي	Negation
اسْتَأْذَنَ / يَسْتَأْذِن	To ask permission
أَقْلَعَتِ الطّائرة	The airplane took off
لَذيذ	Delicious
كاتِب	Writer / Author

About what?	عَمَّ
To forbid	نَهى
To cheat	غَشَّ / يَغشُّ
Wheat	قَمْح
To mix	خَلَطَ / يَخْلِط
Blender	خَلَّاط
Affair	شَأْن
Ethics	أَخلاُق
To give birth	أَنْجَبَتْ / تُنْجِب

Lesson 8 الدَّرس 8

To marry	تَزَوَّجَ / يَتَزَوَّج
Marriage	زَواج
Age	سِنٌّ
Approximately	تَقْريباً
As well	كَذلِكَ
Young lady	فَتاة
Young man	شابٌّ
Does not see	لا يَرى
To choose	اِخْتارَ / يَخْتار
Bride	عَروس
Groom	عَريس
Opinion	رَأْي
Two sides	جانِبان
Engagement	خِطْبَة
Speech	خُطْبَة
Wedding	زفاف
To dance	رَقَصَ / يَرْقُص
Dancer	راقِص
To sing	غَنَّى / يُغَنِّي
Singer	مُغَنٍّ (مغني×)
To change	تَغَيَّرَ / يَتَغَيَّر
To complete	أَكْمَلَ / يُكْمِل
Many	عِدَّة
To save up	وَفَّرَ / يُوَفِّر
Rarely	نادِراً
Less than 20 years old	دونَ الْعِشْرين
Another	آخَر
End / Last	آخِر
Hall	قاعَة

فُنْدُق فَخْم	Grand hotel
حَفْلَة بَسيطَة	Simple party / ceremony
شَهْر الْعَسَل	Honeymoon
مَهْر	Dowry
على الأَقَلّ	At least
على الأَكْثَر	At most
مُسَجِّل	Recorder
لَبّى الدَّعْوَة	To accept an invitation
مَدْعُوّ	Invited person (guest)
مُخْتَلَطَة	Mixed
ضاحِيَة	Suburb
رَقْص شَعْبِيّ	Traditional dancing
شَبّابة	Flute
زَغْرودَة	Trilling cry of joy
زَفَّة	Wedding procession
الأَغاني الشَّعْبِيَّة	Traditional songs
مَنْسَف	Mansaf (traditional dish)

Lesson 9 الدَّرس 9

Modern	حَديثَة
Position	مَكانَة
To obtain	حَصَلَ / يَحْصُل
Scientific degree	شَهادَة عِلْمِيَّة
Freedom	حُرِّيَّة
To give	أَعْطى / يُعْطي
Competition	مُنافَسَة
Position	مَنْصِب
To participate	شارَكَ / يُشارِك
Progress	تَقَدُّم
Happiness	سَعادَة
Female worker	عامِلَة
House chores	أَعْمال البيت
Boss	سَيِّد
Bound	مُقَيَّد
To distinguish between	فَرَّقَ / يُفَرِّق (بين)
To discriminate between Priority	أَوْلَوِيَّة
Situation	وَضْع
Civilized	مُتَحَضِّر
Chance / Opportunity	فُرْصَة
The same	على السَّواء
Resulted from	نَتَجَ عَنْ
Feeling	شُعور
Independence	اِسْتِقْلال
Effect	أَثَر
Negative	سَلْبِيّ
Positive	إِيجابِيّ
Divorce	طَلاق

شُيوع	To become widespread
ظاهِرَة	Phenomenon / Trend
عُنْف نَفْسِيٌّ	Psychological violence
عنف جَسَدِيٌّ	Physical violence
على الإِطْلاق	At all
مُساهَمَة	Contribution
زِيادَة	Increase
لا بُدَّ	Must
بِشَكل عامٍّ	In general
التَّوْفيق بَيْنَ	Find harmony between
الِتزام	Obligation
لاسِيَّما	Especially
مَشْهور	Famous
مُزاحَمَة الرَّجُل	Competition with men
تَرِبيَة الأَطْفال	Raising children
مَنْزِلَة	Position
جَهْل	Ignorance
عاطِل عن العَمَل	Unemployed
فعل ناسِخ	Detective verb
طَقْس	Weather
مُشْمِس	Sunny
ماطِر	Rainy
آثار	Ruins
كما تَظُنُّ	As you think
مُسْتَعِدٌّ	Ready
لِصٌّ	Thief
لَيْسَ	Is not
خَليفَة	Caliph
خائِف	Afraid

Lesson 10 — الدَّرس 10

Enjoyable	مُمْتِع
Film / Movie	فيلم
To live	عاشَ / يَعيش
To see	رَأى / يَرى
Means of transportation	وَسائِل النَّقْل
Traveled	تَنَقُّل
Desert ship	سَفينة الصَّحْراء
Sailboat	سَفينة شِراعِيَّة
War	حَرْب
To walk	سارَ / يَسير
To make	صَنَعَ / يَصْنَع
Train	قِطار
To cheer on	شَجَّعَ / يُشَجِّع
Natural landscape	مَناظِر طَبيعِيَّة
Plain	سَهْل (الأرض)
Farmer	فَلّاح
Sheep	أَغْنام
To pass	مَرَّ / يَمُرُّ
From where?	مِنْ أَيْنَ؟
Wave	مَوْجَة
Chopping	مُتَلاطِمَة
Bank (river bank)	ضِفَّة
Style	نَمَط
Age (eg: stone age)	عَصْر
Race	سِباق
Size	حَجْم
Hunger	جوع
Thirst	عَطَش
Wild	مُفْتَرِس

قَبيح	Ugly
ضَيِّق	Tight / Narrow
ضَرَّ / يَضُرُّ	To harm
مَنَعَ / يَمْنَع	To ban
تَعَب	Tiredness
حُزْن	Sadness / Sorrow
مِرْآة	Mirror
متْحَف	Museum
عَجائب الدُّنيا	Great wonders of the world
تِمْثال الْحُرِّيَّة	Statue of Liberty
سور الصِّين العَظيم	Great Wall of China
بُرْج إِيفل	Eiffel Tower
بطيء الفَهْم	Slow at understanding
هَبَطَتِ الطّائرة	The airplane landed
غَزا القَمَر	Landed on the moon
حَلَّقَ / يُحَلِّق	To rise (during flight)

Lesson 11 — الدَّرس 11

Landmark	مَعْلَم	Illness	مَرَض
Diversity	تَنَوُّع	Joint	مِفْصَل
Contours	تَضاريس	Sandy	رَمْلِيَّة
Valley	غَوْر	Horseback riding	رُكوب الْخَيْل
Mountain	جَبَل	Mountain climbing	تَسَلُّق الْجِبال
Shrine	مَقام	Mineral water	مِياه مَعْدَنِيَّة
Baptismal	المَغْطَس	Governorate	مُحافَظَة
River Jordan	نَهْر الأُرْدُنّ	Castle	قَلْعَة
Pool	بِرْكَة	Leader	قائِد
Channel	قَناة	Supervision / Monitoring	مُراقَبَة
Floor	أَرْضِيَّة		
Cave	كَهْف	Movements	تَحَرُّكات
Monk	راهِب	Cross	صَليب
Cosmetics	مَواد تَجْميل	Crusaders	صليبيُّون
Therapy	عِلاج	Courtyard	ساحَة

مَعْبَد	Temple
مُشاهِد	Viewer
جُمْهور	Crowd
مُدَرَّج	Auditorium
مِهْرَجان	Festival
فَنّ	Art
يُعْتَبَر	To be considered
مَصْدَر	Source
دَخْل قَوْمِيّ	National income
فُسَيْفِساء	Mosaic
الْخَزْنَة	Vault
مَحْكَمَة	Court
دَيْر	Monastery
قَبْر	Grave
قَصْر	Palace
القُصور الصَّحْراوِيَّة	Desert palaces

حَمّامات ماعين	Ma`ine Spa
كافَحَ / يُكافِح	To struggle
رَضِيَ / يَرْضى	To agree / Bless
انْتَبَهَ / يَنْتَبِه	To pay attention / Take notice
أَعَدَّ / يُعِدُّ	To prepare
اِسْتَيْقَظَ / يَسْتَيْقِظ	To awaken
قاتَلَ / يُقاتِل	To fight

الدَّرس 12 Lesson 12

أَتَمَّ / يُتِمُّ	To complete
نالَ / يَنال	To obtain
دُكتوراة	Doctorate (PhD)
ضَمَّ / يَضُمُّ	To include
أَبْدى / يُبْدي	To express
شِعْر	Poetry
شَعْر	Hair
فَلْسَفَة	Philosophy
روح	Spirit
بَثَّ / يَبُثُّ	To broadcast
نَفْس / نُفوس	Soul
خَجِلَ / يَخْجَل	To be shy
خَجول	Shyness
خَشِيَ / يَخْشى	To fear
عَيْب شَنيع	Horrid flaw
لَفَتَ النَّظَر إِلى	Drew attention to
تَبَرَّأَ / يَتَبَرَّأ	To disavow
حَتَّمَ / يُحَتِّم	To necessitate
واجِب ثقافيٌّ	Cultural duty
تَسْلِيَة	Entertainment
عَقْل	Mind
مَعِدَة	Stomach
تَغْذِيَة	Nutrition
مَحْدودَة	Limited
رَخيص	Cheap
ناضِج	Mature
خاطَبَ / يُخاطِب	To address
تاجِر	Tradesmen
آذى / يُؤْذي	To harm
فِكْرَة	Idea

You think	تَحْسِبون
Did not say a word	لم يَنْطِقْ بِكَلِمَة
Were ashamed of themselves	اسْتَحْيا مِنْ نَفْسِه
Based on	يَقوم على
Except that I am	إلّا أَنَّني
It is vital to	لا بُدَّ مِنْ
In addition to that	بالإضافة إلى ذلك
Despite	على الرَّغم مِنْ
To form	شَكَّلَ / يُشَكِّل
Kunafah (traditional sweet)	كُنافَة
Baqlawa (traditional sweet)	بَقْلاوَة
Katayif (traditional sweet)	قَطايف
Medicine	طِبٌّ
Nursing	تَمْريض
Business administration	إدارة أعمال
Mother language	اللُّغة الأُمُّ
Period	فَتْرَة
To recall	تَذَكَّرَ / يَتَذَكَّر
Memory	ذاكِرَة
Temporary	مُؤَقَّت

Lesson 13 الدَّرس 13

Visit	زِيارة
Hospital	مُسْتَشْفى
Field visit	زيارة مَيْدانِيَّة
In the company of / With	بِصُحْبَة
Main door / Entrance	الباب الرَّئيسيُّ
Information	اسْتِعْلامات
Tour	جَوْلَة
Department / section	قِسْم
To accompany	رافَقَ / يُرافِق
Emergency	طَوارِىء
Urgent cases	حالات مُسْتَعْجَلَة
Car accidents	حَوادِث سَيّارات
Burns	حُروق
Poisoning	تَسمُّم
Bones	عِظام
Back pains	آلام الظَّهْر
Knee	رُكْبَة
Neck	رَقَبَة
Joints	مَفاصِل
Spine	عَمود فِقْرِيّ
Abdominal ailments	أَمراض باطِنِيَّة
Intestines	أَمْعاء
Liver	كَبِد
Gallbladder	مَرارَة
Diabetes	سُكَّرِيّ
Urinal tracts	مَسالِك بَوْلِيَّة

كُلْيَة	Kidney
مَثانَة	Bladder
وحدة	Unit
غَسيل الْكُلى	Dialysis
فَشَل كُلَوِيٌّ	Kidney failure
وِلادَة	Labor
خداج	Incubators for premature babies
حديث الولادة	Newborn
نُمُوٌّ	Growth
أَمْراض الْقَلْب	Heart disease
أَعْصاب	Nerves
دِماغ	Brain
عِنايَة حَثيثَة	Intensive care
أَشِعَّة	Radiology
تَشْخيص	Diagnosis

فَحْص	Checkup / examination
وَصَفَ / يَصِف	To prescribe
تَعالَجَ / يَتَعالَج	To be treated
مقصف	Cafeteria
هدايا	Gifts
جَرّاح	Surgeon
جِراحَة	Surgery
عَمَلِيَّة جِراحِيَّة	Surgical procedure
غرفة عمليّات	Operation room
تَخْدير	Anesthesia
بَنْج	Anesthetic
طبيب تخدير	Anesthesiologist
مِلْقَط	Forceps
مِقَصٌّ	Scissors
قُفّازات	Gloves
كَمّامة	Mask

Sterilization	تَعْقيم
Stitch	غُرْزَة
Hemorrhage / Bleeding	نَزيف
Bruises	رُضوض
Extraction	اسْتِئْصال
Stone / Concretion	حَصْوَة
-scopy (eg: abdomino endoscopy)	تَنْظير
Recovery room	غُرْفَة إِنْعاش
Pregnancy	حَمْل
Pregnant	حامِل
Womb / Uterus	رَحم
Midwife	قابِلَة قانونيَّة
Caesarian	عَمَلِيَّة قَيْصَرِيَّة
Incubator	حاضِنَة
Laboratory	مُخْتَبَر

Analysis	تَحْليل
Blood test	فَحْص دَم
Urine test	فحص بول
Blood donation	تَبَرُّع بالدَّم
Blood bank	بنك الدَّم
Cancer	سَرَطان
Benign Tumor	وَرَم حَميد
Malignant tumor	ورم خَبيث
Chemotherapy	عِلاج كيماوِيٌّ
Injection	حُقْنَة
Tablet	قُرْص
Drink	شَراب
Ointment	دَهون
French plaster	جَبيرَة
Cast	جِبْس
Neurosurgeon	جَرّاح أَعصاب

حَجْز غرفة	Room reservation
إِدْخال مريض	Patient admission
رَشح / زُكام	Cold / Flu
الْتِهاب حَلْق	Laryngitis (sore throat)
سُعال	Cough
التهاب اللَّوْزَتَيْن	Tonsillitis
صُداع	Headache
مَغص	Abdominal cramp
تَسَمُّم غِذائِيٌّ	Food poisoning
التهاب المفاصل	Arthritis
التهاب الرِّئة	Pneumonia
ضَغْط دَم مُرْتَفِع	Hypertension (high blood pressure)
ضغط دم مُنْخَفِض	Hypotension (low blood pressure)
ذَبْحَة صَدْرِيَّة	Heart attack
جَلْطَة دِماغِيَّة	Stroke
سَكْتَة دِماغِيَّة	Stroke
موتٌ سَريريٌّ	Clinical death
سرطان الدَّم	Leukemia
فَقْر الدَّم	Anemia
تَضَخُّم القَلب	Hypertrophy of the heart
هُبوط في القلب	Heart failure
ضُمور الرِّئة	Lung atrophy
قِصَر النَّظَر	Short sightedness
طول النَّظَر	Long sightedness
تَصْحيح النَّظَر	Eyesight correction
قُرْحَة المَعِدَة	Stomach ulcer

Acid reflux	حَرَقَة
Heartburn	حُموضَة
Dyspnea (difficulty to breath)	ضيق تَنَفُّس
Asthma	رَبْو
Hepatitis	التِهاب الْكَبِد الوَبائِيُّ
Gingivitis	التهاب اللِّثَّة
Tooth decay	تَسَوُّس الأَسْنان
Physiotherapy	عِلاجٌ طَبيعِيٌّ
Therapy Expenses	تكاليف العلاج
Health insurance	تَأمينٌ صِحِّيٌّ
Ambulance	سيّارة إِسْعاف

Lesson 14 الدَّرس 14

Capital	عاصِمَة
In reference to	نِسْبَة إِلى
Immigration	هِجْرَة
Immigrant	مُهاجِر
Used	مُسْتَعْمَل
Homeland	مَوْطِن
To invade	غَزا / يَغْزو
To establish	أَسَّسَ / يُؤَسِّس
March	آذار
To adopt	اتَّخَذَ / يَتَّخِذ
To increase	ازْدادَ / يزْداد
To occupy	اِحْتَلَّ / يَحْتَلُّ
Buildings (as a sign of an inhabited place)	العُمْران
Spectator	مُتَفَرِّج
Wrestling	مُصارَعَة
Play	مَسْرَحِيَّة
To call/name	لَقَّبَ / يُلَقِّب
To admire	أَعْجَبَ / يُعْجِب
Tribe	قَبيلة
Moguls	المَغول
To continue	اسْتَمَرَّ / يَسْتَمِرُّ
Occupation	اِحْتِلال
Jordan Ghawr	غور الأُردنّ
Sculpture	مَنْحوتة
Seeking a cure	اسْتِشْفاء
Seaport	ميناء
Adjective	صِفَة (في النَّحو)
To follow	تَبِعَ / يَتْبَع

Indefinite	تَنْكير
Definite	تَعْريف
Thawb (traditional Arabic dress)	ثَوْب
Pencil sharpener	مِبْراة
Swear words	كلمات بَذيئَة
Valuable	ثمين
Entertaining	مُسَلِّيَة
Guide	دَليل
To pray	صَلّى / يُصَلّي

Lesson 15 الدَّرس 15

Jerusalem / Al-Quds	القُدْس
A God	إِله
Kanonites	كَنْعانيّون
Domination	سَيْطَرَة
Hebrews	عِبْرانيّون
To destroy	دَمَّرَ / يُدَمِّر
Reconstruction	إِعادة بِناء
Solomon`s temple	هَيْكَل سُلَيْمان
Guarantee	وَثيقَة أَمان
A Muslim word for Christians; literally means (supporter)	نَصْرانِيٌّ
To refuse / reject	رَفَضَ / يَرْفُضْ
Facing	مُقابِل
Later	فيما بَعْد
Qibla (direction of Muslim prayer: Mecca)	قِبْلَة
Kiss	قُبْلَة
Dome of the Rock	قُبَّة الصَّخْرَة
Persians	الفُرْس
To burn	أَحْرَقَ / يُحْرِق
Path	دَرْب
Path of Pain	طَريق الآلام
To walk a path	سَلَكَ / يَسْلُك
To lead	ساقَ / يَسوق
Sentenced	حَكَمَ عليه
March / procession	مَسيرَة
Entrance	مَدْخَل

To erect	شَيَّد / يُشَيِّد
Direction	وجهة
Cradle of religions	مَهْد الدِّيانات
Bow (as in bow and arrow)	قَوْس
To lean on	اَرْتَكَزَ / يَرْتَكَز (على)
Stone	حَجَر
Map	خَريطَة

الدَّرس 16 Lesson 16

سور	Fence
صورة	Picture
طابَع	Stamp
خُطوط الماء	Water pipes
صَرْف صِحّيّ	Sewage
عَكَسَ / يَعْكِس	To reflect
مُعاصِرَة	Contemporary
تَمْتاز بِـ	Excels in
بَقِيَتْ على حالتها الأَصْلِيَّة	Remained intact
أَرْشَدَ / يُرْشِد	To guide
طَبيعَة العَلاقات	Nature of relations
أَفْراد	Individuals
مَبادىء	Principles
قِيَم	Values
أَكَّدَ / يُؤَكِّد	To affirm
تَطَوُّر	Development
احْتَفَظَ / يحْتَفِظ	To preserve / keep
نَموذَج	Model
حَيّ	Neighborhood
طِراز	Style
فَريد	Unique
شَخْصِيَّة	Personality
مُمَيَّزَة	distinguished
دَليل سِياحِيّ	Tourist guide
علاقات مُشْتَرَكَة	Joint relations
مَدَنِيَّة	Civil
قُمامة	Garbage

تَعارُض	Conflict / contradiction
أَدوات الرَّبْط	Connectors
اسم موصول	Relative noun
اسم إِشارة	Demonstrative noun
عَطْف	Conjunction
مِنْ أَجْلِ ذلك	So that
بالرَّغْم مِنْ	Despite / in spite of
كيْ	I order to
بِطَلاقَة	Fluently
طَرَقَ / يَطْرُق	To knock
وقت مُحَدَّد	Set time
مُعارَضة	Opposition
أَوْضاع سياسيَّة	Political conditions

مُتَقَلِّبَة	Turbulent
الإِرْهاب العالميُّ	International terrorism
تَحالَفَ / يَتَحالَف	To ally oneself with
عَسْكريٌّ	Military
ضَحَّى / يُضَحِّي	To sacrifice
تَوافَدَ / يَتَوافد	To flock
مَلِكَة	Queen
سَدٌّ	Dam
غاية في الجَمال	Extremely beautiful
وَرَدَت (القصَّة)	To be mentioned
تابوت	Tomb / coffin
مَقْبَرَة	Cemetery

Lesson 17 الدَّرس 17

To build	بنى
To be pleased by	سَعِدَ / يَسْعَد
Carpenter	نَجّار
Furniture	أَثاث
Tailor	خَيّاط
Material (cloth)	قِماش
Most delicious of	أَشْهى
Delicious	أَلَذُّ
Food	مَأْكولات
Sweets	حَلْوَيّات
To sacrifice	ضَحّى / يُضَحِّي
Satisfied	راضٍ
Wasting time	إِضاعَة الْوَقْت
Waiting	اِنْتِظار
To respect	احْتَرَمَ / يَحْتَرِم
To tire of	تَعِبَ / يَتْعَب
In order to / For	مِنْ أَجْلِ
Others	آخَرون (ين)
To plow	حَرَثَ / يَحْرُث
Seeds	حُبوب
Wheat	قَمْح
Chick peas	حُمُّص
Lintel	عَدَس
Corn	ذُرَة
Fruit-bearing	مُثْمِرَة
To care for	اِعْتَنى / يَعْتَني
To water	سَقى / يَسْقي
To ripen	نَضجَ / يَنْضُج
To pick	قَطَفَ / يَقْطُف

مِنَ الْجَدير بِالذِّكْر	It is worth mentioning
وَظيفة شاغِرَة	Job vacancy
عَيْب / عار	Shame / Taboo
عَمَل حَقير	Menial work
قُمامة	Garbage
زَبّال	Garbage collector
اِمْتَنَعَ / يَمْتَنِع	To abstain
اِنْتَشَرَ / يَنْتَشِر	To spread
اِسْتِطاعَة	Ability
إِخْلاص	Dedication
قَلَبَ / يَقْلِب (الأَرض)	To turn over (the land)
غَرَسَ / يَغْرِس (الأَشجار)	To plant (grown trees)
هَدَمَ / يَهْدِم	To demolish
خِدْمَة إِنْسانِيَّة	Humanitarian service
تَعَجَّبَ / يَتَعَجَّب (مِنْ)	To wonder at
نَخْلَة	Date tree

Lesson 18 الدَّرس 18

League of Arab States (Arab League)	جامعة الدّول العربيَّة
Founded	تَأَسَّسَ / يَتَأَسَّس
Brings together	جَمَعَ / يَجْمَع (بَيْنَ)
Independent	مُسْتَقِلَّة
Join	اِنْضِمام
Headquarters	مَقَرٌّ
Resort	مُنْتَجَع
Still / continues to be	لا يَزال
To this day	حَتّى يومنا هذا
Charter	ميثاق
Stipulates	نَصَّ / يَنُصُّ (على)
Target/goal	هَدَف
Strengthening joint ties	تَقْوِيَة العَلاقات المُشْتَرَكَة
Developing cooperation	تَنْمِيَة التَّعاوُن
Fields	مَجالات
Dispute	خِلاف
To arise	نَشَأَ / يَنْشَأ
Diplomatic means	طُرُق دِبْلوماسِيَّة
Resorting to	اللُّجوء إِلى
To be issued by	صَدَرَ / يَصْدُر (عن)
Common ties	رَوابِط مُشْتَرَكَة
Representative	مُمَثِّل عن
Achievement	تَحْقيق

أَغْراض	Purposes
تَنْفيذ	Implementation
ضَمان / كَفالة	Guarantee
أَمْن	Security
سَلام	Peace
حِزْب	Political party
تَهْديد	Threat
تَوْثيق	Strengthening
مُراسَلات	Correspondence
تَنْظيم	Organization
دُسْتور	Constitution
مَيادين	Fields
مُحْتَلَّة	Occupied
اِسْتَقَرَّ / يَسْتَقِرُّ	To stabilize
إِضْعاف	To weaken
ميزان صَرْفِيٌّ	Balance of expenditures
وَزْن	Weight
جَذْر	Root
مَجْلِس التَّعاوُن الْخَليجيّ	Gulf Cooperation Council
تَشابَهَ / يَتَشابَه	Similarity
اِنْحَدَرَ / يَنْحَدِر	To regress
هَيْئَة تَسْوِيَة النِّزاعات	Dispute Settlement Body
نِظامٌ عَشائِرِيٌّ (قَبَلِيٌّ)	Tribal system
أُنْشِيء	Founded
مُنَظَّمَة إِنْسانِيَّة	Humanitarian organization

Lesson 19 — الدَّرس 19

Southwest	جنوب غَرْب
Pride	عِزَّة
Strength	منْعَة / قُوَّة
Commercial location	مَوْقِع تِجارِيٌّ
Era	عَصْر
To link	رَبَطَ / يَرْبِط
Mediterranean	البحر الأَبيض المُتَوَسِّط
Quraysh	قُرَيْش
To head to	قَصَدَ / يَقْصد
To bury	دُفِنَ / يَدْفَن
Great grandfather	الجَدُّ الثّاني
Was named	سُمِّيَ
In reference to	نِسْبَة إِلى
Imam (Muslim preacher)	إِمام / أَئِمَّة
Neighborhood	حَيٌّ
To build a ceiling	سُقِفَ / يُسْقَف
Colored glass	زُجاج مُلَوَّن
Sunshine	أَشِعَّة الشَّمس
Ground	أَرْضِيَّة
Marble	رُخام
Numerous	مُتَعَدِّد
Fishing	صَيْد السَّمَك
Handicraft	صِناعات تَقْليدِيَّة
Ceramics	خَزَف
Pottery	فَخّار
Runners (a kind of rug)	بُسُط

عَباءات	Cloaks
وَبَر الجِمال	Camel hair
صِناعة النَّسيج	Weaving industry
مَوْقِع جُغْرافيٌّ هامٌّ	Important geographic location
اِرْتادَ / يَرْتاد	To frequent
حِمْضِيّات	Citrus
يَدَوِيَّة	Handmade / Manual
فَصَلَ / يَفْصِل	To separate
مُنْدَثِر	Decadent
تَعاقَبَ / يَتَعاقَب	Consecutive
العُصور الْحَجَرِيَّة	Stone age
شُهَداء	Martyrs
ثَرْوَة سَمَكِيَّة	Fishing resources
قيمَة اِقْتِصادِيَّة	Economic value
قَلَبَ / يَقْلِب (الحَقيقة)	To twist the truth
خَفَقان	Failure
مَصْدَر (في النَّحو)	Source (grammatical)
فِعلٌ ثُلاثِيٌّ	3-letter verb
فعلٌ فَوْق ثلاثيٍّ	Verb comprising more than 3 letters
اِمْتَثَلَ / يَمْتَثِل	To abide by
مَثَّلَ / يُمَثِّل	To represent
نَمّى	To foster
اِسْتَفادَ / يَسْتَفيد	To benefit

Lesson 20		الدَّرس 20	
Sword	سَيْف	Bedouins	بَدْو
Spear	رُمْح	To live	عاشَ / يَعيش
Arrow	سَهْم	Desert	صَحْراء
Enemies	أَعْداء	Tents	خِيام
Knights of the tribe	فُرْسان الْقَبيلة	To leave	رَحَلَ / يَرْحَل
		To search for	بَحَثَ / يَبْحَث
Guest	ضَيْف	Grass	عُشْب
Bed	فِراش	Mature man	رَجُل عاقِل
Butterflies	فَراش	Generous	كَريم
Need	حاجَة	Brave	شُجاع
Laws	قَوانين	Rich	غَنِيّ
Shopping	تَسَوُّق	Modest	مُتَواضِع
Swimming	سِباحَة	Hereditary	وِراثِيّ
Archery	رِمايَة	Protection	حِمايَة
Horseback riding	فُروسِيَّة	To train	تَدَرَّبَ / يَتَدَرَّب

Arabian days	أَيّام الْعَرَب
Urban	الحَضَر
To circle	حامَ / يَحوم
To meddle	عَبثَ / يَعْبَث
To harm	آذى / يُؤْذي
I liked	أَعْجَبَني
Information	مَعْلومات
Keeping a promise	الْوَفاء بِالْعَهْد
To light (a fire)	أَشْعَلَ / يُشْعِل (النّار)
To spend	أَنْفَقَ / يُنْفِق
To slaughter	ذَبَحَ / يَذْبَح

Lesson 20 الدَّرس 21

Through	عَبْر
To establish	أَقامَ / يُقيم
To surround	أَحاطَ / يُحيط
Sailing	مِلاحَة
Seasonal winds / Monsoon	رِياح مَوْسِمِيَّة
To enable	مَكَّنَ / يُمَكِّن
Sail ship	سَفينة شِراعِيَّة
Specific times	أَوْقات مُعَيَّنَة
To invent	اِخْتَرَعَ / يَخْتَرِع
Triangular sail	شِراع مُثَلَّث
Launch	إِقْلاع
Movement	سَيْر
Stormy wind	ريح عاصِفَة
Strait	مَضيق
Spreading the word of Islam	نَشْر الدَّعْوَة الإِسلامِيَّة
European coasts	السَّواحِل الأُوروبِّيَّة
Fleet	أُسْطول
Thanks to	يَعودُ الفَضْل فيه
Battle	مَعْرَكَة
First sea confrontation	المُواجَهَة الْبَحْرِيَّة الأُولى
To win	اَنْتَصَرَ / يَنْتَصِر
Sea battle	معركة بَحْرِيَّة
The island of Sicily	جَزيرَة صِقِلِّية
Water passage	مَمَرٌّ مائيٌّ
To connect	رَبَطَ / يَرْبط (بين)

To dive	غاصَ / يَغوص
Pearls	لُؤلُؤ
Waiting patiently	يَنْتَظِر بِفارغ الصَّبْر
Folklore songs	أهازيج شَعْبِيَّة
To fear	خَشِيَ / يَخْشى
Traitor	غَدّار
To swallow	اِبْتَلَعَ / يَبْتَلِع
To lose	فَقَدَ / يَفْقِد
Provider	مُعيل
Net	شِباك
To check	تَفَقَّدَ / يَتَفَقَّد
To fix	أَصْلَحَ / يُصْلِح
To throw	أَلْقى / يُلْقي
A cooperating person	مُتَعاوِن
Islands	الْجُزُر
Long tide	الْمَدّ
Fishing boats	مَراكِب الصَّيْد
Go to sea	نَزَلَ إلى الْبَحْر
Captain	رُبّان
Sailor	بَحّار
Left	اِنْصَرَفَ عَنْ
To invent	اِخْتَرَعَ / يَخْتَرِع
Active voice	مَبْني لِلْمَعْلوم
Passive voice	مَبْني لِلْمَجْهول
To dig	حَفَرَ / يَحْفِر
Greed	أَطْماع
To nationalize	أَمَّمَ / يُؤَمِّم
World War II	الحَرب العالَمِيَّة الثّانية
Financial hardship	ضيق مالِيّ
Crisis	أزْمَة
Withdrawal	اِنْسِحاب

Lesson 22 الدَّرس 22

Caused (someone's) demise	جَنى على
Barakesh (proper name)	براقش
People	قوْم / ناس
Did	قامَ بِ
Guarded	حَرَسَ
Farming plot	حَقْل
Barked	نَبَحَ
Chased	طارَدَ
Passers-by	الْمارَّة
Ate	اِفْتَرَسَ
Thief (singular), Thieves (plural)	لِصّ ج لصوص
Troublemakers (usually used for children)	أَشْقِياء
Does not dare	لا يَجْرُؤ على
Obey / Obeyed	أَطاعَ/ يُطيعُ
Order (singular), Orders (plural)	أَمْر ج أوامِر
Point to	أَشارَ إِلى
Index finger	السَّبّابة
Set off	اِنْطَلَقَ
Rocket	صاروخ
Prey	فَريسَة
Torn	مَزَّقَ
Torn limbs / pieces	أَشْلاء
Neighborhood	حَيّ

Play affectionately with	لاطَفَ
At times	تارَةً
Discovered	اِسْتَكْشَفَ
Smelled	شَمَّ
Scent	رائِحَة
Alarm device	جِهاز إِنْذار
To be in the center of	تَوَسَّطَ
To surround	اِلْتَفَّ حَوْلَ
Kinds (forms)	أَلْوان (أنْواع)
Tricks (Acts)	أَلْعاب بَهْلَوانِيَّة
Play / Be merry	يَمْرَحُ
To set	أَقْبَلَ / جاءَ
Stay up late	سَهِرَ
Dark night	لَيْلَة ظَلْماء
Continuous	مُتَواصِل
Fled to	فَرَّ إِلى

Cave	مَغارَة
Ran	جَرى / رَكَضَ
Searched for	بَحَثَ عَنْ
Evil (harm)	شَرٌّ
Enemies (plural)	أَعْداء
Killed him	قضى عليْهِ / قتَلَهُ
Deadly blow	ضَرْبَة قاتِلة
Raid	غارَة
Caused	تسبَّبَ في
Harm	إِيذاء
Reassured	اِطْمأنَّ
To make an example of	يُضْرَب الْمَثَل
To violate	خالَفَ / يُخالِف
Summarized	موجَزة
Advice	نَصيحَة

طابقَ / يُطابِق	To match
صيغَة	Format / wording
جَدْوَل	Table
عَدَد مُفْرَد	Single number
عدد مُرَكَّب	Complex number
عدد معطوف	Phrasal number (made up of two parts, e.g. forty-one)
اِسْتَبْدِلْ	Replaced
أَرْقام	Numbers
صَلاة الْفَجْر	Dawn prayer
رَكْعَة	Kneeling / prostration (in prayer)
قَرَوِيٌّ	Rural
راحِلة	Departed (adj)
خُفٌّ	Slipper
ساوَمَ / يُساوِم	To haggle
رَجَعَ خائِباً	Returned empty-handed

Lesson 23 الدَّرس 23

Fine / penalty	جَزاء	Surface	سَطْح
Sinimar	سِنِمَّار	Wonderful	رائِع
Great	عَظيم	To throw	أَلْقى / يُلْقي (بـِ)
To summon	اسْتَدْعى / يَسْتَدْعي	Good	خَيْر
To choose	اِخْتارَ / يَخْتار	Evil	شَرٌّ
He started Thinking	أَخَذَ يُفَكِّر	To reward	كافَأَ / يُكافيء
		Most probably	على الأَرْجَح
All the time	طَوال الوقت	Situational name	الاسم الحالِيُّ
Plan	خُطَّة	Derived from	مُشْتَقٌّ مِنْ
Activity	نَشاط	Holy / Sacred	مُقَدَّس
Build	بِناء	Nativity Church	كَنيسة الْمَهَد
To admire	أُعْجِبَ / يُعْجَب	Cave	مَغارة
Happy	فَرِحَ	Christ	الْمَسيح
Prize	جائِزَة	To demolish	هَدَمَ / يَهْدِم
To ascend	صَعِدَ / يَصْعَد	Reconstructed	أَعادَ بِناء

صِناعات سِياحِيَّة	Tourist industries
حَفْر على الخَشَب	Carving wood
صَدَف	Shells
نُحاس	Copper
تَطْريز	Embroidery
أَصْغى / يُصْغي	To listen
قَلِقٌ	Concerned / worried
اِهْتَدى / يَهْتَدي	To find the right way to / To be enlightened
أَعادَ / يُعيد	To return
اِعْتَذَرَ / يَعْتَذِر	To apologize
مُجْتَهِد	Hard working
حَظاً سَعيداً	Good luck
مَمْنوع التَّدْخين	No smoking
سَرَطان الرِّئَة	Lung cancer
وَفاة	Death
مُخْلِص	Dedicated
بِسَبب	Because of
بَعْدَ أَنْ	After

الملحق الثاني

قـاموس عربي/عربي

الكلمة / العبارة	مرادفها
غريب	أَجنبيٌّ
شعَرَ	أَحسَّ
ممارسة	تمرين / تدريب
أخبار	أَنباء
جزيلاً	كثيراً
ذَكَرَ	قال
منهاج	كتابٌ دراسيٌّ
مُرادف	معنى
مرتفع	عالٍ
غَيَّرَ	حَوَّلَ
يلزَم	يجب
رمز	شِعار
محادثة	كلام

الكلمة / العبارة	مرادفها
دارِس	طالب / مُتَعَلِّم
لَهْجَة	لغة
أتقنَ	أَجادَ
شكَّلَ	عَمِلَ
حركات	فتحة / ضمَّة / كسرة / سكون
وظيفيَّة	عَمَلِيَّة
لعلّ	رُبَّما
قائم على	مسؤول
تطوُّر	تحسُّن / تَقَدُّم
بديهيّ	معروف
صِفة	خُلُق
شكا	تَذَمَّرَ

اللُّغة المَحْكِيَّة	العامِّيَّة
اللُّغة الرَّسميَّة	الفُصحى
إِلْمام	مَعْرِفَة
عادات وتقاليد	تُراث
مَقَرٌّ	مكان دائم
موقعٌ استراتيجيٌّ	موقع جغرافي هام
نفط	زيت / بترول
تَعَمَّد	اِغْتسل
ثقافة	حضارة
جُزء	قِسم
العاصمة الرُّوحيَّة	العاصمة الدِّينيَّة
قناة (السّويس)	ممرٌّ مائيٌّ
حديثة	مُعاصِرَة
رُكْن	زاوِيَة
طارَ	ارتفع في الجوِّ
حَلَّق	ارتفع عالياً في الجوِّ

حَرَثَ	قلب التُّرْبَة
شَرَحَ	فَسَّر
تَسَلَّق	صَعِدَ
نَقَّبَ عن	بَحَثَ / فَتَّشَ عن
دَخْل شَهْريٌّ	راتِب
جيش	جُنود
كافَحَ	قاتَلَ
رِعاية	عِناية
مُنَظّمة	مؤسَّسة / هيئة
مَصْنع	مَعْمَل
حَقْل (سياسي / اقتصادي..)	مَجال / مَيْدان
حَقْل	مَزْرَعَة
مَحَلٌّ	مَتْجَر
مقابلة	لِقاء
أُسْرة	عائلة

سُكّان	ناس / شعب
سِنٌّ مُبَكِّرةٌ	عُمْر صغير
شائع	مُنْتَشِر
فَريضة	واجبٌ دينيٌّ عند المسلمين
أَعَدَّ	جَهَّز / حَضَّر
وَزَّع	أعْطى
عَمَّ	عَنْ + ما
خَلَطَ	مَزَجَ
شَأن	أَمْر / قَضِيَّة
أَنْجَبَتْ	وَلَدَتْ
تقريباً	حوالي
كذلك	أَيْضاً
فتى	شابٌّ
فتاة	شابَّة
رأْي	فِكْرَة

خِطْبَة	اِرْتِباط بين الرَّجل والمرأة
خُطْبَة	كلام / خِطاب
زِفاف	زواج
أَكْمَلَ	أَتَمَّ
دون العشرين	أَقلُّ من عشرين
قاعة	صالَة / حُجرة واسعة
لَبَّى	اِسْتَجاب
مَنْسَف	الطَّبق الشَّعبيُّ في فلسطين والأُردنِّ
مَكانة	مَنْزِلة
مَنْصِب	عَمَل / وَظيفة
مُنافسة	مُزاحَمة
فَرَّق	فَصَلَ
على السَّواء	نفس الشيء
طلاق	اِنْفِصال الزَّوجيْن

مُساهَمة	مُشاركة
لا سِيَّما	خاصَّة
وسائل النَّقل	وسائل المُواصلات
التَّنقُّل	السَّفر
حَرْب	قِتال / مَعْرَكَة
سفينة الصَّحراء	الجَمَل
شَجَّع	دَعَمَ
فَلَّاح	مُزارِع
ضِفَّة	جانِب
نَمَط	طابع / طِراز
عَصْر	زَمَن
عَقْد	عشر سنوات
عَقْد (إيجار / زواج)	اِتِّفاق
هبطَ	نَزَلَ / حَطَّ
أَقْلَعَ	طارَ
حَلَّق	اِرْتَفَعَ في الجَوّ

مَعْلَم	مكان
غور	وادٍ
رُكوب الخَيْل	فُروسِيَّة
مُشاهِد	مُتَفَرِّج
اسْتَيْقَظَ	صَحا / نَهَض / قام من نومه
نالَ	حَصلَ على
أَبْدى	أَظْهَرَ
بَثَّ	نَشَرَ
شَنيع	قَبيح
حَتَّمَ	أَوْجَبَ
تَسْلِيَة	مُتْعَة
تَغْذِيَة	طَعام
خاطَبَ	حَدَّث / تَكَلَّم
تُؤْذي	تَضُرُّ
يَحْسب	يعْتَقِد / يَظُنّ

لِمْ يَنْطِقْ بِكَلِمَة	لم يتكلَّم
يقوم على	يَعْتَمِد
قَطايف	حَلْوَيات رَمَضان
اللُّغة الأُمُّ	اللُّغة الأَصْلِيَّة
زِيارة مَيْدانِيَّة	زيارة عَمَلِيَّة
بِصُحْبَة	بِرِفْقَة / مَع
بابٌ رئيسيٌّ	مَدْخَل
رافَقَ	ذَهبَ مع
حالات مُسْتعجَلَة	حالات طارِئَة
وِلادَة	إِنْجاب
عِنايَة حَثيثة	عناية مُكَثَّفة
استِئْصال	إِزالة / قَطْع
حَصْوَة	حَجَر صغير
صُداع	أَلَم في الرَّأس
مَغْص	أَلَم في البَطْن

عِلاج طَبيعيٌّ	علاج بدون دواء أَو جِراحة
مَوْطِن	بَلَد
غَزا	هاجَمَ
أَسَّس	بَنى
اِتَّخذ	جَعَلَ
أُعْجِبَ	سُرَّ
قبيلة	عَشيرة
تَبِعَ	لَحِقَ
بَذيئَة	سيِّئة
ثَمين	غالٍ
دَليل	مُرْشِد
دَمَّر	خَرَّب / هَدَمَ
أَعادَ بِناء	بنى مرَّة ثانية
نصْرانِيٌّ	مَسيحيٌّ
رَفَضَ	أَبَى / لم يُوافِق

إِسْراء	انْتِقال الرَّسول (محمد) ليلاً من المسجد الحرام في مكَّة إِلى المسجد الأَقصى في القدس وعودته في نفس الليلة
مِعْراج	صُعود الرَّسول (ص) إِلى السَّماء
مُشَرَّفة	مُقَدَّسة
دَرْب	طَريق
شَيَّد	بَنى
حائِط	جِدار
بُنْيَة تَحْتِيَّة	خُطوط الماء والكَهرباء والصَّرْف الصِّحّي
مُعاصِرَة	حَديثة
لم تَتَغَيَّر	بَقِيَتْ على حالتها الأَصْلِيَّة
أَفْراد	أَشْخاص
نموذج	مِثال
فَريد	نادِر/ قليل جداً
قُمامَة	زِبالَة
تَعارُض	اِخْتِلاف
مِنْ أَجْل ذلك	بِسبب
بِطَلاقَة	بِسُهولَة
وقت مُحدود	وقت قصير
تَوافَدَ	جاءَ
غايَة في الجَمال	جَميلة جِداً
وَرَدَ	ذُكِرَ
اعْتَنى	اهْتَمَّ
قَطَفَ	قَطَعَ
سَعِدَ	سُرَّ
لذيذ	شَهِيٌّ
راضٍ	مسرور / سعيد
عمل حَقير	عمَل بسيط
امْتَنَعَ	رَفَضَ

اسْتِطاعَة	قُدْرَة
غَرَسَ	زَرَعَ
حتّى يومنا هذا	إِلى الآن
ميثاق	دُسْتور
مجالات	ميادين
مُمَثِّل	مَنْدوب
أَغراض	أَهْداف
ضَمان	كَفالة
تَوْثيق	تَقْوِيَة
انْحَدَرَ مِنْ	جاء
تَسْوِيَة	حَلّ
نِزاع	خِلاف
المَنْعَة	القُوَّة
قَصَدَ	ذَهَبَ
سُمِّيَ	لُقِّبَ
مُتَعَدِّد	كَثير

صناعات تقليدِيَّة	صناعات يَدَوِيَّة
وَبَر الجِمال	شَعْر الجِمال
ارْتادَ	ذَهَبَ
فَصَلَ	فَرَّقَ
تَعاقَبَ	تَتابَعَ
قَلَبَ الحَقيقة	غَيَّرَها إِلى العكس
خَفَقان	دَقّات القَلْب
نَمّى	طَوَّرَ
رَحَلَ	انْتَقَلَ
تَدَرَّبَ	تَمَرَّنَ / مارَسَ
فُرْسان	مُقاتِلون(ين) / جُنود
تَسَوُّق	شِراء
أَيّام العرب	حُروب العرب
حامَ	دارَ حَوْلَ
عَبَثَ	لَعِبَ / لَهى
أَنْفَقَ	صَرَفَ

ذَبَحَ	قَتَل	داهِيَة	ذَكِيٌّ
مَكَّن	ساعَدَ	أبى	رَفَضَ
اخْتَرَعَ	اكْتَشَفَ	قَعَدَ	جَلَسَ
ريح عاصِفة	ريح قويَّة (شديدة)	خَطَبَ البنت	طَلَبها للزَّواج
أُسْطول	مَجْموعَة من السُّفُن	يُضْرَبُ المَثَل	يُقال
مُواجَهَة	حَرْب / قِتال	طابَقَ	وافَقَ
أَهازيج	أَغانٍ (× أَغاني)	خالَفَ	اخْتَلَفَ
خَشِيَ	خافَ	صيغَة	شَكْل
ابْتَلَعَ	أَكَلَ بِسُرْعَة	اسْتَبْدَلَ	وَضَعَ مكانه
فَقَدَ	أَضاعَ / خَسِرَ	راحِلَة	جَمَل
مُعيل	أَب / رَبُّ الأَسْرَة	خُفّ	حِذاء
أَلْقى	رَمى	سَلَكَ الطَّريق	مَشى
رُبّان	قائد السَّفينة أَو المركِب	خائِباً	فاشلاً
أَزْمَة	مُشْكِلَة	جَزاء	مُكافَأة
شَنَّ	اسم امرأة	استدْعى	طَلَبَ
طَبَقَة	اسم رَجُل	أَخذَ يُفَكِّر	بَدَأ يفكِّر

فَرَح	سعادَة / سُرور
رائِع	جَميل جِداً
أَصْغى	استَمَع
قَلِقٌ	مُضطرِب
أَعادَ	أرْجَعَ
وفاة	مَوْت

الملحق الثالث

الأَفعال ومصادرها

الفعل	مصدره	الفعل	مصدره
حَضَرَ	حُضور	اِلْتحَقَ	اِلْتِحاق
قابَلَ	مُقابَلَة	عنى / يعني	مَعْنى
أَرادَ	إِرادَة	قرأ	قِراءة
فَهِمَ	فَهْم	عَمِلَ	عَمَل
تَناوَلَ	تَناوُل	سارَ	سَيْر
ساعَدَ	مُساعَدَة	ذَهَبَ	ذَهاب
غَسَلَ	غَسْل	خَرَجَ	خُروج
قالَ	قَوْل	مَشى	مَشْي
رَجَعَ	رُجوع	بَعُدَ	بُعْد
غابَ	غِياب	اِقْتَرَبَ	اِقْتِراب
اِسْتَمَعَ	اِسْتِماع	وَضَّحَ	تَوْضيح
اِسْتَخْدَمَ	اِسْتِخْدام	اِسْتَعْمَلَ	اِسْتِعْمال
فَكَّرَ	تَفْكير	وَصَلَ	وُصول
سَكَنَ	سَكَنٌ	عالَجَ	عِلاج / مُعالَجَة

الفعل	مصدره	الفعل	مصدره
مَرَّضَ	تَمْريض	أَضافَ	إِضافَة
تَحَدَّثَ	تَحَدُّث	طَلَبَ	طَلَبٌ
نَسِيَ	نِسْيان	تَعَلَّمَ	تَعَلُّمٌ
اِشْتَرى	اِشْتِراء	ضَحِكَ	ضَحِكٌ
بَكى	بُكاء	دَخَلَ	دُخول
كَتَبَ	كِتابَة	سافَرَ	سَفَر
حَلَّ	حَلٌّ	نَصَحَ	نُصْح
تَكَلَّمَ	تَكَلُّم	سَمِعَ	سَمْعٌ
شَعَرَ	شُعور	أَحَسَّ	إِحْساس
مارَسَ	مُمارَسَة	خَجِلَ	خَجَلٌ
صَحَّحَ	تَصْحيح	ثَقَّفَ	تَثْقيف
شاهَدَ	مُشاهَدَة	اِجْتَمَعَ	اِجْتِماع
ذَكَرَ	ذِكْر	فَعَلَ	فِعْل
رَأى	رَأْيٌ	دَرَّبَ	تَدْريب
حَمَلَ	حَمْلٌ	صامَ	صِيام / صَوْم

الفعل	مصدره	الفعل	مصدره
غَيَّرَ	تَغْيير	نَجَحَ	نَجاح
اِحْتَفَلَ	اِحْتِفال	دافَعَ	دِفاع
تَعارَفَ	تَعارُف	اِتَّفَقَ	اِتِّفاق
دَفَعَ	دَفْع	عَلِمَ	عِلْم
أَعْلَمَ	إِعْلام	حَدَّثَ	حَديث
اِسْتَقْبَلَ	اِسْتِقْبال	دَرَسَ	دِراسَة
دَرَّسَ	تَدْريس	اِخْتَلَفَ	اِخْتِلاف
اِشْتَرَكَ	اِشْتِراك	أَتْقَنَ	إِتْقان
ظَهَرَ	ظُهور	أَمَرَ	أَمْر
شَكَّلَ	تَشْكيل	اِتَّصَلَ	اِتِّصال
اِنْفَصَلَ	اِنْفِصال	قامَ	قِيام
ظَنَّ	ظَنٌّ	تابَعَ	مُتابَعَة
شَكا	شَكْوى	اِعْتَقَدَ	اِعْتِقاد
أَجادَ	إِجادة	أَلَمَّ	إِلْمام
اِخْتَفى	اِخْتِفاء	قَطَعَ	قَطْع

الفعل	مصدره	الفعل	مصدره
فَشِلَ	فَشَلٌ	اِنْقَطَعَ	اِنْقِطاع
عانى	مُعاناة	تَذَكَّرَ	تَذَكُّر
حاوَرَ	حِوار / مُحاوَرَة	صَمَتَ	صَمْت
وَضَعَ	وَضْع	وَقَعَ	وُقوع
حَدَثَ	حُدوث	اِمْتَدَّ	اِمْتِداد
جَمَعَ	جَمْع	طارَ	طَيَران
صاحَ	صِياح	حَرَثَ	حَرْث / حِراثَة
شَرَحَ	شَرْح	اِصْطادَ	اِصْطِياد
صادَ	صَيْد	سَقى	سَقْي
تَسَلَّقَ	تَسَلُّق	رَسَمَ	رَسْم
اِنْتَشَرَ	اِنْتِشار	نَظَرَ	نَظَرٌ
أَثَّرَ	تَأْثير	أَنْتَجَ	إِنْتاج
نَقَّبَ	تَنْقيب	صَدَّرَ	تَصْدير
اِسْتَوْرَدَ	اِسْتيراد	حَكَمَ	حُكْم
رَأَسَ	رِئاسَة	بَحَثَ	بَحْث

الفعل	مصدره	الفعل	مصدره
اِنْتَخَبَ	اِنْتِخاب	صَوَّتَ	تَصْويت
رَشَّحَ	تَرْشيح	أَعْلَنَ	إِعْلان
ظَلَمَ	ظُلْم	عَدَلَ	عَدْل
وافَقَ	مُوافَقَة	اِعْتَبَرَ	اِعْتِبار
قاوَمَ	مُقاوَمَة	تَمَتَّعَ	تَمَتُّع
اِحْتَرَمَ	اِحْتِرام	ساوى	مُساواة
مَيَّزَ	تَمْييز	بَدَأَ	بَدْء
صَنَعَ	صُنْع	اِسْتَراحَ	اِسْتِراحَة
دَخَّنَ	تَدْخين	تَبادَلَ	تَبادُل
وَزَّعَ	تَوْزيع	اِسْتَأْذَنَ	اِسْتِئْذان
أَقْلَعَ	إِقْلاع	نَهى	نَهْي
غَشَّ	غُشّ	خَلَطَ	خَلْط
أَنْجَبَ	إِنْجاب	شاعَ	شُيوع
أَعَدَّ	إِعْداد	اِخْتارَ	اِخْتِيار
رَقَصَ	رَقْص	غَنّى	غِناء

الفعل	مصدره	الفعل	مصدره
أَكْمَلَ	إِكْمال	وَفَّرَ	تَوْفير
لَبّى	تَلْبِيَة	دَعا	دُعاء / دَعْوَة
حَصَلَ	حُصول	أَعْطى	عطاء
نافَسَ	مُنافَسَة	تَنافَسَ	تَنافُس
شارَكَ	مُشارَكَة	سَعِدَ	سَعادَة
فَرَّقَ	تَفْريق	أَجابَ	إِجابَة
اِلْتَزَمَ	اِلْتِزام	زاحَمَ	زِحام / مُزاحَمَة
اِزْدَحَمَ	اِزْدِحام	رَبّى	تَرْبِيَة
اِسْتَعَدَّ	اِسْتِعْداد	خافَ	خَوْف
عاشَ	عَيْش	نَقَلَ	نَقْل
سابَقَ	سِباق / مُسابَقَة	حافَظَ	حِفاظ / مُحافَظَة
راقَبَ	مُراقَبَة	شاهَدَ	مُشاهَدَة
كافَحَ	كِفاح / مكافحة	اِسْتَيْقَظَ	اِسْتِيْقاظ
أَتَمَّ	إِتْمام	نالَ	نَيْل
أَبْدى	إِبْداء	بَثَّ	بَثٌّ

الفعل	مصدره	الفعل	مصدره
خَشِيَ	خَشْيَة	غَذَّى	تَغْذِيَة
خاطَبَ	خِطاب / مُخاطَبَة	آذى	إِيذاء
شَكَّلَ	تَشْكيل	وَصَفَ	وَصْف
خَدَّرَ	تَخْدير	جَرَحَ	جِراحَة
عَقَّمَ	تَعْقيم	نَزَفَ	نَزْف
اِسْتَأْصَلَ	اِسْتِئْصال	نَظَّرَ	تَنْظير
أَنْعَشَ	إِنْعاش	أَدْخَلَ	إِدْخال
أَمِنَ	أَمْن	أَمَّنَ	تَأْمين
اِلْتَهَبَ	اِلْتِهاب	حَمَلَ	حَمْل
فَحَصَ	فَحْص	تَبَرَّعَ	تَبَرُّع
حَلَّلَ	تَحْليل	شَرِبَ	شُرْب
دَهَنَ	دُهون / دِهان	حَجَزَ	حَجْز
سَعَلَ	سُعال	تَسَمَّمَ	تَسَمُّم
تَسَوَّسَ	تَسَوُّس	تَضَخَّمَ	تَضَخُّم
هَبَطَ	هُبوط	ضَمَرَ	ضُمور

الفعل	مصدره	الفعل	مصدره
قَصُرَ	قِصَر	طالَ	طول
هاجَرَ	هِجرة / مُهاجرة	غَزا	غَزْو
أَسَّسَ	تَأْسيس	اِزْدادَ	اِزْدِياد
اِحْتَلَّ	اِحْتِلال	أَعْجَبَ	إِعْجاب
تَعَجَّبَ	تَعَجُّب	اِسْتَشْفى	اِسْتِشْفاء
عَرَّفَ	تَعْريف	نَكَّرَ	تَنْكير
هَدَمَ	هَدْم	دَمَّرَ	تَدْمير
رَفَضَ	رَفْض	شَيَّدَ	تَشْييد
اِرْتَكَزَ	اِرْتِكاز	عَكَسَ	عَكْس
طَبَعَ	طِباعَة	أَرْشَدَ	إِرْشاد
دَلَّ	دَليل	أَكَّدَ	تَأْكيد
اِحْتَفَظَ	اِحْتِفاظ	تَعارَضَ	تَعارُض
أَرْهَبَ	إِرْهاب	تَحالَفَ	تَحالُف
ضَحَّى	تَضْحِيَة	تَوافَدَ	تَوافُد
وَرَدَ	وُرود	تَعِبَ	تَعَبٌ

الفعل	مصدره	الفعل	مصدره
اِعْتَنى	اِعْتِناء	سَقى	سَقْي
نَضِجَ	نُضوج	اِنْتَظَرَ	اِنْتِظار
خَدَمَ	خِدْمَة	اسْتَقَلَّ	اِسْتِقْلال
اِنْضَمَّ	اِنْضِمام	لَجَأَ	لُجوء
ضَمِنَ	ضَمان	كَفِلَ	كَفالَة
هَدَّدَ	تَهْديد	وَثَّقَ	تَوْثيق
قَوّى	تَقْوِيَة	أَضْعَفَ	إِضْعاف
وَزَنَ	وَزْن	اِنْحَدَرَ	اِنْحِدار
نَظَّمَ	تَنْظيم	صادَ	صَيْد
صَنَعَ	صُنْع / صِناعة	تَعاقَبَ	تَعاقُب
مَثَّلَ	تَمْثيل	عاشَ	عَيْش
رَحَلَ	رَحيل	بَحَثَ	بَحْث
تَواضَعَ	تَواضُع	حَمى	حِمايَة
تَدَرَّبَ	تَدْريب	تَسَوَّقَ	تَسَوُّق
سَبَحَ	سِباحَة	رَمى	رِمايَة

الفعل	مصدره	الفعل	مصدره
أَقامَ	إِقامَة	أَحاطَ	إِحاطة
اِخْتَرَعَ	اِخْتِراع	سارَ	سَيْر
نَشَرَ	نَشْر	ذَبَحَ	ذَبْح
أَشْعَلَ	إِشْعال	عَبَثَ	عَبَثٌ
أَنْفَقَ	إِنْفاق	عادَ	عَوْدَة
واجَهَ	مُواجَهَة	رَبَطَ	رَبْط
غاصَ	غَوْص	أَكَلَ	أَكْل
اِبْتَلَعَ	اِبْتِلاع	فَقَدَ	فُقْدان
تَفَقَّدَ	تَفَقُّد	أَصْلَحَ	إِصْلاح
صَلَّحَ	تَصْليح	تَعاوَنَ	تَعاوُن
اِنْصَرَفَ	اِنْصِراف	حَفَرَ	حَفْر
أَمَّمَ	تَأْميم	اِنْسَحَبَ	اِنْسِحاب
اِمْتَحَنَ	اِمْتِحان	أَكَلَ	أَكْل
شَرِبَ	شُرْب	جَلَسَ	جُلوس
طَبَخَ	طَبْخ	نَظَّفَ	تَنْظيف
حَضَّرَ	تَحْضير	جَهَّزَ	تَجْهيز

الملحق الرابع

المفرد والجمع

مفرد	جمع	مفرد	جمع
مركز	مراكِز	لُغَة	لغات
عام	أعْوام	بَرْنامَج	بَرامِج
مُسْتَوى	مُسْتَوَيات	مَعْنى	مَعانٍ
عُطْلَة	عُطَل	مُحاضَرَة	مُحاضَرات
دين	أَدْيان	سَفير	سُفَراء
جَريدَة	جَرائد	خَبَر	أَخْبار
حُجْرَة	حُجرات / حُجَر	دَفْتَر	دَفاتِر
طَريق	طُرُق	مَنْزِل	مَنازِل
تِلْميذ	تَلاميذ	مَقْعَد	مَقاعِد
مَعْهَد	مَعاهِد	دَوْرَة	دَوْرات
وَرَقَة	وَرَق / أَوْراق	خَطّ	خُطوط
نَصّ	نُصوص	بِطاقَة	بِطاقات
اِسْم	أَسْماء	جِنْسِيَّة	جِنْسِيّات
مِهْنَة	مِهَن	عُنْوان	عَناوين

مفرد	جمع	مفرد	جمع
رَقم	أَرْقام	شَريط	أَشْرِطَة
كُلِّيَّة	كُلِّيّات	شَهادَة	شَهادات
فِقْرَة	فِقْرات	فَصْل	فُصول
مُسْتَشْفى	مُسْتَشْفَيات	صُعوبَة	صُعوبات
تَأْشيرَة	تَأْشيرات	شارِع	شَوارِع
فُنْدُق	فَنادِق	قائِمَة	قَوائِم
سِعْر	أَسْعار	مَطْعَم	مَطاعِم
عَقْد	عُقود	شَقَّة	شُقَق
زَوْج	أَزْواج	زَوْجَة	زوجات
قاموس	قَواميس	مُعْجَم	مَعاجِم
مَكْتَب	مكاتِب	غَرَض	أَغْراض
سَعيد	سُعَداء	مُمَرِّض	مُمَرِّضون
مَريض	مَرْضى	زَميل	زُمَلاء
هَدَف	أَهْداف	حِوار	حِوارات
أَخ	إِخْوَة	مِفْتاح	مَفاتيح

مفرد	جمع	مفرد	جمع
قيمَة	قِيَم	شَهْر	شُهور / أَشْهُر
غُرْفَة	غُرَف	ضَمير	ضَمائِر
قِرْد	قُرود / قِرَدَة	قَمَر	أقْمار
فيل	فِيَلَة	غائِب	غائبون
مَوْجود	مَوْجودون (ين)	عاقِل	عُقَلاء
مَجْموعَة	مَجْموعات	ديك	دِيَكَة
حِمار	حَمير	ثَوْر	ثيران
كَلْب	كِلاب	قِطّ	قِطَط
حِصان	أَحْصِنَة	خَروف	خِراف
جَمَل	جِمال	أَسَد	أُسود
غَزال	غزلان	وَلَد	أَوْلاد
رَجُل	رِجال	أَمْر	أُمور
زائِر	زائرون/ زُوّار	شَرِكَة	شَرِكات
حَلّ	حُلول	صَديق	أَصْدِقاء
مَكان	أَماكِن / أَمْكِنَة	غَريب	غُرَباء

مفرد	جمع
مُمارَسَة	مُمارَسات
مُثقَّف	مُثقَّفون (ين)
مُجْتَمَع	مُجْتَمَعات
رَأْي	آراء
صَفّ	صُفوف
نَبأ	أَنْباء
ثَقافَة	ثَقافات
فتاة	فتيات
جُنْدِيّ	جُنود
فتى	فِتْيان
رَمْز	رُموز
حَفْلَة	حَفْلات
دارِس	دارِسون (ين)
لَهْجَة	لَهْجات
حَرَكَة	حَرَكات

مفرد	جمع
سِياسَة	سِياسات
نَشْرَة	نَشْرات
مِنْهاج	مَناهِج
مُرادِف	مُرادِفات
تَدْريب	تَدْريبات
قَديم	قُدَماء
سِعْر	أَسْعار
رَصيف	أَرْصِفَة
وَطَن	أَوْطان
دائِرَة	دَوائِر
مُحادَثَة	مُحادَثات
أَدَب	آداب
مُشْكِلَة	مَشاكِل / مُشْكِلات
شَكْل	أَشْكال

مفرد	جمع
مُخْتَبَر	مُخْتَبَرات
مَعْهَد	مَعاهِد
حَدَث	أَحْداث
صِفَة	صِفات
مَسْؤول	مَسْؤولون (ين)
مَوْعِد	مَواعيد
مَدْخَل	مَداخِل
مُحيط	مُحيطات
سِنّ	أَسْنان
مَوْضوع	مَوْضوعات / مَواضيع
نَهْر	أَنْهار
هَيْئَة	هَيْئات
قَضِيَّة	قَضايا
حَلْقَة	حَلْقات

مفرد	جمع
صَوْت	أَصْوات
مَهارَة	مَهارات
اِتِّصال	اِتِّصالات
تَطَوُّر	تَطَوُّرات
مَجَلَّة	مَجَلّات
فاشِل	فاشِلون (ين)
نَوْع	أَنْواع
مَخْرَج	مَخارِج
بَحْر	بِحار / بُحور
شَفَة	شِفاه
قارَّة	قارّات
عادَة	عادات
مَقَرّ	مَقَرّات
مَوْقِع	مَواقِع
مَصْدَر	مَصادِر

مفرد	جمع
دِيانَة	دِيانات
حَضارَة	حَضارات
أُمَّة	أُمَم
مَجْلِس	مَجالِس
جَزيرَة	جُزُر
مَمَرّ	مَمَرّات
فاعِل	فاعِلون (ين) / فَواعِل
جُمْلَة	جُمَل
مَنْظَر	مَناظِر
عَصَب	أَعْصاب
نِظام	أَنْظِمَة
مَمْلَكَة	مَمالِك
دَوْلَة	دُوَل
حاكِم	حُكّام

مفرد	جمع
دين	أَدْيان
جُزْء	أَجْزاء
رَئيس	رُؤَساء
عُضْو	أَعْضاء
صَحْراء	صَحاري
رُكْن	أَرْكان
مَفْعول	مَفاعيل
نَشيط	نَشيطون (ين)
سور	أَسْوار
دَوْر	أَدْوار
مَلِك	مُلوك
جُمْهورِيَّة	جُمْهورِيّات
سُلْطان	سَلاطين
وَزير	وُزَراء
شابّ	شَباب/ شُبّان

مفرد	جمع	مفرد	جمع
وِزارة	وِزارات	سِلاح	أَسْلِحَة
جَيْش	جُيوش	إِمارة	إِمارات
قُوَّة	قُوَّات	نائِب	نُوّاب
بَرْلَمان	بَرْلَمانات	مُنْتَخِب	مُنْتَخِبون (ين)
مُرَشَّح	مُرَشَّحون (ين)	عَيْن	عُيون
عَيْن	أَعْيان	حَقّ	حُقوق
إِعْلان	إِعْلانات	واجِب	واجِبات
مُواطِن	مُواطنون (ين)	مَصْنَع	مَصانِع
مُنَظَّمة	مُنَظَّمات	مَحَلّ	مَحَلّات
حَقْل	حُقول	مَقْهى	مَقاهي
وَجْبَة	وَجْبات	أُسْرَة	أُسَر
مُقابَلَة	مُقابَلات	مُباراة	مُبارَيات
قَريب	أَقارِب	قَدَم	أَقْدام
كُرَة	كُرات	قَرْيَة	قُرى
كَأْس	كُؤوس	فَريضَة	فَرائِض

مفرد	جمع	مفرد	جمع
عيد	أَعْياد	فقير	فُقَراء
حاجٌّ	حُجّاج	لُعْبَة	أَلْعاب / لُعَب
مُناسَبَة	مُناسَبات	شَأْن	شُؤون
كاتِب	كُتّاب	فَتاة	فَتَيات
خُلُق	أَخْلاق	عَروس	عَرائِس
فَتى	فِتْيان	راقِص	راقِصون (ين)
عَريس	عِرْسان	قاعَة	قاعات
مُغَنِّي/ مُغنٍّ	مُغَنّون (ين)	مَهْر	مُهور
فُنْدُق	فَنادِق	مَدْعُوّ	مَدْعُوّون (ين)
مُسَجِّل	مُسَجِّلات	زَغْرودَة	زَغاريد
ضاحِيَة	ضَواحي	أُغْنِيَة	أَغاني/ أغانٍ
زَفَّة	زَفّات	مُنافَسَة	مُنافَسات
مَنْسَف	مَناسِف	حُرِّيَّة	حُرِّيّات
مَنْصِب	مَناصِب	سَيِّد	أَسْياد / سادة
عامِلَة	عامِلات	مُتَحَضِّر	مُتَحَضِّرون (ين)

مفرد	جمع	مفرد	جمع
سَيِّدَة	سَيِّدات	أَثَر	آثار
فُرْصَة	فُرَص	نَفْس	نُفوس / أَنْفُس
ظاهِرَة	ظَواهِر	جِسْم	أَجْسام
جَسَد	أَجْساد	اِلْتِزام	اِلْتِزامات
مُساهَمَة	مُساهَمات	مُسْتَعِدٌّ	مُسْتَعِدّون (ين)
مَنْزِلَة	مَنازِل	خَليفَة	خُلَفاء
لِصٌّ	لُصوص	مُسافِر	مُسافِرون (ين)
خائِف	خائِفون (ين)	وَسيلَة	وَسائِل
فيلْم	أَفْلام	حَرْب	حُروب
سَفينَة	سُفُن	فَلّاح	فَلّاحون (ين)
قِطار	قِطارات	ضِفَّة	ضِفاف
مَوْجَة	أَمْواج / مَوْجات	عَصْر	عُصور
نَمَط	أَنْماط	حَجْم	أَحْجام
سِباق	سِباقات	مُتْحَف	مَتاحِف
مِرْآة	مَرايا	بُرْج	أَبْراج

مفرد	جمع	مفرد	جمع
تِمْثال	تَماثيل	غَوْر	أَغْوار
مَعْلَم	مَعالِم	مَقام	مَقامات
جَبَل	جِبال	قَناة	قَنَوات
بِرْكَة	بِرَك	كَهْف	كُهوف
أَرْضِيَّة	أَرْضِيّات	مادَة	مَوادّ
راهِب	رُهْبان	مِفْصَل	مَفاصِل
مَرَض	أَمْراض	قائِد	قادَة / قُوّاد
قَلْعَة	قِلاع	ساحَة	ساحات
صَليب	صُلْبان	مُشاهِد	مُشاهِدون (ين)
مَعْبَد	مَعابِد	مُدَرَّج	مُدَرَّجات
جُمْهور	جَماهير	فَنّ	فُنون
مِهْرَجان	مِهْرَجانات	مَحْكَمَة	مَحاكِم
مَصْدَر	مَصادِر	قَبْر	قُبور
دَيْر	أَدْيِرَة	حَمّام	حَمّامات
قَصْر	قُصور	روح	أَرْواح

مفرد	جمع	مفرد	جمع
شِعْر	أَشْعار	عَقْل	عُقول
عَيْب	عُيوب	فِكْرَة	أَفْكار
تاجِر	تُجّار	فَتْرَة	فَتْرات
إِدارة	إِدارات	باب	أَبْواب
زَيادَة	زِيادات	قِسْم	أَقْسام
جَوْلَة	جَوْلات	حالَة	حالات
طارِىء	طَوارِىء	حَرْق	حُروق
حادِث	حَوادِث	أَلَم	آلام
عَظْم	عِظام	مَسْلك	مَسالِك
كَبِد	أَكْباد	وَحْدَة	وَحْدات
كُلْيَة	كُلى	مِقْصَف	مَقاصِف
دِماغ	أَدْمِغَة	جَرّاح	جَرّاحون (ين)
هَدِيَّة	هَدايا	مِلْقَط	مَلاقِط
عَمَلِيَّة	عَمَلِيّات	قُفّاز	قُفّازات
مِقَصّ	مِقَصّات	غُرْزَة	غُرَز

مفرد	جمع	مفرد	جمع
كَمّامة	كَمّامات	حامِل	حَوامِل
حَصْوَة	حَصى	قابِلة	قابِلات
رَحْم	أَرْحام	فَحْص	فُحوصات
مُخْتَبَر	مُخْتَبَرات	وَرَم	أَوْرام
بَنْك	بُنوك	قُرْص	أَقْراص
حُقْنَة	حُقَن	اِلْتِهاب	اِلْتِهابات
جَبيرَة	جَبائِر	قَلْب	قُلوب
جَلْطَة	جَلْطات	حارِس	حُرّاس / حَرَس
قُرْحَة	قُرْحات	إِسْعاف	إِسْعافات
ساق	سيقان	هِجْرَة	هِجْرات
عاصِمَة	عَواصِم	مَوْطِن	مَواطِن
مُهاجِر	مُهاجِرون (ين)	مُتَفَرِّج	مُتَفَرِّجون (ين)
مُواطِن	مُواطِنون (ين)	قَبيلَة	قَبائِل
مَسْرَحِيَّة	مَسْرَحِيّات	ثَوْب	أَثْواب
ميناء	مَوانيء	عِبْرانِيّ	عِبْرانِيّون (ين)

مفرد	جمع	مفرد	جمع
كَنْعانِيّ	كَنْعانِيّون (ين)	وَثيقَة	وَثائِق
هَيْكَل	هَياكِل	دَرْب	دُروب
نَصْرانِيّ	نَصارى	مَسيرَة	مَسيرات
طَريق	طُرُق	وُجْهَة	وُجْهات
سور	أَسْوار	حَجَر	حِجارَة / أَحْجار
قَوْس	أَقْواس	حائِط	حيطان
خَريطَة	خَرائِط	قَديم	قُدَماء
جِدار	جُدْران	سوق	أَسْواق
مَسْجِد	مَساجِد	صورَة	صُوَر
مَنْزِل	مَنازِل	حَضارَة	حَضارات
سورَة	سُوَر	عَلاقَة	عَلاقات
دِراسة	دِراسات	مَبْدَأ	مَبادىء
فَرْد	أَفْراد	نَموذَج	نَماذِج
عِلْم	عُلوم	شَخْصِيَّة	شَخْصِيّات
حَيّ	أَحْياء	مَدَنِيَّة	مَدَنِيّات

مفرد	جمع	مفرد	جمع
شَبَكَة	شِباك	صَفْحَة	صَفْحات
أُنْبوب	أَنابيب	حَقيبَة	حَقائِب
اِمْتِحان	اِمْتِحانات	مُدير	مُدَراء
هَدِيَّة	هَدايا	أَب	آباء
أُمّ	أُمَّهات	سُؤال	أَسْئِلَة
لَيْلَة	لَيالٍ	إِجابَة	إِجابات
جَواب	أَجْوِبَة	خَليج	خلْجان
خَطَا	أَخْطاء	وَضْع	أَوْضاع
اِمْرَأة	نِساء	اِتِّفاقِيَّة	اِتِّفاقِيّات
إِرْهابِيّ	إِرْهابِيّون (ين)	مَلِكَة	مَلِكات
تَضْحِيَة	تَضْحِيات	مفرد	قُبور
سَدّ	سُدود	مَقْبَرَة	مَقابِر
تابوت	تَوابيت	زَبّال	زَبّالون (ين)
خِدْمَة	خِدْمات	فلّاح	فَلّاحون (ين)
عامِل	عامِلون (ين) / عُمّال	بُرْتُقالة	بُرْتُقال / بُرْتُقالات

مفرد	جمع	مفرد	جمع
تُفّاحة	تُفّاحات / تُفّاح	قَصْر	قُصور
زَيْتونَة	زَيْتون	جامِعَة	جامِعات
مَصْنَع	مَصانِع	خَيّاط	خَيّاطون (ين)
مَدْرَسَة	مَدارِس	فُرْصَة	فُرَص
طَبّاخ	طَبّاخون (ين)	يَد	أَيْدي / أَيادي
وَظيفة	وَظائِف	ذكِيّ	أَذْكِياء
شَيْخ	شُيوخ	هَدَف	أَهْداف
ميثاق	مَواثيق	مُمَثِّل	ممثِّلون (ين)
مَجال	مجالات	كَفالة	كَفالات
غَرَض	أَغْراض	دُسْتور	دَساتير
اِتِّصال	اِتِّصالات	ميزان	مَوازين
مَيْدان	ميادين	كَريم	كُرَماء
جَذْر	جُذور	مَجْلِس	مَجالِس
مُقابلَة	مُقابلات	نَمْلة	نَمْل
نِزاع	نِزاعات	عالِم	عُلَماء

مفرد	جمع	مفرد	جمع
إمام	أَئِمَّة	لَوْن	أَلْوان
قَرْن	قُرون	بِساط	بُسُط
لَيْمونَة	لَيْمون	بِنايَة	بِنايات
عَباءَة	عَباءات	بُرْج	أَبْراج
مَكْتَبة	مكتبات	شَهيد	شُهَداء
حِزْب	أَحْزاب	حَقيقَة	حَقائِق
ثَرْوَة	ثَرْوات	مَصْدَر	مَصادِر
جَمَل	جِمال	تَسْمِيَة	تَسْمِيات
فَراغ	فَراغات	شاطِئ	شَواطِئ
شارِع	شَوارِع	رَمْل	رِمال
مُفْرَدَة	مُفْرَدات	بَدَوِيّ	بَدْو
مَصْرِف	مَصارِف	عَرَبِيّ	عَرَب
خَيْمَة	خِيام	شُجاع	شُجْعان
عاقِل	عُقَلاء	مُتَواضِع	مُتَواضِعون (ين)
غَنِيّ	أَغْنِياء	سَهْم	سِهام / أَسْهُم

مفرد	جمع	مفرد	جمع
سَيْف	سُيوف	مَجْموعَة	مجموعات
رُمْح	رِماح	ضَيْف	ضُيوف
مَعْروف	مَعْروفون (ين)	قانون	قَوانين
حاجَة	حاجات	بِدايَة	بِدايات
حُرِّيّة	حُرِّيّات	زَمان	أَزْمِنَة
بَخيل	بُخَلاء	جِنْس	أَجْناس
وَقْت	أَوْقات	عَهْد	عُهود
مُباراة	مُباريات	جَريدة	جَرائِد
سَفَر	أَسْفار	صاحِب	أَصْحاب
صَحيفة	صُحُف	نار	نيران
طَبْع	طِباع	اِسْتِراحَة	اِسْتراحات
مَثَل	أَمْثال	رِحْلَة	رِحْلات
جَزيرَة	جُزُر	دَعْوَة	دعْوات
مَعْرِفَة	مَعارِف	مَعْرَكَة	مَعارِك
أُسْطول	أَساطيل	أَوَّل	أَوائل

مفرد	جمع	مفرد	جمع
مُواجَهَة	مُواجَهات	مَضيق	مَضائق
قَناة	قَنَوات	أُسْرَة	أُسَر
صَيّاد	صيّادون (ين)	غَدّار	غَدّارون (ين)
أَهْزوجَة	أَهازيج	مَرْكِب	مَراكِب
مُعيل	مُعيلون (ين)	مُؤَسِّس	مُؤَسِّسون (ين)
بَحّار	بَحّارون (ين)	حَفْلَة	حَفَلات
شِراع	أَشْرِعَة	طَمَع	أَطْماع
اِحْتِفال	اِحْتفالات	اِكْتِشاف	اِكْتِشافات
أَزْمَة	أَزْمات	مِثال	أَمْثِلَة
مَشْهور	مَشْهورون (ين)	مَوْضِع	مَواضِع
داهِيَة	دُهاة	جَنازَة	جَنازات
راكِب	رُكّاب	مَيِّت	أَمْوات
نَعْش	نُعوش	حَديث	أَحاديث
بِنْت	بَنات	سُؤال	أَسْئِلَة
ثَمَن	أَثْمان	غَبِيّ	أَغْبِياء

جمع	مفرد	جمع	مفرد
حافِلات	حافِلَة	جيران	جار
ساعات	ساعة	نَصائِح	نَصيحَة
فَساتين	فُسْتان	حَمْقى	أَحْمَق
مَشاريع	مَشْروع	جَداوِل	جَدْوَل
قَرَوِيّون (ين)	قَرَوِيٌّ	مَساطِر	مِسْطَرَة
مُهَنْدِسون (ين)	مُهَنْدِس	دَقائِق	دَقيقَة
عُظَماء	عَظيم	زُوّار / زائرون (ين)	زائِر
مناظِر	مَنْظَر	زيارات	زِيارَة
رِقاب	رَقَبَة	قُصور	قَصْر
سُيّاح / سائحون (ين)	سائح	خُطَط	خُطَّة
		جَوائِز	جائِزَة
		أَعْناق	عُنُق
		كَنائِس	كَنيسَة
		غايات	غايَة
		كُنوز	كَنْز

الملحق الخامس

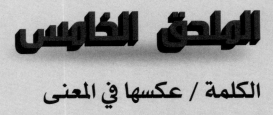

الكلمة / عكسها في المعنى

الكلمة	عكسها	الكلمة	عكسها
جزيلاً	قليلاً	وافق	رفضَ / اِمْتَنَعَ عَنْ
مرادف	عكس	فَرَّق	جَمَّعَ / ساوى
مرتفع / عالٍ	مُنْخفِض	طلاق	زواج
تقدَّم	تَأخَّر	تَنَقُّل	استقرار
إلْمام / مَعْرِفة	جَهْل	أَقلعَ	هبطَ
حديثة / جديدة / مُعاصِرَة	قديمة	غَوْر	جَبل
		استيقظ	نام
تسلَّق	نَزَلَ	شَنيع / قبيح	جَميل
استَراحَ	تَعِبَ	تُؤْذي / تضُرُّ	تَنْفع
شائع / مُنْتَشِر	محصور	لم ينطق بكلمة	تكلَم
وزَّع	أَخَذَ	رئيسيّ	فَرْعِيّ
أَكمل	بدأ	ثمين / غالٍ	رَخيص
دون العشرين	أَكثر من عشرين	مسلِّية/ مُمتعة	مُمِلَّة
لبّى	رفضَ	دَمَّرَ / هَدَمَ	عَمَّرَ / بنى

الكلمة	عكسها
فريد	شائع
تعارُض	توافُق
بطلاقة	بصُعوبة
وقت محدَّد	وقت مفتوح
سَعِدَ / سُرَّ / فَرِحَ	حَزِنَ
عمل حقير	عمل عظيم / كبير
(لغة) حَيَّة	مَيِّتة
الكلمة	عكسها
توثيق	إِضْعاف
تسوية / حَلٌّ	نِزاع
المَنْعَة	الضّعف
قصَدَ	عادَ / رجَعَ
متعدِّد	قليل
فَصَلَ	جَمَعَ

الكلمة	عكسها
رحَلَ	استقرَّ
ابتلعَ	مَضَغَ
فقَدَ	وَجَدَ
أَزمة / مَشكِلة	حَلٌّ
داهية / ذكِيٌّ	غَبِيٌّ
طابَقَ	خالَفَ
خائباً	ناجحاً
جَزاء	عِقاب
رائع	قبيح
قلِق	مُطْمَئِنٌّ
أَعادَ / أَرجَع	أَخَذَ
وفاة	وِلادَة
حضرَ	ذهَبَ / غادرَ / تَرَكَ
دَرَسَ	دَرَّسَ

الكلمة	عكسها	الكلمة	عكسها
تَعَلَّمَ	عَلَّم	سعيد	حَزين
بداية	نِهاية	سَهْل	صَعْب
عُطلة	عَمل	تحدَّث	سَكَتَ / صَمَتَ
ربّما	أكيد	حاضِر	غائِب
تناولَ	أَعْطى	صديق	عَدُوٌّ
محلِّيَّة	عالَمِيَّة / دوليَّة	مِثْل	مُخْتَلِف
سارَ / مشى	وقَفَ	أَوَّل	آخِر
خَرَجَ	دَخَلَ	صغير	كبير
خارِج	داخِل	قصير	طويل
خُروج	دُخول	سَمين	نَحيف
رَجَعَ	ذَهَبَ	عُمْران	خَراب
بَعُدَ	قَرُبَ	قريب	بعيد
اقترب	ابتَعَدَ	ليل	نَهار
غابت الشمس	أَشرقت / طلعت	صباح	مساء
حكوميّة	خاصّة	الزَّمن الماضي	الزَّمن الحاضر

الكلمة	عكسها	الكلمة	عكسها
احْتِلال	اسْتقلال	عمَل	بِطالَة
ظُلْم	عَدْل		
عُبودِيَّة	حُرِّيَّة		
أَتَمَّ	بَدَأ		
أَدْخَلَ	أَخْرَجَ		
تصْدير	استيراد		
خَلَطَ	فَصَلَ		
استقبَلَ	وَدَّعَ		
اختفى	ظَهَرَ		
قاوَمَ	استَسْلَمَ		
خطأ	صحيح / صواب		
نشيط	خامِل		
مَرَض	صِحَّة		
تَعَب	راحة		
يعمل / يشتغل	عاطِل عن العمل		

الملحق السادس

مفردات النحو

English	Arabic
Noun	اِسْم
Verb	فعل
Masculine	مذكر
Feminine	مؤنث
Singular	مفرد
Dual	مُثَنَّى
Plural	جَمْع
Masculine Sound Plural	جَمْع مُذَكَّر سَالِم
Feminine Sound Plural	جَمْع مُؤَنَّث سَالِم
Irregular Plural	جَمع تَكْسِيْر
Human / Rational plural	جمع للعاقل
Non-Human / Irrational plural	جمع لغير العاقل
Verbal Sentence	جُملة فعليَّة
Noun Sentence	جملة اِسْمِيَّة

Verb in Past Tense	فِعْل مَاضٍ
Present Tense	فِعْل مُضَارِع
Imperative Tense	فِعْل أَمر
Regular Verb	فعل صحيح
Irregular Verb	فعل معتل
The Pronoun / The Pronouns	ضمير / ضمائر
Preposition	حرف جر
Conjunction	حرف عطف
Adverb of Place	ظرف مكان
Adverb of Time	ظرف زمان
Demonstrative Noun	اسم إشارة
Relative Noun	اسم موصول
Nominative Case	مرفوع
Accusative Case	منصوب
Genitive Case	مجرور
Infinitive / Verbal Noun	مصدر

The Masculine Plural Pronoun (وا)	واو الجماعة
The Dual Pronoun (ا)	ألف الاثنين
The you Feminine Pronoun (ي)	ياء المخاطبة
The Present Verb with (You Feminine Singular, You Dual, They Masculine Dual, You Masculine Plural, They Masculine Plural)	الأفعال الخمسة
Interrogative Particles	أَدَواتُ الاِسْتِفْهامِ
Verb Conjugation	تصريف الأفعال

المراجع المعتمدة

1. أيّام العرب في الجاهليَّة، محمد أَحمد جاد المولى وآخرون، مطبعة عيسى البابي الحلبي، مصر.

2. قصص العرب، محمد أَحمد جاد المولى وآخرون، ج 2، ج4، القاهرة، دار إِحياء الكتب العربية، 1373هجرية.

3. الكتاب الأَساسي، ج2، محمد بدوي السعيد، عبد اللطيف محمد حماسة، محمود البطل، المنظَّمة العربيَّة للتربيَّة والعلوم والثَّقافة، ط2، تونس، 1992م.

4. القراءة الميسَّرة، محمد عادل شعبان، محمد الفاتح فضل الله، ج1، ج2، مطابع جامعة الملك سعود، 1982م.

5. النموذج في النَّحو، فوزية أَحمد بدر، ط1، أَبوظبي، مطبعة الجزيرة، 1989م.

6. الموسوعة الفلسطينيَّة، المجلَّد الثّالث، ط1، هيئة الموسوعة الفلسطينيَّة، دمشق، 1984م.

7. معجم بلدان فلسطين، تصنيف: محمد محمد شرّاب، ط1، دار المأمون للتراث، دمشق 1987م.

8. الآثار العربيَّة والإِسلاميَّة في الأردن، صفوان التل، وزارة الشباب، عمّان.

9. مجمع الأَمثال، أَبو الفضل أَحمد بن محمد الميداني، ج1، ج2، دار مكتبة الحياة، بيروت، 1961م.

10. نهاية الأَرَب في فنون الأَدَب، شهاب الدين النويري، دار الكتب المصريَّة القاهرة، 1955م.

11. إِلى ولدي، أَحمد أَمين، ط2، مكتبة الآداب، القاهرة، 1951م.
12. المطالعة والنصوص للصف الثّامن الأَساسي، مجموعة أَساتذة، ج1، الطبعة الأُولى التجريبيَّة، مركز المناهج، رام الله، فلسطين، 1989م.
13. العلوم اللغوية للصف الثّامن الأَساسي، مجموعة أَساتذة، ج1، الطبعة الأُولى التجريبيَّة، مركز المناهج، رام الله، فلسطين، 1989م.
14. قناة السّويس أَهمِّيتها السِّياسيَّة والاستراتيجيَّة، محمد عبد الرحمن برج، دار الكتاب العربي للطباعة والنشر، القاهرة، 1969م.
15. تاريخ العرب (الْمُطَوَّل) فيليب حتى، ترجمة: إِدورد جورجي وآخرون، دار الكشاف للنشر والطباعة، بيروت، 1965م.
16. ميثاق جامعة الدّول العربيَّة، القاهرة، 1945م.
17. ميثاق الأُمم المتَّحدة، مكتب الإِعلام، الأُمم المتَّحدة، نيويورك، طبعة عام 1978م.

Discuss **Al-Asas** features on Noorart **forum**

For people interested in the Al-Asas for Teaching Arabic for Non-Native Speakers. Whether you are a teacher, student or an interested parent, you can participate in Noorart forums and post your thoughts, pros and cons in the Al-Asas thread.

- Share thoughts with other customers
- Create your own reviews
- Search customer reviews
- Suggest better learning approaches

This thread is just starting, but it's the perfect place to meet and connect with other people who share your interests in Al-Asas.

Add your comments and alternative learning approaches at
http://www.noorart.com/forum/asas

ملاحظات

ملاحظات

ملاحظات

ملاحظات